Dónde
HALLARLO
en la
BIBLIA

Dónde HALLARLO *en la* BIBLIA

EL MÁXIMO RECURSO DE LA *A* A LA *Z*
HASTA 3.700 TEMAS CONTEMPORÁNEOS

KEN ANDERSON

GRUPO NELSON
Desde 1798

NASHVILLE   MÉXICO DF.   RÍO DE JANEIRO

© 2004 Editorial Caribe, Inc.
Una división de Thomas Nelson, Inc.
Nashville, TN, , EE.UU.
www.caribebetania.com

Título en inglés:
Where to Find It in the Bible
© 1996, 2001 Ken Anderson
Publicado por Thomas Nelson Publishers

ISBN: 0-8992-2663-9
ISBN: 978-0-89922-663-7

Tipografía de la edición castellana:
A&W Publishing Electronic Services, Inc.

Impreso en EE.UU.
Printed in U.S.A.
4ª Impresión, 8/2009

Dedicado al personal
compañeros y amigos del
Ministerio de InterComm.

PRÓLOGO

Mi prolongado ministerio como escritor cristiano y productor de audiovisuales me ha obligado a depender constantemente de la Biblia como fuente. Las concordancias me han ayudado a localizar palabras, versículos y pasajes determinados.

Pero, ¿cómo encontrar versículos que tengan que ver con asuntos contemporáneos? ¿Cómo localizar versículos sobre tarjetas de crédito, dieta, raza, computadoras, derechos de la mujer y cuestiones políticas?

Percibí la necesidad de un manual en el que, a diferencia de una concordancia tradicional, los artículos estén ordenados por temas contemporáneos más que por la terminología bíblica o la jerga teológica. Fui creando un tarjetero, bien elemental al principio, que se fue expandiendo.

«Debe ponerlo todo en un libro», me dijo un día un amigo. El resultado final es esta combinación de palabras, temas y frases tradicionales y contemporáneas con citas bíblicas relevantes. A usted le será útil lo mismo para el estudio personal de la Biblia que para la preparación de lecciones y sermones.

Mi esposa y mi familia se unieron a mí en el desarrollo del manuscrito definitivo y contribuyeron a que el artículo «camaradería» fuera aún más apto. El equipo incluyó dos nietos preadolescentes que diligentemente buscaron las citas para estar seguros de que la referencia estaba correcta.

Que Dios lo bendiga al utilizar esta obra para enriquecer su vida y servicio.

Ken Anderson

Nota: A menos que se indique de otra manera, los temas refieren al contenido en todas las versiones de la Biblia. Las referencias específicas son denotadas como sigue:

BJ	Biblia de Jerusalén
LBD	La Biblia al Día
NRV	Nueva Reina Valera
NVI	Nueva Versión Internacional
RV-1977	Reina Valera 1977
RVA	Reina Valera Actualizada
VP	Versión Popular

A

ABORTO
Aborto accidental, Éxodo 21.22-25.
Deseo de no haber nacido, Job 3.11-16.
«Del vientre a la sepultura», Job 10.19.
Esmerada y maravillosamente formado, Salmo 139.13-14.
Desarrollo del feto, Eclesiastés 11.5.
Desde el vientre al cuidado de Dios, Isaías 44.2.
Deseo de no haber nacido, Jeremías 20.17.
Nacimiento espiritual abortivo, 1 Corintios 15.8.

ABUSO
Perversión moral, Génesis 19.5-9, 31-38.
Abuso de autoridad, Números 20.10-13.
Ordenanzas corruptas, 1 Samuel 2.12-17; 1 Corintios 11.17-22.
Niños vendidos para uso ilícito, Joel 3.3.
Líderes que abusan, Miqueas 7.3.
No pagar el jornal a sus obreros, Santiago 5.4.
Verdad pervertida, 2 Pedro 2.10-22.

ACCIÓN DE GRACIAS
Frutos consagrados, Levítico 19.24; Deuteronomio 26.10;
    Proverbios 3.9-10.
Agradecimiento, Deuteronomio 8.10.
Oración de gratitud, 2 Samuel 7.18-29.
Cántico de alabanza, 2 Samuel 22.1-51; Salmo 98.1.
Gratitud por fidelidad y bondad divinas, 1 Reyes 8.14-21.
Cánticos de gratitud, Salmos 9.11; 33.2.
Gratitud perpetua, Salmo 35.28.
Sacrificio de alabanza, Salmo 50.23.
Misericordia eterna, Salmo 106.1.
Gratitud en los cuatro puntos cardinales, Salmo 107.1-3.
No dan gloria a Dios por cosechas, Jeremías 5.24.
Gratitud por sabiduría, Daniel 2.19-23.
Agradecimiento por provisión, Joel 2.26.
Da gracias antes de comer, Juan 6.11.
Clave de respuesta a oraciones, Filipenses 4.6.
Abundar en acciones de gracia, Colosenses 2.6-7.
Dar gracias en todo, 1 Tesalonicenses 5.18.

ADAPTACIÓN CULTURAL
Elementos de adoración pagana, Deuteronomio 12.1-4.

Mensaje adaptado a la mentalidad griega, Juan 1.1-14. («Verbo» es traducción del griego «logos», concepto básico de filosofía griega.)
Mensaje del evangelio a través del Antiguo Testamento, Hechos 17.1-3; Filipenses 3.3-11.
Testimonio a intelectuales, Hechos 17.16-34.
Adaptación a otras culturas, circunstancias, 1 Corintios 9.19-22.

ADIVINACIÓN
Averiguación por adivinación, Génesis 44.15.
Dádivas de adivinación, Números 22.7.
Seguir a Dios, no a soñadores, Deuteronomio 13.1-5.
Se prohíbe la adivinación, Deuteronomio 18.9-13.
Práctica de hechicería y adivinación, Deuteronomio 18.14.
Buscan dirección para objetos sagrados, 1 Samuel 6.2.
No se puede conocer el futuro, Eclesiastés 7.14.
«Brujas y médiums», Isaías 8.19-20 (LBD).
Enloquecer a los agoreros, Isaías 44.25.
Herramientas de adivinación, Isaías 65.11.
Falsos oráculos y profetas, Jeremías 23.33-40.
Falso aliento, Jeremías 27.9; Zacarías 10.2.
Guía segura, Ezequiel 13.22-23.
Buscan agüero en bifurcación, Ezequiel 21.18-23.
Adivinos en palacio, Daniel 2.1-4 (VP).
Se interpreta sueño del rey, Daniel 2.24-49.
«Mentiras necias», Zacarías 10.2 (LBD).
Conversión de adivina, Hechos 16.16-19.
Presos por liberar a una adivina, Hechos 16.19.

ADOLESCENTES
Generación ignorante, Jueces 2.10.
Hija sacrificada, Jueces 11.30-40.
Niños que ministran en el templo, 1 Samuel 2.18.
Reyes juveniles, 2 Reyes 21.1; 22.1.
Pacto para apartarse de la lujuria, Job 31.1.
El servicio de un niño, Jeremías 1.4-7.
Trabajo forzado para niños, Lamentaciones 5.13.
Pubertad descrita, Ezequiel 16.7-8.
Mensaje de Dios a los hijos, Joel 1.1-3.
Espíritu Santo, juventud, Joel 2.28.
Niño con un espíritu maligno, Marcos 9.14-29.
Niña de doce años en lecho de muerte, Lucas 8.41-56.

ADOPCIÓN
Niños adoptados, Génesis 15.3; 48.5; Éxodo 2.10; Ester 2.7.
Elegido como nación, Deuteronomio 14.1-2.
Llegar a ser hijos de Dios, Salmo 27.10; Juan 1.12; Romanos 8.15;
    2 Corintios 6.18; Gálatas 4.3-7.

ADULACIÓN
Sincera adulación de hermano, Génesis 33.10.
Rey como un ángel, 2 Samuel 14.17.
Labios lisonjeros, Salmo 12.2-3.
Adulación maligna, Salmo 36.1-4; 78.36; Proverbios 2.16;
    Romanos 16.18.
Autolisonja, Salmo 36.2.
Labios de extraña gotean miel, Proverbios 5.3 (RVA).
Falsa lisonja, Proverbios 24.24.
Reprensión mejor que lisonja, Proverbios 28.23.
Lisonja al prójimo, Proverbios 29.5.
Adulación deshonesta, Mateo 22.16; Lucas 20.21.
Fariseos hipócritas, Marcos 12.15-17.
La gloria pertenece solo a Dios, 1 Corintios 3.7.
Felicitación a los que antes se reprendió, 2 Corintios 7.14.
Evitar adulación para levantar fondos, 1 Tesalonicenses 2.5-6.

ADULTERIO
Adúltera frustrada, Génesis 39.7-20.
El séptimo mandamiento, Éxodo 20.14.
Relaciones con el cónyuge ajeno, Levítico 20.10.
Compromiso mancillado, Deuteronomio 22.23-24.
Bajo la oscuridad, Job 24.15.
Adúltero arrepentido, Salmo 51.1-19.
Adúltero fatuo, Proverbios 6.32.
Tontería, Proverbios 7.6-23.
Adulterio descarado, Jeremías 3.6.
Adulterio con madero y con piedra, Jeremías 3.9.
Corazón, mente inicua, Ezequiel 6.9; Mateo 5.27-28.
Infidelidad de una esposa, Ezequiel 16.32.
Envejecida en el adulterio, Ezequiel 23.43.
Orden de desposarse con una adúltera, Oseas 1.2-3.

AGRESIVO
Demandar bendición, Génesis 32.26.
Se ordena al pueblo que evite conflictos, Deuteronomio 2.3-6,19.
Quería la vida eterna, Marcos 10.17.
Aprovechar la oportunidad, Efesios 5.15-16; Colosenses 4.5.

ALABANZA

Cántico de Moisés, Éxodo 15.1,2.
Alabanza a mujer, Jueces 5.24-27.
Autoalabanza, Nehemías 5.19.
Levantarse y bendecir al Señor, Nehemías 9.5.
Alabanza por bendiciones pasadas, Nehemías 9.7-38.
Reconocer majestad de Dios, Job 31.21,22.
Alabanza con arpa, Salmo 43.4.
Cantar con inteligencia, Salmo 47.7.
Palabra de Dios, Salmo 56.10.
Cantar salmos, Salmo 57.7.
Alabanza solo para el Señor, Salmo 65.1.
Alabanza con gozo, Salmo 70.4.
Alabanza de hombre iracundo, Salmo 76.10.
Quién como el Señor, Salmo 89.8.
Dar a Dios gloria debida, Salmo 96.8.
Canto de alabanza, Salmo 103.1-22.
Motivación para alabar, Salmo 107.8,15,21,31.
Dios de alabanza, Salmo 109.1.
Gloria solo a Dios, Salmo 115.1; Hechos 12.21-23; 1 Corintios 3.7.
Creación alaba a Dios, Salmo 148.1-14.
Todo lo que respira, Salmo 150.6.
No a la autoalabanza, Proverbios 27.2.
Examen de humildad es la alabanza, Proverbios 27.21.
Lisonja, Proverbios 28.23.
Animarse unos a otros, Isaías 41.7.
Voz de gozo y alegría, Jeremías 33.11.
Gratitud de Daniel, Daniel 2.19-23.
Labios paganos alaban, Daniel 4.37.
Alabanza verdadera, Amós 5.22; 8.3,10.
Evaluación acerca de Juan el Bautista, Mateo 11.11-14.
Lo aclaman y después piden crucifixión, Mateo 21.6-11
    (véase 27.20-23).
Alabanza de niños, Mateo 21.15-16.
Peligro de recibir alabanza, Lucas 6.26.
Recibir alabanza de Dios, 1 Corintios 4.5.
Elogios, 2 Corintios 7.14.
Alabanzas a sí mismo, 2 Corintios 10.17-18.
Agradar solo a Dios, Gálatas 1.10.
Alabar a Dios y ver éxito en el ministerio, 1 Tesalonicenses 3.8-10.
Motivación para predicar y enseñar, 1 Tesalonicenses 2.1-6.
No buscar alabanza, 1 Tesalonicenses 2.6.
Buenas obras manifiestas, 1 Timoteo 5.25.
Alabanza al Cordero, Apocalipsis 5.13-14.

Amén, Apocalipsis 7.11-12.
Temor motiva alabanza al Señor, Apocalipsis 11.13.
Proclamación de fe en Dios, Apocalipsis 15.3-4.

ALCOHOL
Borrachera de Noé, Génesis 9.18-27.
Sobriedad durante alabanza, Levítico 10.8-10.
Vino para la libación, Números 15.5-7.
Embarazo y alcohol, Jueces 13.2-5.
Bebidas alcohólicas que no son vino, Jueces 13.7.
Beber para alegrarse, Rut 3.7.
Bebida a discreción, Ester 1.8.
Coraje falso, Proverbios 20.1.
Vino, exceso de comida,haraganería, Proverbios 23.20-21.
Para el que se detiene en el vino, Proverbios 23.30-33.
Por razones medicinales, Proverbios 31.4-7; Marcos 15.23;
  Lucas 10.34; 1 Timoteo 5.23.
Grandes bebedores, Isaías 5.22.
Comer, beber, alegrarse, Isaías 22.13.
Gemir por vino, Isaías 24.7-13.
El vino como sedante, Isaías 24.11.
Vinos para la fiesta, Isaías 25.6.
Incapacitado por el vino, Isaías 28.1,7.
Decisiones pobres, Isaías 28.7.
Ebrio, pero no de vino, Isaías 51.21.
Falso concepto de valores, Isaías 56.10-12.
Tinajas de vino, juicio divino, Jeremías 13.12-14.
Antepasados ejemplares, Jeremías 35.1-16.
Alegría falsa, Jeremías 51.39.
El vino prohibido en el templo, Ezequiel 44.21.
Inmoralidad, vergüenza, Oseas 4.18.
Borrachos que gimen, Joel 1.5.
Forzados a romper un voto, Amós 2.12.
Mujeres que beben, Amós 4.1; Tito 2.3.
Exaltación del vino, Miqueas 2.11.
Vino en exceso, Nahum 1.10.
Traicionado por el vino, Habacuc 2.5.
Embriagar al prójimo, Habacuc 2.15.
Beber constantemente, Hageo 1.6.
Almacén de vino, Mateo 9.17; Marcos 2.22.
Evitar que se fermente, Mateo 9.17.
Transformación del agua en vino, Juan 2.1-11.
Piedra de tropiezo, Romanos 14.20-23.
Alcohol con alimentos, 1 Corintios 11.21.

Embriagados con vino, llenos del Espíritu Santo, Efesios 5.18.
Ancianos sobrios, Tito 1.7.
Esclavizados, 2 Pedro 2.19.
Ebria con sangre, Apocalipsis 17.6.

ALIMENTOS
Manjares delicados, Daniel 10.3.

ALMA
Eternidad en corazones humanos, Eclesiastés 3.11.
Espíritu vuelve a Dios, Eclesiastés 12.6-7.
Matan cuerpo pero no alma, Mateo 10.28; 1 Corintios 15.54.
Valor de una oveja perdida, Mateo 18.12-14; Lucas 15.1-32.
Valor eterno del alma, Marcos 8.35-37.
Inmortalidad asegurada, Juan 8.51; 11.25-26; 1 Corintios 15.53.
Paz en el alma, Gálatas 1.3.
Alma y espíritu, Hebreos 4.12.
Mártires decapitados, Apocalipsis 20.4.
¿Por qué se abate?, Salmo 42.11.

ALZHEIMER, ENFERMEDAD DE
Cuando la memoria falla, Eclesiastés 12.6-7.
La tierra del olvido, Salmo 88.12.
Prosperidad olvidada, Lamentaciones 3.17.

AMARGURA
Fruto amargo, Deuteronomio 32.32.
Día sombrío, Job 3.4.
Amargura del alma, Job 3.20; Proverbios 14.10.
Lleno de amargura, Hechos 8.23.
Boca llena de amargura, Romanos 3.14.
Superar la amargura, Efesios 4.31.
Raíces de amargura, Hebreos 12.15.
Amargura en el corazón, Santiago 3.14.

AMBICIÓN
Ambición de la sociedad secular, Génesis 11.1-4.
Ambición de Absalón, 2 Samuel 15.1-4.
Desea obediencia total, Salmo 119.1-5.
Planes de hombre, propósito de Dios, Proverbios 16.1; 19.21.
Deseo de superar al prójimo, Eclesiastés 4.4.
Búsqueda de perversiones, Eclesiastés 7.29.
Madre indulgente, Mateo 20.21.
Anhelo de prominencia, Lucas 22.24.

Aprovechando la oportunidad y el tiempo, Efesios 5.15-16;
    Colosenses 4.5.
Preparados para servir, testificar, Efesios 6.15.
El supremo deseo de Pablo, Filipenses 3.7-11.
Motivado a vivir como cristiano, 1 Tesalonicenses 4.11-12.
Meta de vivir correctamente, 2 Tesalonicenses 1.11.
Deseo de ser supervisor, 1 Timoteo 3.1.
Peligrosas ansias de dinero, 1 Timoteo 6.9-10.
Incierto es el mañana, Santiago 4.13-16.

AMBIENTE
Elección de ambiente, Génesis 13.10-13.
Ambiente paterno, Proverbios 6.20-23.
Hijos de hechiceros, Isaías 57.3.
«No debes casarte ni tener hijos aquí», Jeremías 16.2 (LBD).
Maligna influencia de padres, Jeremías 16.10-12.
La boca habla lo que tiene el corazón, Lucas 6.43-45.
Libertad para creación sujetada, Romanos 8.20-21.
Tierra bajo juicio, Romanos 9.28.
Ambiente de la niñez, 2 Timoteo 3.14-15.
Sobreviven en ambientes perversos, 2 Pedro 2.4-9.

AMOR
Malinterpretación de amor por odio, Deuteronomio 1.27.
Amor por Jonatán, 2 Samuel 1.26.
Amor de madre, 1 Reyes 3.16-28.
Amor de Dios, Job 10.12; Salmo 90.14.
Amor eterno de Dios, Salmo 23.6.
Amor del Señor, Salmo 33.18.
Mejor el amor de Dios que la vida, Salmo 63.6.
Amor a quienes odian, Salmo 109.4.
El amor continuo del Señor, Salmo 135.1-26.
Amor permanente de Dios, Salmo 136.1-26.
Con amor se corrige el pecado, Proverbios 16.6.
Enferma de amor, Cantares 2.5.
El amor no se puede apagar, Cantares 8.7.
Reino de amor, Isaías 16.5.
No se apartará el amor de Dios, Isaías 54.10.
Tiempo de amores, Ezequiel 16.8.
Lecho de amores, Ezequiel 23.17.
Cómo ama Dios, Malaquías 1.2.
Amor al dinero, Marcos 10.17-27.
No hay matrimonio en los cielos, Marcos 12.18-27.
La mayor ofrenda de amor, Juan 3.16.

El mayor grado de amor, Juan 13.1.
Amor implantado, Juan 17.26.
Espíritu perdonador de mártir, Hechos 7.60.
Amar al prójimo como a sí mismo, Romanos 13.8-10.
Buscar primero el bien ajeno, 1 Corintios 10.24.
El amor ante todo, 1 Corintios 13.1-13.
Dispuesto a morir por amor, 1 Corintios 13.3.
Dimensiones del amor, 1 Corintios 13.4-7; Efesios 4.1-2.
Definición exacta, 1 Corintios 13.4-7.
Seguir el amor, 1 Corintios 14.1.
Fe y amor, 1 Corintios 16.13-14.
Amor no correspondido, 2 Corintios 6.11-12.
Escogidos por amor, Efesios 1.4.
Imitadores del amor, Efesios 5.1-2.
Tíquico, mensajero del amor, Efesios 6.21-22.
Amor inalterable, Efesios 6.24.
Amor de Jesucristo, Filipenses 1.8.
Ministerio de amor, Colosenses 3.12-14.
Crecer en amor, 1 Tesalonicenses 3.12; 4.9-10.
Encaminados al amor de Dios, 2 Tesalonicenses 3.5.
Amor de corazón, 1 Timoteo 1.5.
Amor fraternal, 1 Pedro 1.22.
El amor cubre pecados, 1 Pedro 4.8.
Afecto fraternal más amor, 2 Pedro 1.7.
Amor perfecto, 1 Juan 2.5.
Amor del Padre, 1 Juan 3.1-3.
Distintivo del cristiano, 1 Juan 3.11-14.
Se debe dar la vida por otros, 1 Juan 3.16.
Amor verdadero, 1 Juan 3.18.
Amor es obedecer los mandamientos, 2 Juan 6.
Andar en amor, 2 Juan 3.5-6.
Al que ama castiga, Apocalipsis 3.19.

ANALFABETISMO
No sabe leer, Isaías 29.11-12.

ANARQUÍA
Hacer lo que a cada uno le parece, Deuteronomio 12.8-9.
Desacato al templo, al gobierno, Deuteronomio 17.12;
   Esdras 7.26.
Anarquía positiva de las hormigas, Proverbios 6.6-8.
Muchos mandan cuando hay rebelión, Proverbios 28.2.
Unos contra otros, Isaías 3.5-7; Zacarías 8.10.
Hermano contra hermano, Isaías 19.2.

Futuros problemas en Egipto, Isaías 19.12.
Pastores que destruyen, Jeremías 12.10.
Cada uno por su cuenta, Jeremías 23.36.
Sin Dios, sin rey, Oseas 10.3.
Sentido de lo correcto distorsionado, Amós 3.10.
Sin lealtad familiar, Miqueas 7.2, 6.
Los peces no tienen gobernantes, Habacuc 1.14.
Esclavos contra dueños, Zacarías 2.9.
Unos levantan las manos contra otros, Zacarías 14.13.

ÁNGELES
Abraham recibe visitantes celestiales, Génesis 18.1-10.
Confunden a los ángeles con hombres, Génesis 19.1-13.
Autoridad angelical, Génesis 22.11-12.
Guiados por un ángel asignado, Génesis 24.7.
Hay que hacer caso a los ángeles, Éxodo 23.20-23.
Asna, ángel, Números 22.23-28.
Comandante del ejército de Dios, Josué 5.13-15.
Guía angelical, Jueces 2.1-5.
Nombre secreto de un ángel, Jueces 13.16-18.
Confunden a un ángel con Dios, Jueces 13.21-23.
Mención de ángeles, 2 Reyes 6.16.
Ángeles junto con Satanás, Job 1.6; 2.1.
Espíritu anónimo, Job 4.15-16.
Hueste innumerable, Job 25.3.
Uno entre mil ángeles, Job 33.23.
Ángel protector, Salmo 34.7.
Ángeles de la guarda, Salmo 91.9-12; Éxodo 23.20.
Obedientes al Señor, Salmo 103.20.
Siervos como llama de fuego, Salmo 104.4.
Ángel mata soldados, Isaías 37.36.
Ángel que domina leones, Daniel 6.22.
Gabriel, Daniel, Daniel 9.20-21.
Ángel que fortalece, Daniel 10.15.
Guardián de un pueblo, Daniel 12.1.
Ángeles, sueños, visiones, Zacarías 1.7-17.
Ministerio del ángel al profeta, Zacarías 1.8-21.
Ángel guía, Zacarías 3.1.
Ángel que amonesta, Zacarías 3.6.
Sostendrán en sus manos, Mateo 4.6.
Ministerio tras la tentación, Mateo 4.11.
Agente de castigo, Mateo 13.41-42.
Ángeles de los niños, Mateo 18.10.
Aspecto como de un relámpago, Mateo 28.3.

ÁNGELES

Protección angelical, Marcos 1.12-13.
Ángel descrito como un joven, Marcos 16.5-7.
Ángeles anuncian un nacimiento, Lucas 1.5-38.
Asustado por un ángel, Lucas 1.11-12.
Un ángel dice cómo ha de llamarse el niño, Lucas 1.13.
Dos tareas de Gabriel, Lucas 1.11-38.
Ángeles se regocijan, Lucas 15.10.
Intervención angelical, Hechos 5.17-20; 12.4-11.
Rostro humano semejante a ángel, Hechos 6.15.
Guiado por un ángel, Hechos 8.26.
Ángel visto en visión, Hechos 10.3-4.
Ángeles que ministran, Hechos 12.8-10; 27.21-25.
Posible referencia a ángeles, 1 Corintios 4.15.
Demonios se disfrazan de ángeles, 2 Corintios 11.14-15.
Categoría de los ángeles, Hebreos 1.5-14.
Cristo superior a los ángeles, Hebreos 1.4-8.
Ángeles que no se declaran como tales, Hebreos 13.2.
Curiosidad de los ángeles, 1 Pedro 1.12.
Ángeles en prisiones eternas, Judas 6.
Gran liberación, Judas 14-15.
Mensaje entregado por un ángel, Apocalipsis 1.1.
Confesión delante de los ángeles, Apocalipsis 3.5.
Coro angelical, Apocalipsis 5.11-12.
Presencia que ilumina, Apocalipsis 18.1.
A los ángeles no se adora, Apocalippsis 19.10; 22.9.
Un ángel contra Satanás, Apocalipsis 20.1-3.

ANILLO
Pendiente en la nariz, Génesis 24.47.
Anillo de gobernante, Génesis 41.42; Ester 3.10.
Anillos como ofrenda, Éxodo 35.22.
Sello real, Ester 8.8.
Artículo suntuoso, Isaías 3.18-23.
Anillo para hijo arrepentido, Lucas 15.22.

ANIMAL
Animales nocturnos, Salmo 104.22-23.
Guarida de animales, Sofonías 2.14.

ANIVERSARIO
Una mirada al pasado, Deuteronomio 2.7.
Una fecha histórica, Nehemías 6.15.
Registro de fecha importante, Ezequiel 24.2.
Fecha para recordar, Hageo 2.18.

ANSIEDAD
¿Qué tienes?, Génesis 21.17.
Oposición insuperable, Éxodo 14.5-14.
Descanso en la protección divina, Deuteronomio 33.12.
Amedrentados, Deuteronomio 28.66-67.
Orden de ser valiente, Josué 1.9.
El Señor calma el temor, Jueces 6.24.
Amigo del afligido, endeudado, 1 Samuel 22.2.
Levantado de las muchas aguas, 2 Samuel 22.17.
Anhelo de paz, seguridad, 2 Reyes 20.19.
Enervado por Dios, Job 23.16.
Tensión interna, Job 30.27.
Confianza total en el Señor, Salmo 3.1-8.
«Considera mi gemir», Salmo 5.1.
Lucha contra la ansiedad, Salmo 13.2, 5.
El Señor presente siempre, Salmo 14.4-5.
La luz vence a las tinieblas, Salmo 18.28.
Aguas de reposo, Salmo 23.3.
Amparo hasta que pasen los quebrantos, Salmo 57.1.
«Como pared desplomada y como cerca derribada», Salmo 62.3.
Día de ansiedad, Salmo 86.7.
Corazón herido, Salmo 109.22.
Angustia, dolor, Salmo 116.3.
Dios conoce mi ansiedad, Salmo 139.23.
Congoja del corazón, Proverbios 12.25.
Consumido, Isaías 38.12.
Ansiedad peligrosa, Lucas 21.34.
Abrumado más allá de las fuerzas, 2 Corintios 1.8.
Echa sobre Dios toda ansiedad, 1 Pedro 5.7.

ANTICONCEPTIVO, MÉTODO
Procedimiento físico, Génesis 38.8-10.
Crecimiento de la población, Éxodo 1.7.
Puertas del vientre cerradas, Job 3.10.
Los hijos, herencia, Salmo 127.3-5.
Mandato para una familia grande, Jeremías 29.4-6.
Embarazo, Oseas 1.8.
Opción del esposo, Juan 1.13.

APARIENCIA
Físico hermoso, Génesis 39.6-7.
Descripción de un ángel, Jueces 13.6.
Apariencia exterior, 1 Samuel 16.7; 2 Corintios 5.12.
Corazón alegre, rostro hermoso, Proverbios 15.13.

Bien vestido, bien arreglado, Eclesiastés 9.8.
Descripción profética de Jesús, Isaías 53.2.
Diversidad de apariencia, Ezequiel 1.10.
Sin cuidarse la apariencia por tres semanas, Daniel 10.3.
Peinarse, lavarse el rostro, Mateo 6.17.
Sepulcros blanqueados, Mateo 23.27; Juan 7.24.

APETITO
Los humanos y los animales como vegetarianos, Génesis 1.29-30;
    2.16.
Ángeles con apetito, Génesis 19.1-3.
Apetito por guiso, Génesis 25.27-28.
Hambre necia, Génesis 25.29-34.
Deseo de comer carne, Números 11.4-5.
Devorará como un león, Números 23.24.
Apetito espiritual, físico, Deuteronomio 8.10-14.
Deseo de comer, Deuteronomio 12.15,20.
Pérdida de apetito, 1 Samuel 1.7; 20.34; 28.23; Salmos 102.4; 107.18;
    Job 3.24.
Comida suficiente, Job 6.5.
Las lágrimas quitan el apetito, Salmos 42.3; 102.9.
El pecado causa pérdida de apetito, Salmo 107.17-18.
Apetito disciplinado, Proverbios 23.2.
Comida y bebida en exceso, Proverbios 23.20.
El apetito del ocioso, Proverbios 26.15.
Lo amargo es dulce, Proverbios 27.7.
Apetito insaciable, Eclesiastés 6.7; Isaías 9.20.
Soñar con la comida, Isaías 29.8.
Perros hambrientos, Isaías 56.11.
El rey pierde apetito, Daniel 6.18.
Hambre de justicia, Mateo 5.6.
Cuatro mil personas hambrientas, Marcos 8.1-9.
Demasiada preocupación por la comida, Lucas 12.22,29.
Trance inducido por hambre, Hechos 10.10.
La tensión quita el apetito, Hechos 27.33-36.
Avidez de pecado, Efesios 4.19.
Leche espiritual deseada, 1 Pedro 2.2-3.
Dulce en la boca, amargo en el vientre, Apocalipsis 10.9-10.

APROVECHARSE
Castigo del aprovechado, Proverbios 22.22-23.

ARMA
Sin armas en Israel, 1 Samuel 13.19-22.

Armas espirituales, 1 Samuel 17.45; 2 Corintios 10.4; Efesios 6.17;
 Hebreos 4.12.
Arco de bronce, 2 Samuel 22.35.
Armas primitivas, 2 Crónicas 26.10-14.
El inventor de la catapulta, 2 Crónicas 26.15.
Lanza, Salmo 35.3.
La mejor arma, Salmo 124.1-5.
Espada devoradora, Jeremías 46.10.
Arco quebrado, Jeremías 49.35.
Arsenal del Señor, Jeremías 50.25.
Bolsa, alforja y espada, Lucas 22.35-38.

ARRESTO
Encarcelado por quebrantar el día de reposo, Números 15.32-34.
Ciudad de refugio, Números 35.6-15.
Arresto por mala pronunciación, Jueces 12.5-6.
Preso por evasión de impuestos, 2 Reyes 17.4.
Arresto domiciliario, Jeremías 37.15; Ezequiel 3.24-25; Hechos 8.3.
Fianza, Hechos 17.9.
Un ángel arrestará a Satanás, Apocalipsis 20.1-3.

ARTE
Separación de la luz de las tinieblas, Génesis 1.4, 17-18.
Talentos que da el Espíritu Santo, Éxodo 31.1-5.
Cincel en función, Deuteronomio 10.1.
Arte celestial, Salmo 19.1.
Obra de arte destruida, Salmo 74.6.
Hombre con capacidad, Proverbios 22.29.
Ídolos labrados en leña, Isaías 44.15-17.
Corazones y altares esculpidos, Jeremías 17.1.
Esbozo de Jerusalén, Ezequiel 4.1.
Murales en las murallas, Ezequiel 8.7-12; 23.14.
Decoración del templo, Ezequiel 41.17-20.

ASESINATO
Primer asesinato, Génesis 4.1-16.
Institución de la pena de muerte, Génesis 9.6.
Asesinato premeditado, Génesis 27.41-45; 2 Samuel 13.28-29.
Evita asesinato, Génesis 37.21-24.
Prohibición de matar, Éxodo 20.13; Mateo 19.18; Romanos 13.9;
 1 Pedro 4.15; 1 Juan 3.15.
Brutal sacrificio humano, Deuteronomio 18.9-12.
Asesino a sueldo, Deuteronomio 27.25.
Muerte del rey, Jueces 3.21.

Aprietos de Sísara, Jueces 4.14-21; 5.24-31.
Asesinato frustrado, 1 Samuel 19.9-17.
Acusación de promover suicidio, 2 Samuel 1.1-16.
Defensa propia, 2 Samuel 2.22-23.
Venganza por la muerte del hermano, 2 Samuel 3.27.
Complot contra Urías, 2 Samuel 11.14-17.
Sangre inocente, 1 Reyes 2.31; Isaías 59.7.
Lo buscan para conspirar, 2 Reyes 9.14-24.
Rey sucumbre ante sus siervos, 2 Reyes 12.19-20.
Castigo en dinero, 2 Reyes 18.14-15.
Muerto mientras adoraba, 2 Reyes 19.37.
Ciudad saturada de sangre, 2 Reyes 21.16.
Pies lavados en sangre de enemigos, Salmo 58.10.
Asesino cava su propia tumba, Proverbios 28.17.
Complot contra Jeremías, Jeremías 11.18-19.
Gobernador asesinado, Jeremías 41.2.
Víctimas, Lamentaciones 4.13; Joel 3.19.
Asesinos sueltos, Miqueas 7.2.
Matanza de niños, Mateo 2.13-18.
Muerte de Juan el Bautista, Mateo 14.1-12.
Cómplices de asesinato, Mateo 26.14-16.
Buscan matar a Jesús, Marcos 14.1.
Escapar de la muerte, Lucas 4.28-30.
Plan para asesinar a Pablo, Hechos 23.12-22.
Derramamiento de sangre para sacrificio, Hebreos 9.22.
Muerte por envidia, 1 Juan 3.12.
Asesino, Apocalipsis 6.4.

ASISTENCIA PÚBLICA
Responsabilidad mutua, Génesis 9.5.
Almacenamiento de comida para pobres, Deuteronomio 14.28-29;
    26.12.
Preocupación por necesitados, Deuteronomio 15.7-11; Job 29.16.
Gavilla en el campo, Deuteronomio 24.19-21.
Comida para todos, Deuteronomio 26.12.
Actitud inmisericorde, Job 12.5; 22.7-9.
Ojos al ciego y pies al cojo, Job 29.15. Claman por ayuda, Job 30.24.
Compartir con otros, Job 31.16-22.
Menesterosos y pobres, Salmo 9.18.
Generosidad recompensada, Salmo 41.1-3; Mateo 25.34-40;
    Hebreos 6.10.
Misericordia con pobres, Proverbios 14.21.
Opresor y misericordioso, Proverbios 14.31.
Escarnio al pobre y afrenta a Dios, Proverbios 17.5.

Inversión espiritual, Proverbios 19.17.
Clamor del pobre, Proverbios 21.13.
Bendición para misericordioso, Proverbios 22.9.
Bien por mal, Proverbios 25.21.
Roba a pobres, Proverbios 28.3.
Recompensa por dádivas a pobres, Proverbios 28.27; 31.20.
Causa del pobre, Proverbios 31.8-9.
Servicio espiritual, Isaías 58.6-10.
Misericordia con pobres, Jeremías 39.10; 40.7-9.
Huérfanos y viudas, Jeremías 49.11; Zacarías 7.8-10.
Poco valor de seres humanos, Amós 2.6.
Dar al que pide, Mateo 5.42.
Caridad verdadera, Mateo 6.2-4.
Vaso de agua fría, Mateo 10.42.
Perfume costoso para Jesús, Marcos 14.3-9.
Sanidad de paralítico, Lucas 5.17-26.
El buen samaritano, Lucas 10.30-37.
Altruismo, Lucas 14.12-14.
Curación de cojo, Hechos 3.1-8.
Todo en común, Hechos 4.32-35.
Mujer caritativa, Hechos 9.36-42.
Centurión generoso, Hechos 10.1-2.
Dios reconoce caridad, Hechos 10.4.
Socorren a otros, Hechos 11.27-30.
Compartir con los demás, Romanos 12.13.
Iglesia generosa, Romanos 15.26-27.
Buscar bien ajeno, 1 Corintios 10.24.
Mejor regalo que el dinero, 1 Corintios 13.3.
Preocupación de cristianos primitivos, Gálatas 2.9-10.
Ayuda a viudas, 1 Timoteo 5.3-8.
Viudas en lista, 1 Timoteo 5.9-11.
Deber de mantener viudas, 1 Timoteo 5.16.
Ayuda mutua, Hebreos 13.16; 1 Juan 3.17.
Visita a menesterosos, Santiago 1.27.
Actitud adecuada hacia los pobres, Santiago 2.1-8.
Fe sin obras, Santiago 2.14-18.

ASTROLOGÍA
El sol, luna, estrellas no se adoran, Deuteronomio 4.19; 17.2-3.
Advertencia contra predicciones falsas, Deuteronomio 18.10-12;
    Jeremías 27.9.
Adoración de estrellas, 2 Reyes 21.3,5; Sofonías 1.5.
Las constelaciones del zodíaco las diseñó Dios, Job 9.9.
Homenaje al sol y la luna, Job 31.26-28.

La ley de los cielos, Job 38.33.
La astrología descrita y denunciada, Isaías 47.10-15.
Huesos de adoradores de estrellas, Jeremías 8.1-2.
Señales en el cielo, Jeremías 10.2.
Silencio en las estrellas, Daniel 2.1-4; 4.7; 5.7-9.
Magos del oriente, Mateo 2.1.

ASTRONOMÍA
Creación de los cielos, Génesis 1.8,14-17.
El sol y la luna presiden, Génesis 1.16-18.
Inmensidad de la creación, Génesis 2.1.
Estrella de Belén, Números 24.17; Mateo 2.1-8.
No se adora el sol, ni luna, ni las estrellas, Deuteronomio 4.19.
Fortaleza del sol naciente, Jueces 5.31.
Señor de los cielos, 1 Samuel 1.3.
Templos terrenales y celestiales, 1 Reyes 8.12-13.
Estrellas opacas, Job 3.9.
Estrellas selladas, Job 9.7.
Osa, Orión, Pléyades, Job 9.9.
La tierra en el espacio, Job 26.7.
Sol invisible, Job 37.21.
Vastedad de la creación, Job 38.4-13,31-33.
Grandeza de los cielos, pequeñez de los hombres, Salmo 8.1-4.
El cielo declara la gloria de Dios, Salmo 19.1-6.
Cielos creados, Salmo 33.6.
El sol nace y se pone, Salmo 50.1.
Grandeza en los cielos, Salmo 57.11.
Cielos desde la antigüedad, Salmo 68.32-33.
Antigüedad del sol y la luna, Salmo 72.5,17.
Día, noche, sol, luna, Salmo 74.16-18,22.
Nueva luna, Salmo 81.3.
Las estrellas celebran, Salmo 89.5.
Para siempre como la luna y el sol, Salmo 89.36,37.
La luna designa las estaciones, Salmo 104.19.
El espacio no puede contener todo el amor de Dios,
    Salmo 108.4-5.
Obra creativa, Salmo 136.5-9.
Las estrellas están numeradas, Salmo 147.4; Isaías 40.26.
La tierra y el cielo demuestran la sabiduría de Dios,
    Proverbios 3.19-20.
La sabiduría precedió a la creación, Proverbios 8.24-31.
El sol, la luna y las estrellas son oscurecidos, Isaías 13.10.
Luna avergonzada, sol confundido, Isaías 24.23.
Luna ardiente, Isaías 30.26.

Cielo y tierra removidos, Isaías 34.4.
La sombra del sol retrocede, Isaías 38.7-8.
Los cielos y la mano de Dios, Isaías 40.12.
El Creador cuida de la creación, Isaías 42.5-7.
Creador de estrellas, Isaías 45.12.
La luna y el sol serán innecesarios, Isaías 60.19.
Dios de toda la naturaleza, Jeremías 31.37.
Astrónomos del Oriente, Mateo 2.1-2.
El sol se oscureció, Lucas 23.45.
Variedad entre los astros, 1 Corintios 15.41.
Cristo el Creador, Colosenses 1.15-17.
La estrella matinal como regalo, Apocalipsis 2.28.
Estrellas fugaces, Apocalipsis 6.13; 9.1.
Una estrella llamada Ajenjo, Apocalipsis 8.11.
Vestidura celestial, Apocalipsis 12.1, 4.
Granizo del cielo, Apocalipsis 16.21.
Huyen de él la tierra y el cielo, Apocalipsis 20.11.
Resplandeciente estrella matinal, Apocalipsis 21.16.
Sin sol ni luna, Apocalipsis 21.23-24.

ATEÍSMO
No hay Dios en Israel, 2 Reyes 1.3.
Desafío ateo, 2 Reyes 18.17-25.
No hay Dios, no hay sacerdocio, no hay ley, 2 Crónicas 15.3.
No hay lugar para Dios, Salmo 10.4.
El necio dice que no hay Dios, Salmo 14.1; 53.1.
Conciencia de la universalidad de Dios, Eclesiastés 3.11.
Vida bajo otros señores, Isaías 26.13.
Se reconoce a Dios por su juicio, Ezequiel 11.7-12.
Duda ante la verdad, Juan 8.45-47.
Negación atea, 1 Juan 2.22.

ATLETISMO
Ismael, el arquero, Génesis 21.20.
Lucha con Dios, Génesis 32.22-30.
Cuerpo atlético, Génesis 39.6-7.
Grande y alto, Deuteronomio 9.2.
Deshidratado, Jueces 15.17-19.
Tiraban con la honda sin errar, Jueces 20.16.
Más alto que los demás, 1 Samuel 9.2.
Estatura de Saúl, 1 Samuel 10.23-24.
Hombres esforzados y aptos, 1 Samuel 14.52.
Se quedan atrás cansados, 1 Samuel 30.9-10.
La fortaleza y la agilidad vienen de Dios, 2 Samuel 22.33-37.

Pies como los de un ciervo, 2 Samuel 22.34.
Dobla arco de bronce con las manos, 2 Samuel 22.35.
Ambidextros, 1 Crónicas 12.1-2.
Corre con ligereza, Job 9.25.
Pasos vigorosos acortados, Job 18.7.
Dios el pugilista, Salmo 3.7.
Los que levantan hachas, Salmo 74.5.
Fuerzas como un búfalo, Salmo 92.10.
Destreza física de valor limitado, Salmo 147.10-11.
Nadador, Isaías 25.11.
Hombres contra caballos, Jeremías 12.5.
Remeros fuertes, Ezequiel 27.26.
Carrera de discípulos, Juan 20.4.
Premio y corredores, 1 Corintios 9.24-27.
Evite el esfuerzo inútil, 1 Corintios 9.26.
Estorbo para correr bien, Gálatas 5.7.
Ejercicio para el cuerpo y para la piedad, 1 Timoteo 4.7-8.
De acuerdo a las reglas, 2 Timoteo 2.5.
Termina la carrera, 2 Timoteo 4.7.
Correr con perseverancia, Hebreos 12.1-2.

ATÓMICO
Destrucción nuclear, 2 Pedro 3.7,10-12.

ATRACTIVO
Joven y hermoso, 1 Samuel 9.2.
Rubio de ojos hermosos y atractivo, 1 Samuel 16.12.
Hermosura de Absalón, 2 Samuel 14.25.
El más hermoso de los hombres, Salmo 45.2.
Blanco, rubio y señalado entre diez mil, Cantares 5.10.
Nobles hermosos, Lamentaciones 4.7.
Bondad y hermosura, Zacarías 9.17.

AUTÓGRAFO
Firma, Job 31.35.
Firma de Pablo, Colosenses 4.18; 2 Tesalonicenses 3.17.

AUTORIDAD
Orden del creador, Génesis 1.3,6,9; 14-15,20, 24,26.
La luna y el sol presiden, Génesis 1.16-18.
Autoridad del hombre sobre lo creado, Génesis 1.26-29.
El eterno «Yo soy», Éxodo 3.13,14.
Soberanía, Éxodo 6.1-8,28-29.
Moisés, hombre con autoridad, Éxodo 7.1-2.

Hablar con autoridad divina, Levítico 23.1-2, 9-10, 23-24.
Autoridad delegada, Números 21.34; Deuteronomio 1.12-13;
   Josué 8.8.
Autoridad del padre y del esposo, Números 30.3-16.
Aumenta autoridad, Deuteronomio 1.9-13.
Suprema autoridad, Deuteronomio 1.17.
Autoridad recibida de Dios, Deuteronomio 2.25.
Autoridad del líder, Josué 1.18.
Autoridad sobre los ancianos, Rut 4.1-2; Proverbios 31.23.
Autoridad prolongada, 1 Samuel 13.1.
Lanza, símbolo de autoridad, 1 Samuel 26.7.
Poder sobre ciudadanos y extranjeros, 2 Samuel 22.44-46.
Actitud ostentosa de un rey, 1 Reyes 12.1-14.
Profeta autenticado, 1 Reyes 18.10-24.
El nombre salvador de Dios, Salmo 54.1.
Promesa del que puede, Salmo 105.8.
Riquezas como símbolo de autoridad, Proverbios 22.7.
Todos tienen jefe, Eclesiastés 5.8-9.
Necios con autoridad, Eclesiastés 10.6.
Dios habla y actúa, Isaías 44.24-28.
Jeremías no quiere proclamar, Jeremías 1.1-10, 17-18.
Jesús enseña con autoridad, Mateo 7.28-29.
Expulsión de demonios, Mateo 8.16.
Autoridad de maestro y amo, Mateo 10.24.
Autoridad para atar y desatar, Mateo 16.19.
Autoridad diferente, Lucas 4.31-37.
El dedo de Dios, Lucas 11.20; Hechos 3.11-16.
Autoridad satánica, Lucas 12.5.
Jesús obedece al que tiene autoridad, Juan 12.50.
Autoridad que protege, Juan 17.11.
Jesús acusado de faltar al respeto, Juan 18.19-24.
Un reto a la autoridad, Juan 19.8,11.
Reglas, Hechos 16.4.
Las Escrituras como autoridad, Hechos 18.28.
Demonios que no se inmutan, Hechos 19.13-16.
Insultan a príncipe del pueblo, Hechos 23.4-5.
Verdad declarada con poder, Romanos 1.4.
Relación entre hombres y mujeres, 1 Corintios 11.2-16.
El Espíritu Santo como testigo, 1 Corintios 12.3.
Suprema autoridad en el mundo, 1 Corintios 15.24.
Armas espirituales, 2 Corintios 10.1-5.
Autoridad severa y constructiva, 2 Corintios 13.10.
Autoridad vindicada, Gálatas 6.17.
Esposos, esposas, Efesios 5.22-23.

Salvador, Rey, Colosenses 1.15-20.
Cristo, cabeza sobre todo, Colosenses 2.9-10.
El inicuo es destruido, 2 Tesalonicenses 2.8.
Desea ser supervisor, 1 Timoteo 3.1.
Dios no miente, Tito 1.2.
Liderazgo con autoridad, Tito 2.15.
Superior a los ángeles, Hebreos 1.2-4.
Sometido a la autoridad, 1 Pedro 2.13-17.
Ministración en el nombre del Señor, 3 Juan 7.
Autoridad fuera de lugar en la Iglesia, 3 Juan 9-10.
Autoridad sobre el mal, Judas 9.
Soberanía en la tierra, Apocalipsis 1.5.
Autoridad satánica, Apocalipsis 13.2.
Autoridad temporal de la bestia, Apocalipsis 13.5.
Diez reyes de una hora, Apocalipsis 17.12.
Autoridad concedida, Apocalipsis 20.4.

AVIONES
Anda sobre las alas del viento, Salmo 104.3.
Posiblemente profecía acerca de aviones, Isaías 60.8; 31.5;
    Ezequiel 1.19.

B

BANCARROTA
No puede valerse por sí mismo, Job 6.13.
Pérdida total, Salmo 109.11.
Pérdida de hombre engañoso, Jeremías 17.11.
Recuerda tesoros, Lamentaciones 1.7.
Prosperidad olvidada, Lamentaciones 3.17.
Los acreedores toman posesión, Habacuc 2.7.
Fortuna restaurada, Sofonías 2.7.
No tiene solvencia, Mateo 18.21-25.

BELLEZA
Belleza femenina admirada, Génesis 6.1-2.
Esposa hermosa, Génesis 12.11; 1 Samuel 25.3.
Belleza de Rebeca, Génesis 24.16.
Rostro, figura, Génesis 29.17.
Manera de protegerse, Deuteronomio 21.10,14.
Entendimiento, belleza, 1 Samuel 25.3.

Hermosura que tienta, 2 Samuel 11.2.
Esposas hermosas, 1 Reyes 20.3.
Las mujeres más hermosas, Ester 1.11; 2.1-4.
Tratamiento de belleza, Ester 2.8-12.
Hijas hermosas, Job 42.15.
Hermosura femenina, Salmo 45.11.
Belleza vana, Proverbios 31.30.
Mujeres calvas de Sión, Isaías 3.16-17.
Alegoría de Jerusalén, Ezequiel 16.4-14.
Confió en su hermosura, Ezequiel 16.15,25.
La hermosura de la naturaleza, Oseas 14.5-6; Mateo 6.28-29.
Jóvenes hermosas, Zacarías 9.17.
Monte de la Transfiguración, Mateo 17.1-8.
Regalo de Dios, 1 Corintios 4.7.
Cielos, tierra, 1 Corintios 15.40.
Rostro radiante de Moisés, 2 Corintios 3.7-8.
Las flores se marchitan, 1 Pedro 1.24.
Belleza interior, 1 Pedro 3.3-4.

BESO
Beso para engañar, Génesis 27.22-27.
Besos de hombres, Génesis 27.27; 33.4; 45.15; 48.10; Éxodo 4.27;
    18.7; 1 Samuel 20.41; Lucas 15.20; Hechos 20.37.
Beso de emoción, Génesis 29.11; 45.15.
Beso de despedida, Rut 1.14; Hechos 20.37-38.
Beso de muerte, 2 Samuel 20.9-10; Lucas 22.47-48.
Beso para despedirse de los padres, 1 Reyes 19.20.
Beso de vanagloria, Job 31.24-28.
Sabor de los labios de la esposa, Cantares 4.11.
Beso a los ídolos, Oseas 13.2.
Beso de traición, Mateo 26.48; Lucas 22.48.
Beso de quebrantamiento, Lucas 7.38.
Beso santo, Romanos 16.16.

BIENES
El acreedor se lo lleva todo, Salmo 109.11.
Gana todo, pierde todo, Marcos 8.36.

BODA
Largo aplazamiento de boda, Génesis 29.28.
Dote y dones, Génesis 34.12; Éxodo 22.16-17.
Monte como dote, Jueces 14.12-13.
Gran banquete de Ester, Ester 2.18.
Novia a la derecha, Salmo 45.9.

Llegada del novio, Cantares 3.9-11.
Vestido de novio, Isaías 61.10.
Atuendo de novia, Jeremías 2.32.
Molestan recién casados, Joel 2.16.
Parábola de las diez vírgenes, Mateo 25.1-13.
Invitados a boda, Juan 2.1.
Primer milagro de Cristo, Juan 2.1-11.
No más bodas, Apocalipsis 18.23; 19.7.
Bodas del Cordero, Apocalipsis 19.7-8; 21.2.
Novia de Cristo, Apocalipsis 21.9.

BORRACHERA
Creen borracha a mujer piadosa, 1 Samuel 1.9-17.
Borrachera de reyes, 1 Reyes 20.16.
Consumo ilimitado, Ester 1.8.
«Se sentaron a beber», Ester 3.15 (LBD).
Canciones de borrachos, Salmo 69.12.
El mal camino del alcohol, Proverbios 20.1.
Ojos amoratados, Proverbios 23.29-31.
Borrachos en juerga, Isaías 5.11; Romanos 13.13.
Beben hasta enfermarse, Isaías 28.1-8; Jeremías 25.27.
Falsos borrachos, Isaías 29.9-10.
«La copa del vértigo», Isaías 51.17 (RVA).
Vigilantes borrachos, Isaías 56.10-12.
Embriaguez provocada por Dios, Jeremías 13.12-14.
Borrachera mortal, Jeremías 51.57.
«El vino corría abundantemente», Daniel 5.1 (LBD).
Ridiculez del borracho, Oseas 7.5 (LBD).
Sobriedad de borrachos, Joel 1.5.
Demasiado vino, Nahum 1.10.
Borracho desnudo, Habacuc 2.15.
Invitados de la boda borrachos, Juan 2.10.
Burla a la sobriedad, Hechos 2.15.

BOXEO
Pelea cuerpo a cuerpo, 2 Samuel 2.12-16.
Mano violenta, Job 5.15.
Pugilista divino, Salmo 3.7.
Mano vengadora, Ezequiel 25.12-13; 16.
Técnica de boxeo, 1 Corintios 9.26.

BRUJERÍA
Maltrato de esclavos, Éxodo 21.20-21.
Muerte para hechiceras, Éxodo 22.18; 2 Reyes 23.24; Miqueas 5.12.

Abstenerse de brujerías, Levítico 19.31; 20.6; Isaías 8.19.
Desobediencia convierte a hombres en animales, Deuteronomio 28.53-57.
Cortan dedos, Jueces 1.7.
Pecado de adivinación, 1 Samuel 15.23.
Rey consulta bruja, 1 Samuel 28.5-20.
No muestra compasión, 2 Crónicas 36.17.
Consultan evocadores, Isaías 19.3.

BUENAS OBRAS
Procurar seguir el bien, Salmo 26.9-11 (LBD).
No bastan buenas obras para salvación, Mateo 19.16-26; Romanos 10.5.
Alcance de buenas obras, Mateo 25.35-36.
Recompensa a buenas obras, Mateo 26.6-13.
Conducta hacia enemigos, Lucas 6.35.
Romano construye sinagoga, Lucas 7.1-4 (véase LBD).
Patriótico y buenas obras religiosas, Lucas 7.4-5.
«Frutos hermosos», Juan 15.16 (LBD).
Recompensa de buenas obras, Romanos 2.5-11.
Fe en acción, 1 Tesalonicenses 1.3; Santiago 2.17-18.
Ricos en buenas obras, 1 Timoteo 6.18.
Pecado de no hacer el bien, Santiago 4.17.

C

CALIDAD
Oro de gran calidad, Génesis 2.12.
Aceite puro, Éxodo 27.20.
Vestido de gran calidad, Deuteronomio 8.4.
Lo poco mejor que lo mucho, Jueces 8.2.
Grandes talentos, Salmo 45.1.
Mejor poco en paz que mucho en angustia, Eclesiastés 4.6.
Calidad examinada, Jeremías 6.27; 1 Corintios 3.13.
Nuevas cada mañana, Lamentaciones 3.22-24.
Sal de mala calidad, Lucas 14.34-35.
Vida cristiana de calidad, 2 Pedro 1.5-8.
Amor de calidad, 1 Juan 3.1.

CALORÍAS
Sin comer, Daniel 10.3.

CAMARADERÍA
Mala compañía, Éxodo 23.2; Números 11.4-10.
Espíritu compartido, Números 11.16-17.
Unidos detrás del nuevo líder, Josué 1.16-18.
Camaradería entre suegra y nuera, Rut 1.16-19.
Trabajando juntos con diligencia, Nehemías 4.6.
Abandonado por amigo en tiempos malos, Job 6.14-17.
Entre buenos amigos, Proverbios 3.27-28.
Amistad que dura, Proverbios 17.17.
Dos mejor que uno, Eclesiastés 4.8-12.
Ama, sustenta, conforta, Cantares 2.3-6.
Lloran, gozan juntos, Isaías 66.10.
Andan de acuerdo, Amós 3.3.
Camarada divino, Zacarías 1.3.
Justicia, misericordia, Zacarías 7.8-10.
La familia de Dios, Marcos 3.32-35.
Paz entre unos y otros, Marcos 9.50.
Huésped por tres meses, Lucas 1.56.
Maestro, estudiante, Lucas 6.40.
Seguidores unidos, Lucas 8.1-3.
Comparten mismo fin, Lucas 10.1-2.
Medida de amistad, Lucas 11.5-8.
Como cuidado maternal, 1 Tesalonicenses 2.7-8.
Ni hay lugar para discusión, 2 Timoteo 2.24-26.

CÁNCER
Parece maligno, 2 Crónicas 21.18-19; Jeremías 15.18.

CARÁCTER
Hombre intachable, Génesis 6.9.
Las acciones del padre influyen sobre el hijo, Génesis 9.18-27.
Ángel describe a Ismael antes de su nacimiento, Génesis 16.11-12.
Descripción prenatal, Génesis 25.21-34.
Predicción paternal, Génesis 25.21-34.
Profeta ejemplar, 1 Samuel 12.3.
Las obras revelan a las personas, 1 Samuel 24.13.
Bondad para con el enemigo, 2 Samuel 9.1-8.
Rehúsa tomar agua que puso en peligro a otros, 2 Samuel 23.15-17.
Dios elogia a Job, Job 1.8.
Lo puro no viene de lo impuro, Job 14.4.
El Señor juzga la integridad, Salmo 7.8.
Características de una vida santa, Salmo 15.1-5.
Anduvo en integridad, Salmo 26.1.
Descripción de un carácter, Salmo 51.6.

Buen juicio, Salmo 106.3.
Marcas de un carácter malvado, Proverbios 6.16-19.
Influencia buena y mala, Proverbios 11.16.
Sin carácter para ser rico, Proverbios 19.10.
Evidencia desde niño, Proverbios 20.11.
El Señor conoce las profundidades del corazón,
     Proverbios 20.27.
Disfrazar el verdadero carácter con palabras falsas,
     Proverbios 26.24-26.
El rostro refleja la persona interior, Proverbios 27.19.
Mejor pobre que rico, Proverbios 28.6.
Esposa de carácter noble, Proverbios 31.10-31.
Jóvenes que edifican su carácter, Eclesiastés 11.9.
Descripción elocuente de persona noble, Isaías 32.8.
Rehúsa el soborno, Isaías 33.15-16.
Dama eternamente, Isaías 47.7.
Maldades e iniquidades comparadas con huevos de áspides,
     Isaías 59.4-5.
Hay mosto en el racimo, Isaías 65.8.
En busca de un hombre honesto, Jeremías 5.1.
Descripción de un hombre justo, Ezequiel 18.5-9.
Practicar el engaño, Oseas 7.11.
La marca del que agrada al Señor, Miqueas 6.8.
Ayuno secreto, Mateo 6.16-18.
Árboles, personas, Mateo 7.20.
Sazonado con sal, Marcos 9.50.
Revela pensamientos del corazón, Lucas 2.34-35.
La vida balanceada de Jesús, Lucas 2.52.
Buen fruto, mal fruto, Lucas 6.43-45.
Al de buen carácter le gusta la verdad, Lucas 8.15.
Limpio afuera, sucio adentro, Lucas 11.37-41.
Jesús conoce corazón de los hombres, Juan 2.24-25.
Motivación del corazón, Hechos 13.22.
Carácter noble de los de Berea, Hechos 17.11.
El carácter es algo interior, Romanos 2.28-29.
Carácter probado, Romanos 5.4.
Naturaleza doble del hombre, Romanos 7.21-25.
Conocía su carácter antes del nacimiento, Romanos 9.11-13.
Siempre lo correcto, Romanos 12.17.
Vencer el mal con el bien, Romanos 12.21.
Mala compañía, buen carácter, 1 Corintios 15.33.
Firme en la fe, 1 Corintios 16.13-14.
Fruto del Espíritu, Gálatas 5.22-23.
La vocación suprema es la de una vida de amor, Efesios 5.1-2.

CÁRCEL
Profeta en la cárcel, Jeremías 37.15.
En el peor de los calabozos, Hechos 16.23-24.
Prisionero de Jesucristo, Filemón 9.

CARIDAD
Dádiva al pobre, dar al Señor, Proverbios 19.17.
Preocupación por el pobre, Proverbios 28.27.
Los que no pueden valerse, Proverbios 31.8-9.
Brazos abiertos al pobre, Proverbios 31.20.
Verdadero sentido del ayuno, Isaías 58.3-7.
Generosidad sin bombos ni platillos, Mateo 6.1-4.
Cuidado de los que están en necesidad, Hechos 4.32-35.
Mujeres que ayudaron a los pobres, Hechos 9.36-42.
Centurión devoto, Hechos 10.2.
El Señor reconoce la bondad hacia el pobre, Hechos 10.4.
Alcanzar al que lo necesita, Hechos 11.27-30.
Ayudar al pobre, Romanos 15.26-27.
No olvidar al pobre, Gálatas 2.10.

CELO
Actitud negativa de Caín, Génesis 4.3-7.
Codicia causa peleas, Génesis 13.5-7.
Actitud de Ismael hacia Isaac, Génesis 21.8-10.
Envidia debido a riquezas, Génesis 26.12-14.
Celos de hermanos, Génesis 37.3-4.
Celo divino, Éxodo 20.5; Deuteronomio 32.16,21; Salmo 78.58;
   Isaías 30.1-2.
Nombre de Dios es «Celoso», Éxodo 34.14.
Especificaciones legales para esposo celoso, Números 5.12-31.
Celo de María y Aarón, Números 12.1-9.
No comparte honores, Jueces 12.1-3.
Competencia de frente, 1 Samuel 17.55,58.
Celos de rey, 1 Samuel 18.8.
Ciudadanos celosos, 2 Samuel 19.43.
Celo marital, 1 Crónicas 15.29.
Veneno del alma, Job 5.2 (VP).
Montes envidiosos, Salmo 68.16.
Envidia de prosperidad, Salmo 73.3-12.
Marido celoso, Proverbios 6.34.
Pudren la vida, Proverbios 14.30 (LBD).
No envidiar pecadores, Proverbios 23.17.
Celos más crueles que ira, Proverbios 27.4 (VP).
Envidiar al prójimo, Eclesiastés 4.4.

Duros celos de amor, Cantares 8.6.
Ídolo de celo, Ezequiel 8.5.
Se aparta celo divino, Ezequiel 16.42.
No le encuentra falta, Daniel 6.4.
Celo con ira, Zacarías 8.2.
Parábola de obreros en la viña, Mateo 20.1-16.
Celos en la familia, Lucas 15.11-32.
Celos y quejas, Hechos 6.1 (NVI).
Celo religioso, Hechos 13.45.
Celos causan oposición, Hechos 17.5.
Celo espiritual, Romanos 10.19.
No compararse con otros, Gálatas 6.4-5 (NVI).
Envidia entre los que predican a Cristo, Filipenses 1.15.
Envidia causa muerte, 1 Juan 3.12.

CERVEZA
Amarga, Isaías 24.9.
Bebida fermentada que no es vino, Números 6.3.

CHISME
No hablar ni bien ni mal, Génesis 31.24 (LBD).
Evidencia circunstancial, Génesis 39.6-20.
Rumores falsos y maliciosos, Éxodo 23.1 (RVA).
Condenación del chisme, Levítico 19.16.
Regla básica del chisme, Números 23.8.
Necesidad de testigos honestos, Deuteronomio 17.6; 19.15;
    1 Timoteo 5.19.
Dar falso testimonio, Deuteronomio 19.16-21.
Soborno, Nehemías 6.12-13.
Informe secreto, Job 4.12.
Protección contra el chisme, Job 5.21.
Sujeto a chismes, Job 17.6; 30.9.
Evitar chismes, Job 19.4.
Bebe escarnio como agua, Job 34.7.
Oración por los que le hirieron, Job 42.10.
Solo Dios sabe cuántos son los adversarios, Salmo 3.1-2.
Palabras deshonestas, Salmo 5.9.
Mentiras del prójimo, Salmo 12.2.
No difamar ni chismear para adorar, Salmo 15.1-3 (LBD).
«No acepte chismes», Salmo 15.3 (LBD).
Reivindicación divina, Salmo 17.2.
Comprometido a no chismear, Salmo 17.3; Proverbios 4.24 (RVA).
Calumnias e infamias, Salmo 31.11-13 (LBD).
«Contiendas de la lengua», Salmo 31.20 (RVA).

Chisme impide gozar la vida, Salmo 34.12-13 (VP).
Alegrarse del mal de otro, Salmo 35.15 (LBD).
Boca con freno, Salmo 39.1.
Grandes murmuraciones, Salmo 41.7-8.
Siempre listo para el chisme, Salmo 50.19.
Hablar contra el hermano, Salmo 50.20.
Lengua como cuchillo afilado, Salmo 52.2-4 (VP).
Chisme contra persona inocente, Salmo 59.4.
Chisme como pecado, Salmo 59.12.
Bocas en silencio, Salmo 63.11.
Chismes maliciosos, Salmo 64.3 (LBD).
«Caerán por sus propias palabras», Salmo 64.8 (VP).
Odio sin causa, Salmo 69.4.
Chismes a la puerta, Salmo 69.12.
Escarnio quebranta corazón, Salmo 69.20.
Chismear sobre infortunio, Salmo 69.26.
Mofarse de otros, Salmo 89.50-51 (LBD).
Infamia contra prójimo, Salmo 101.5; Proverbios 11.9;
    1 Timoteo 5.13.
Boca mentirosa, Salmo 109.1-3.
Objeto de oprobio, Salmo 109.25,29,31.
Protección de las Escrituras contra el chisme, Salmo 119.69-70,78.
Oración cuando nos hieren con chismes, Salmos 120.1-2; 123.3-4.
Reivindicación, Salmo 135.14.
Chisme como lengua de serpiente, Salmo 140.3.
Evitar el chisme, Salmo 141.3; Lucas 6.37; Efesios 4.29.
Boca corrupta, Proverbios 6.12-14; Miqueas 6.12.
Pecado de escuchar chismes, Proverbios 17.4.
«¡Qué apetitosos bocadillos son los chismes!»,
    Proverbios 18.8 (LBD); 26.22.
Locuacidad del chismoso, Proverbios 20.19 (LBD).
Guardar secreto ajeno, Proverbios 25.9.
Daño potencial del chisme, Proverbios 25.18 (LBD); Gálatas 5.15.
Silencio combate chisme, Proverbios 26.20; Amós 26.22.
Bocados suaves y palabras de chismoso, Proverbios 26.22.
Lisonja como forma de odio, Proverbios 26.28 (LBD).
Soberbia, arrogancia y boca perversa, Proverbios 8.13.
Boca del justo y de los impíos, Proverbios 10.11.
Chisme del necio, Proverbios 10.18.
Chisme traiciona confianza, Proverbios 11.13; 20.19; 25.9.
Chismoso habitual, Proverbios 11.13.
Labios mentirosos y los que actúan con verdad,
    Proverbios 12.22 (RVA).
Lengua apacible y perversa, Proverbios 15.4.

Amigos se alejan del chismoso, Proverbios 16.28;17.9.
Pan de ociosidad, Proverbios 31.27 (RVA).
Chisme con alas, Eclesiastés 10.20.
Poder de las palabras, Isaías 29.20-21.
Confianza vence chismes, Isaías 51.7.
Lengua mentirosa, Jeremías 9.3.
«Lengua experta», Jeremías 9.5-8 (LBD).
Atacado con dichos y murmuraciones, Lamentaciones 3.62 (RVA).
Calumniadores sangrientos, Ezequiel 22.9.
Lamento del chisme, Miqueas 2.4.
Enemigos satisfechos, Habacuc 2.5.
Frutos de homicidas, Habacuc 2.10 (LBD).
Castigo para mofadores, Sofonías 2.9-10.
Satanás el acusador, Zacarías 3.1-2.
José quiere proteger a María de chismes, Mateo 1.19.
Regocijarse cuando sufran vituperios, Mateo 5.11-12.
Juzgar y juzgado, Mateo 7.1-5; Romanos 14.13; 1 Corintios 10.27-29.
Chismes contra Jesús, Mateo 9.10-12; 11.18-19; Marcos 14.53-59;
    Juan 7.12.
Palabras condenan o exoneran, Mateo 12.37.
Chisme denota corazón contaminado, Mateo 15.10-20.
Reprensión en privado, Mateo 18.15-17.
Estrategia de los que acusan a Jesús, Mateo 21.25-27.
Silencio de Jesús, Mateo 27.12-14.
Busca que criticar, Marcos 3.1-6.
Chismosos al acecho, Marcos 3.1-6.
Regocijarse cuando nos vituperan por la fe, Lucas 6.22-23.
Juicio a la ligera, Juan 7.24.
No juzgar según apariencias, Juan 7.24; 8.3-11.
«Chisme» productivo, Romanos 1.8.
Chismosos entre pecadores viles, Romanos 1.29-30 (NVI).
Sin excusa para juzgar, Romanos 2.1.
Lengua engañosa, Romanos 3.13.
Bendecir y no maldecir, Romanos 12.14.
Actitud hacia débiles, Romanos 14.1.
Amor impide el chisme, 1 Corintios 13.6.
Solución espiritual al chisme, Gálatas 6.1-5.
Pensar solo en lo bueno, Filipenses 4.8.
Conversación llena de gracia, Colosenses 4.6.
«Chisme» positivo, 1 Tesalonicenses 3.6.
Ocuparse de propios asuntos, 1 Tesalonicenses 4.11.
Causa de chisme, 2 Tesalonicenses 3.11.
Diáconos sin doblez de lengua, 1 Timoteo 3.8 (RVA).
«No chismosas», 1 Timoteo 3.11 (VP).

Chismosas de casa en casa, 1 Timoteo 5.13.
Palabrerías impías, 1 Timoteo 6.20; 2 Timoteo 2.16 (VP).
Palabra que carcome como gangrena, 2 Timoteo 2.17.
Ancianas deben evitar chisme, Tito 2.3.
No dar lugar a críticas, Tito 2.8.
No difamar a nadie, Tito 3.2; Santiago 4.11-12.
Temor del hombre, Hebreos 13.6.
Engañar y lengua sin freno, Santiago 1.26.
Guardar bien la lengua, Santiago 3.3-6.
Renunciar a retribución, 1 Pedro 3.9.
Vergüenza de calumniadores, 1 Pedro 3.16.
Vituperios por causa de Cristo, 1 Pedro 4.14.
Líder chismoso, 3 Juan 9-10.
Los que no mienten, Apocalipsis 14.5.

CIENCIA
Astronomía, Job 9.9; 38.31; Amós 5.8.
Oceanografía, Salmo 8.8.
Legado de sabiduría, ciencia y rectitud, Eclesiastés 2.21.
Engaño de sabiduría y ciencia, Isaías 47.10.
Dios da ciencia a los entendidos, Daniel 2.21.
Declaración definitiva, Juan 8.32.
Ciencia en contra de la fe, 1 Timoteo 6.20-21.
Falsa ciencia, 1 Timoteo 6.20.

COBARDE
Hermanos cobardes, Génesis 42.21-28.
Se asusta de una hoja que cae, Levítico 26.36.
Pequeños como saltamontes, Números 13.33.
Cobardía infecciosa, Deuteronomio 20.8.
Derriten del temor, Josué 2.24.
Miles escapan de un enemigo, Josué 23.10; Isaías 30.17.
Soldados tímidos, 1 Samuel 23.1-5.
Lealtad dudosa, 1 Crónicas 12.19.
Incita a la cobardía, Nehemías 6.10-13.
Vuelven espaldas a la batalla, Salmo 78.9.
Impío endurece camino, Proverbios 21.29.
Temor del hombre, Proverbios 29.25; Gálatas 2.12.
Capturado sin ofrecer resistencia, Isaías 22.3.
Todo le asusta, Jeremías 20.3.
El problema egipcio, Jeremías 46.17-24.
Guerreros valientes huyen desnudos, Amós 2.16.
Fariseos cobardes, Mateo 21.45-46.
Pedro niega, discípulos están asustados, Mateo 26.31-35,69-75.

Vienen a Jesús de noche, Juan 3.2.
Los que no testifican, Juan 7.12-13; 12.42-43.
Fariseos no enfrentan amonestación, Juan 8.1-11.
Acusado de ser débil, 2 Corintios 10.10-11.
Cristianos cobardes, 1 Timoteo 4,16.

CODICIA
Codicia por tierras, Génesis 13.5-7; Deuteronomio 2.5.
Disputa sobre derechos de pozo, Génesis 26.19-22.
Prohibida codicia en suministros de maná, Éxodo 16.16-18.
Solo les interesaba lucrar, 1 Samuel 8.3 (BJ).
Solicitó pago por servicio de su amo, 2 Reyes 5.20-27.
Codicia daña a otros, Salmo 52.7.
Oración codiciosa, Salmo 106.14-15.
No quiso ser generoso, Salmo 109.16 (LBD).
Codicia daña familia, Proverbios 15.27.
Tres cosas que nunca se hartan, Proverbios 30.15-16.
El dinero no sacia, Eclesiastés 5.10.
«Codiciosos como perros», Isaías 56.11 (LBD).
Ganancias deshonestas, Jeremías 17.11; 22.17.
Prospera por fracasos de otros, Ezequiel 26.1-3.
Pastores egoístas, Ezequiel 34.2.
Avaricia por botín, Amós 3.10 (LBD).
Vendimiadores dejan algunos racimos, Abdías 5 (VP).
Riqueza por extorsión, Habacuc 2.6,9.
Codiciosos como lobos, Sofonías 3.3.
«¿Qué hay, pues, para nosotros?», Mateo 19.27 (RVA).
Treinta monedas de plata, Mateo 26.14-16,47-50.
Insensatez del rico, Lucas 12.13-21.
Cristianos por beneficios personales, Romanos 16.17-18.
Impurezas con avidez, Efesios 4.19.
Amor al dinero, 1 Timoteo 6.9-10.
Codicia insatisfecha, Santiago 4.1-2.
Oro y plata enmohecidos, Santiago 5.1-3.

COMERCIO
Suple ciudades, Éxodo 1.11.
Necesidad de caminos, Deuteronomio 19.3.
Exportación, importación, 1 Reyes 10.28-29.
Local, nacional, internacional, 2 Crónicas 9.21; Proverbios 31.14-18;
    Apocalipsis 18.10-24.
Dispuesto a vender, Proverbios 11.26.
Grano del Nilo llevado a Tiro, Isaías 23.3.
Prosperidad frente al agua, Jeremías 51.13.

Control de las rutas comerciales, Ezequiel 26.2.
Comercio en las ferias, Ezequiel 27.12-23.
Destrucción de comerciantes deshonestos, Sofonías 1.11.
Uso del templo con propósitos comerciales, Marcos 11.15-17;
Lucas 19.45-46; Juan 2.14-17.
Disminuyen sus ganancias debido a los convertidos,
Hechos 19.23-28.
Ya no se vende lo lujoso, Apocalipsis 18.11-13.

COMIDA

Comida, Génesis 24.33; Lucas 24.29,30.
Tierra produce comida, Génesis 1.11-12.
Almuerzo, Génesis 43.16; Juan 4.6,31.
Vegetarianos y animales, Génesis 1.29-30.
Carne como comida, Génesis 9.3.
Robo de provisiones, Génesis 14.11.
Comida y hospitalidad, Génesis 18.1-8.
Comida para ángeles, Génesis 19.1-4; Jueces 13.16.
Gusto por la cacería, Génesis 25.27-28; 27.2-4.
Guisado de lentejas, Génesis 25.34.
Última petición, Génesis 27.1-4.
Comida sabrosa, Génesis 27.7.
Especias, mirra, nueces y almendras, Génesis 43.11 (LBD).
Comida básica, Éxodo 3.17.
Comida prohibida, Levítico 11.13-40.
Insectos comestibles y no comestibles, Levítico 11.20-23.
«Comida miserable», Números 21.5 (VP).
Todo lo que pueda comer, Deuteronomio 12.15-20.
Ansias de carne, Deuteronomio 12.20.
Desayuno, Jueces 19.5; Juan 21.9.
Fuerza de pan, Jueces 7.13-15.
Confortado con comida, Jueces 19.5.
Trozos de carne ofrecida en sacrificio, 1 Samuel 2.13-14.
Se les niega sustento a soldados, 1 Samuel 14.24-30.
Carne con sangre, 1 Samuel 14.31-33.
Comida de energía, 1 Reyes 19.7.
Guisado incomible, 2 Reyes 4.40.
Comer cosecha que no se plantó, 2 Reyes 19.29.
Comida en abundancia, Nehemías 5.17.
Sal mejora sabor, Job 6.6.
Comida repugnante, Job 6.7.
Festín de gusanos, Job 24.20.
Bendición mejor que comida, Salmo 63.5.
Maná y pan del cielo, Salmo 78.24 (LBD).

Hambre inspira al trabajo duro, Proverbios 16.26 (LBD).
Evitar comer demasiado, Proverbios 23.1-3.
Sabiduría comparada a comer miel, Proverbios 24.13-14.
Pereza para comer, Proverbios 26.15.
Comida nutritiva, Eclesiastés 10.17.
Mantequilla y miel, Isaías 7.15.
León come paja, Isaías 11.7.
Cosecha y primera fase del trigo, Isaías 28.28.
Come ceniza, Isaías 44.20.
Comida abominable, Isaías 66.17.
Conseguir pan a riesgo de muerte, Lamentaciones 5.9 (VP).
Comida profanada con combustible inmundo, Ezequiel 4.12-15.
Mejor comida para sacerdotes, Ezequiel 44.28-31.
Cosecha perdida, Oseas 9.2.
Comer hasta saciar, Joel 2.26.
Quitar comida prohibida, Zacarías 9.7.
Cocinar en ollas de la casa de Dios, Zacarías 14.20-21.
Comida de Juan el Bautista, Mateo 3.4.
Sustento para quienes confían, Mateo 6.31.
Recogen espigas en sábado, Mateo 12.1-8; Marcos 2.23-27.
Alimentación de cinco mil, Mateo 14.13-21; Marcos 6.30-44; 8.1-9.
Comida de gracia, Marcos 8.6-7; 14.22; Lucas 24.30; Romanos 14.6;
    1 Timoteo 4.4.
Oración a la hora de comer, Marcos 14.22.
Jesús necesitó alimentos, Lucas 4.1-2.
Banquete para celebrar conversión, Lucas 5.27-32.
Fiesta sin ayuno, Lucas 5.33-35 (LBD).
Comida para muchacha resucitada, Lucas 8.55.
Muy preocupados por comida, Lucas 12.29.
Comida espiritual, Juan 4.34.
Alto costo de comida, Juan 6.5-7.
Sobras, Juan 6.12.
Desear comida antes que resultados espirituales, Juan 6.26-40.
Cena en honor a Jesús, Juan 12.2.
Fiesta de amor, Juan 13.1-2 (LBD).
Pan implicaba a Judas, Juan 13.21-27.
Lo limpio y lo inmundo, Hechos 10.9-16; 11.4-10.
Éxtasis con hambre, Hechos 10.10.
Ninguna comida inmunda, Romanos 14.14.
Comer, un acto de fe, Romanos 14.23.
Dieta espiritual limitada, 1 Corintios 3.1-2.
Dios no nos acepta por lo que comemos, 1 Corintios 8.8.
Alimentos ofrecidos a ídolos, 1 Corintios 8.5-13 (LBD).
La comida no sea piedra de tropiezo, 1 Corintios 8.7-13.

Buey sin bozal, 1 Corintios 9.9-14.
Libertad en la conciencia, 1 Corintios 10.23-33.
Hambre física y sustento espiritual, 1 Corintios 11.34.
Vientre como dios, Filipenses 3.19.
No juzgar a otros, Colosenses 2.16.
La gracia contra lo ceremonioso, Hebreos 13.9.
Dulce en la boca, amargo en el estómago, Apocalipsis 10.9-10.
Cena de bodas en el cielo, Apocalipsis 19.9.

COMPASIÓN
Compasión hacia el niño Moisés, Éxodo 2.5-6.
Preocupación divina por los que sufren, Éxodo 3.7.
Oración compasiva de un líder, Deuteronomio 9.25-29.
Gran compasión, 1 Samuel 23.21.
Compasión hacia el enemigo, 2 Samuel 9.1-13;
    Proverbios 24.17-18.
Compasión hacia los prisioneros, 2 Crónicas 28.15.
Falta de compasión, Job 12.5.
Preocupación por el débil, Salmo 41.1.
Compasión continua, Salmo 78.38.
Compasión abundante de Dios, Salmos 86.15; 119.156.
Benevolencia real, Proverbios 16.15; 19.12.
Castigo por no tener compasión, Proverbios 21.13.
Sin compasión hacia el mal, Isaías 9.17.
La compasión divina nunca disminuye, Isaías 54.10.
Inútil compasión, Jeremías 7.16.
Compasión de Jeremías, Jeremías 9.1.
El castigo precede a la compasión, Jeremías 12.14-17;
    Lamentaciones 3.32.
Llamado a los que rechazan, Jeremías 22.29.
Amado con amor eterno, Jeremías 31.3.
El Señor no muestra misericordia al castigar, Lamentaciones 2.2.
Compasión nueva cada mañana, Lamentaciones 3.22-26.
Ezequiel teme la destrucción de Israel, Ezequiel 11.13.
Corazón de piedra, corazón de carne, Ezequiel 11.19.
Compasión divina por el perdido, Ezequiel 18.23, 32.
Nuevo corazón, nuevo espíritu, Ezequiel 36.26.
Compasión de Daniel por los sabios condenados,
    Daniel 2.10-13,24.
Compasión demostrada, Oseas 11.4.
José muestra compasión hacia María embarazada, Mateo 1.19.
Compasión de Jesús, Mateo 9.36; 23.37; Lucas 13.34; 19.41-44.
Lleno de misericordia, Marcos 1.41.
Buen samaritano, Lucas 10.30-37.

Actitud del fariseo cuando Jesús sana en el día de reposo,
    Lucas 13.10-17.
Jesús muestra su misericordia, Lucas 14.1-14.
Predicación con lágrimas, Hechos 20.30-31.
Consideraciones para con Pablo, el prisionero, Hechos 27.3.
Isleños amables, Hechos 28.2.
Compasión de Pablo por Israel, Romanos 9.1-4; 10.1.
Compasión divina hacia el desobediente, Romanos 10.21.
Los fuertes cuidan de los débiles, Romanos 15.1.
Amor expresado a través de angustia, 2 Corintios 2.4.
Pablo se compadece de los gálatas, Gálatas 4.19-20.
Piedad hacia el caído, Gálatas 6.1-2.
Llevar la carga de los demás, Gálatas 6.2.
Piedad de los enfermos, Filipenses 2.26-27.
Lágrimas de compasión, Filipenses 3.18.
Lucha por los convertidos, Colosenses 2.1.
Compasión por todos, 1 Tesalonicenses 3.1-5.
Compasión por un esclavo, Filemón 8-21.

COMPETENTE
En busca de hombres competentes, Génesis 47.6.
Se burlan de la capacidad de los judíos, Nehemías 4.1-3.
La carrera no es de los ligeros ni de los fuertes, Eclesiastés 9.11.
Cuando Dios envía, guía, Isaías 2.3.
El menor y el mayor, Jeremías 42.1-3.
El ser competente proviene de Dios, 2 Corintios 3.4-5.
Dios nos hace aptos, Hebreos 13.20-21.

COMPROMISO
Esposa para Isaac, Génesis 24.1-58; 25.19-20.
Novia acepta casarse, Génesis 24.58.
Deber conyugal, Deuteronomio 20.7.
Destino de virgen, Deuteronomio 22.23-27.
Rut se propone a Booz, Rut 3.9 (LBD).
Entrega de dos que se aman, Cantares 6.3.
Muerte del novio, Joel 1.8 (LBD).
Como anillo de sellar del Señor, Hageo 2.23.
Decisión de casarse, 1 Corintios 7.36.

COMPUTADORA
Más allá de un análisis digital, 1 Corintios 2.9; Efesios 3.17-19.

CONCIERTO
Concierto en el pueblo, Jueces 5.11.

CONFESIÓN
Insinceridad del faraón, Éxodo 9.27-30.
Confesión del hijo a su madre, Jueces 17.1-5.
Llora, se postra, Esdras 10.1.
Oración de Nehemías, Nehemías 1.4-7.
Confiesan pecados de antepasados, Nehemías 9.2.
Confesión inmediata, Salmo 32.6.
Confesión, restauración, Salmo 50.1-23.
Necedad de esconder el pecado, Proverbios 28.13.
Confesión privada, Mateo 18.15-17.
Suicidio de Judas, Mateo 27.3-5.
Toda lengua confesará, Romanos 14.11; Filipenses 2.9-11.
Confesarse unos a otros, Santiago 5.16.
Nuestro abogado ante el Padre Celestial, 1 Juan 2.1-2.

CONFIANZA
Dios asegura a Abram, Génesis 15.1.
Confían en Dios a pesar de gran oposición, Éxodo 14.5-14.
Confiado frente al peligro, Números 14.8-9.
Determinado, confiado, Josué 1.7,9,18.
Sigue adelante, 1 Samuel 17.32-37.
Sin confianza frente al peligro, 1 Samuel 27.1.
Dependencia pecaminosa en el número de hombres de guerra,
    1 Crónicas 21.17.
Confianza durante las crisis, 2 Crónicas 32.6-7.
Enfrentar con confianza la oposición, Salmo 3.6.
El amor de Dios no falla, Salmo 13.5-6.
Confianza para enfrentar desafío, Salmo 18.29.
¿Confianza en carros o en el Señor?, Salmo 20.7.
Líder espiritual, Salmo 21.7.
Fe firme, Salmo 27.1.
Todo en las manos de Dios, Salmo 31.15.
Confianza en medio de los problemas, Salmo 34.19.
Estar quietos, esperar, Salmo 37.7.
Confianza mal depositada, Salmos 44.6; 49.6-7; 146.3;
    Jeremías 17.5; 48.7; Ezequiel 33.13.
Espíritu recto, corazón limpio, Salmos 51.10; 57.7.
Amor de Dios, fortaleza, Salmo 62.11-12.
Sin temor ni de día ni de noche, Salmo 91.4-6.
Seguro de que el Señor es Dios, Salmo 100.3.
Corazón firme, sin temor, Salmo 112.8.
Temor del hombre, Salmo 118.6-9.
Confianza en la ayuda del Señor, Salmo 119.81.
Fe de niño pequeño, Salmo 131.2.

El Dios que contesta oraciones, Salmo 138.1-3.

El Señor, seguro refugio, Salmo 9.9-10.

Oración pidiendo dirección, confianza, Salmo 143.10.

Certeza de las promesas de Dios, Salmo 145.13.

Mensajero digno, Proverbios 25.13.

El temor a los hombres es una trampa, Proverbios 29.25.

Fortaleza, dignidad, Proverbios 31.25.

Confianza vana en los hombres, Isaías 2.22.

En tiempo de peligro, Isaías 7.4; Lucas 7.1-10.

Peligro del temor mal depositado, Isaías 8.12-14.

Se mantiene en perfecta paz, Isaías 26.3.

Piedra probada de Sión, Isaías 28.16.

Confianza en el Señor, no en los hombres, Isaías 36.4-10.

Uso dramático del silencio, Isaías 36.13-21.

No cuestionemos al Alfarero, Isaías 45.9.

Confianza en su propia maldad, Isaías 47.10.

Todo en manos de Dios, Isaías 49.4.

Certeza oración contestada, Isaías 49.8.

Caminar con confianza en la oscuridad, Isaías 50.10.

Temor y renuencia a proclamar mensaje, Jeremías 1.6-10.

Confianza en tiempos de dificultad, Jeremías 1.17.

Confianza mal depositada, Jeremías 7.8.

Los que confían en el Señor, Jeremías 17.7-8.

El Señor, guerrero poderoso, Jeremías 20.11.

Nada es difícil para el Señor, Jeremías 32.17.

Agradecimiento a Dios en circunstancias adversas,
  Jeremías 33.10-11.

Lugar más seguro durante peligro o persecución, Jeremías 42.1-22;
  Ezequiel 34.25.

Estandarte levantado, Jeremías 50.2.

Misericordias nuevas cada mañana, Lamentaciones 3.22-26;
  Sofonías 3.5.

Confianza en el horno de fuego, Daniel 3.16-18.

Las montañas se derrumban, los caminos de Dios no, Habacuc 3.6.

Creer las Buenas Nuevas, Marcos 1.14-15.

Los discípulos carecen de fe, Marcos 4.36-41.

No hay necesidad de temer en presencia de Jesús, Juan 6.20.

Antídoto para corazón afligido, Juan 14.1.

Paganos firmes en creencia errónea, Hechos 19.35-36.

Ir confiados a lugares difíciles, Hechos 20.22-24.

Seguro de destino, Hechos 27.23-24.

Esperanza cuando no hay base para tener esperanza,
  Romanos 4.18-22.

Nada nos podrá separar del amor de Dios, Romanos 8.37-39.

Confía en la bendición del Señor, Romanos 15.29.
La confianza viene del Señor, 2 Corintios 3.4-5.
Confianza en lo que no se ve, 2 Corintios 4.18.
Vivir por fe, no por vista, 2 Corintios 5.1-7.
Dios puede hacer más de lo que pedimos o imaginamos,
    Efesios 3.20-21.
Parados al final de la lucha, Efesios 6.13.
Firme a pesar de las circunstancias, Filipenses 1.27-30.
La oración da paz, Filipenses 4.6-7.
Confianza absoluta en quien creemos, 2 Timoteo 1.7,12.
Acerquémonos al Sumo Sacerdote con confianza, Hebreos 4.14-16.
Confianza recompensada, Hebreos 10.35.
Obediencia hacia objetivo desconocido, Hebreos 11.8.
Fe para creer lo que no se ha recibido, Hebreos 11.13.
Reino que no puede ser conmovido, Hebreos 12.28-29.
No estar alarmado, Hebreos 13.6.
Creer que le será concedida sabiduría, Santiago 1.5-7.
Abundante gracia, paz, 1 Pedro 1.2.
Dios de toda gracia, 1 Pedro 5.10.
En el amor no hay temor, 1 Juan 4.18.

CONOCIMIENTO
Inicio del conocimiento secular, Génesis 3.5-6,22-23.
Las cosas secretas pertenecen a Dios, Deuteronomio 29.29.
El conocimiento trae dolor, Eclesiastés 1.18.
El conocimiento seduce, Isaías 47.10.
Aumento de la ciencia, Daniel 12.4.
Dios da conocimiento e inteligencia, Daniel 1.17.
Cronología, Lucas 1.1.
Misterios del Reino de Dios, Lucas 8.10.
Conocimiento total, 1 Corintios 13.9-12.
Conocimiento del Señor, Filipenses 3.8.
Crecimiento espiritual, 2 Pedro 3.18.

CONSEJO
Familia aconsejada, Génesis 49.1-2.
Consejo de padre anciano, 1 Reyes 2.1-9.
Reyes consultaban a Salomón, 1 Reyes 4.34.
Influencia de una niña, 2 Reyes 5.1-3.
Aconsejado por sí mismo, Nehemías 5.7.
El que aconseja a otros se descorazona, Job 4.3-5.
Consoladores terribles, Job 16.2.
La Palabra de Dios mayor que buen consejo, Salmo 37.30-31.
Hombre justo amonesta, Salmo 141.5.

Rehúsa consejo, Proverbios 1.29-31.
Escuchan buen consejo, Proverbios 9.9; 20.18.
Buen, mal recursos para encontrar consejo, Proverbios 12.5.
Recibiendo consejo, Proverbios 13.10.
Multitud de consejeros, Proverbios 15.22.
Consejo refrescante, Proverbios 18.4.
Consejo, instrucción, Proverbios 19.20.
Planes, guerra, Proverbios 20.18.
Consejo de un amigo, Proverbios 27.9.
Los que rehúsan consejo, Proverbios 29.1.
Consejo de Pablo, triste despedida, Hechos 20.25-38.
Deseoso de recibir buen consejo, 1 Tesalonicenses 3.1-5.
Aconcejar al apartado con amabilidad, 2 Timoteo 2.23-26.

CONSIDERACIÓN
Devolver al prójimo la propiedad que perdió,
    Deuteronomio 22.1-3.
José quiere evitarle a María el repudio público, Mateo 1.19.
Primero lo más importante, Lucas 10.38-42.
Consideraciones para el prisionero Pablo, Hechos 27.3.
Ser considerados al conversar, Colosenses 4.6.
En tiempos difíciles es mejor tener tacto, Santiago 1.19-20.

CONTROL DE LA NATALIDAD
Procedimiento físico, Génesis 38.8-10.
Crecimiento de la población, Éxodo 1.7.
Puertas del vientre cerradas, Job 3.10.
Los hijos son herencia, Salmo 127.3-5.
Orden de tener familias grandes, Jeremías 29.4-6.
Opción del esposo, Juan 1.13.

CORAZÓN
Dios mira corazones, 1 Samuel 16.7; 1 Crónicas 28.9; Mateo 9.4.
Corazón enervado, Job 23.16.
Fuente de emoción, Salmo 26.2-3; Proverbios 4.23; Ezequiel 11.19;
    36.26; Colosenses 3.15-17.
Congoja en el corazón, Salmo 38.10.
Corazón limpio, Salmo 51.10.
Actitudes del corazón, Proverbios 15.13-15; Mateo 15.18-20.
Eternidad en el corazón, Eclesiastés 3.11.
Ataque al corazón, Eclesiastés 12.6.
Pulso acelerado, Cantares 5.4.
Corazones endurecidos, Zacarías 7.12.
Recibir de corazón al hermano, Filemón 12.

CORRUPCIÓN
Fieles que desvanecen, Salmo 12.1.
Corrupto desde nacido, Salmo 58.3.
Ganancias deshonestas, Proverbios 11.18.
Rebelión en el gobierno, Proverbios 28.2.
Plata en escoria, vino en agua, Isaías 1.22.
Maldad se encendió como fuego, Isaías 9.18.
Corrupción entre los sacerdotes, Jeremías 5.31; Ezequiel 22.26;
    Mateo 27.20.
Corrupto con sangre, Lamentaciones 4.14.
Despreciando a los que dicen la verdad, Amós 5.10.
Mal sin vergüenza, Sofonías 3.5.
Mal corrompe al bien, Mateo 13.24-30.
Oficial romano quería un soborno, Hechos 24.26.
Buscando beneficiarse a costa de otros, Santiago 5.4-5.
Pecado a la luz del día, 2 Pedro 2.13-23.
Sobreviviendo entre maldad, 2 Pedro 4.4-9.
Enfermedad social, Judas 7-8.

CORTESÍA
Hermana en país extraño, Génesis 12.10-13.
Devuelve propiedad perdida del vecino, Deuteronomio 22.1-3.
Muestra cortesía, Rut 2.14-18.
Rut, Booz, Rut 3.7-15.
Cumplidos gastados, Proverbios 23.8,27.
Uno de diez agradecidos por sanidad, Lucas 17.11-19.
Conversación cortés, Colosenses 4.6.
Cortesía a todos, Tito 3.2.
Respeto a todos, 1 Pedro 2.17.

COSMÉTICOS
Perfume de romance, Rut 3.3 (VP).
Perfume para el cuerpo, 2 Samuel 12.20.
Maquillaje de los ojos, 2 Reyes 9.30; Ezequiel 23.40.
Largo tratamiento de belleza, Ester 2.9,12.
Vestidos perfumados, Salmo 45.8.
Joyas y cosméticos arrebatados, Isaías 3.18-24.
Maquillaje de mal gusto, Jeremías 4.30.
Unción de Jesús, Mateo 26.6-13; Marcos 14.3-9.
Perfume caro sobre los pies de Jesús, Juan 12.1-8.

CRÉDITO
Préstamos para el pobre, Éxodo 22.25-27.
No rehusar crédito, Deuteronomio 15.8; Mateo 5.42.

No cobrar interés al hermano, Deuteronomio 23.19-20.
Garantía para préstamo, deuda, Deuteronomio 24.6; Job 24.3.
Crueles demandas de acreedor, 2 Reyes 4.1.
El acreedor tiene derechos sobre deudor, Proverbios 22.7.
Interés elevado, Proverbios 28.8.
Acuerdo sagaz, Lucas 16.1-8.
Obligación de pagar deudas, Romanos 13.8.

CRIMEN
Aumenta el índice delictivo, Génesis 6.11.
Muerte a puñaladas, 2 Samuel 3.27; 4.6; 20.10.
Conspiración contra el liderazgo, 2 Samuel 15.10; 1 Reyes 16.15-20;
    Ester 2.21.
Emboscada, 2 Reyes 12.21.
Criminales en templo pagano, 2 Reyes 19.37.
Planean el crimen perfecto, Salmo 64.6.
El crimen mayor de toda la historia, Mateo 27.35; Marcos 15.20;
    Lucas 23.33; Juan 19.18.

CRISIS
Poder del nombre de Dios, Éxodo 6.1-8.
Mal consejo, Job 2.9-10.
Refugio seguro, Salmo 46.1-11.
Valor de la crisis, Proverbios 20.30.
Al flojo, fuerza reducida, Proverbios 24.10.
Van al vecino para buscar ayuda, Proverbios 27.10.
El oro y la plata no ayudan cuando llega el castigo, Sofonías 1.18.

CRISTIANO
Personas fieles, Salmo 16.3.
Nombres bíblicos de los cristianos, Mateo 5.13; Juan 10.27; 15.14-15;
    1 Corintios 12.18,25; Efesios 5.1; 2 Timoteo 2.4; 1 Pedro 2.11,16;
    3.7; 1 Juan 2.1.
Primera vez que así los llaman, Hechos 11.26.
Amados de Dios, Romanos 1.7.
Santos, 1 Corintios 1.1.
Sufrir como cristiano, 1 Pedro 4.16.
Reyes y sacerdotes, Apocalipsis 1.6.

CRISTO
Un Cristo angélico, Génesis 48.16.
Tipo del que cargaría nuestros pecados, Números 21.6-9.
Nombres de Cristo, Números 24.17; Josué 5.15; Salmo 2.2;
    Cantares 2.1; Isaías 9.6; 11.1; 53.3; Hageo 2.7; Zacarías 3.8;

Mateo 11.19; Juan 1.1; 6.48; 10.7; Hechos 10.36; Romanos 10.12; Hebreos 13.20; 3 Juan 7; Apocalipsis 5.5-6,8; 19.13.
Visión de Ezequiel, Ezequiel 1.26-28.
Simiente de Abraham, Gálatas 3.16.
El Cristo, Hebreos 6.1.
El principio y el fin, Apocalipsis 22.13.

CRÍTICA

Regla para cuando se critica, Números 23.8.
Crítica de un padre es rechazada, 1 Samuel 2.22-25.
Receptivo a la crítica, Job 6.24-25; Proverbios 15.32.
Crítico avergonzado, Job 11.3.
Respuesta a críticas, Job 16.1-5.
Job acusado de no hablar con sensatez, Job 18.2.
Acoso verbal, Job 19.2.
Reconocimiento de error personal, Job 19.4.
Zofar se molesta porque se le censura, Job 20.2-3.
Job pide tolerancia, Job 21.3.
No hay otro como Job, Job 34.7.
¿Es sabio criticar al Omnipotente?, Job 40.2.
Criticón contiende con Dios, Job 40.2 (LBD).
Critican a miembros de la familia, Salmo 50.20.
Lengua como navaja afilada, Salmo 54.2-4.
Evitan crítica del líder, Salmo 105.15.
Por sobre las críticas, Salmo 119.165.
Lengua viperina, Salmo 140.3.
Amonestación aceptable, Salmo 141.5.
Incapaz de aceptar crítica, Proverbios 9.8.
Dispuesto a ser disciplinado, Proverbios 10.17.
En silencio cuando otros se equivocan, Proverbios 11.12.
Lengua que sana, lengua que engaña, Proverbios 15.4.
El poder de la palabra, Proverbios 18.21.
Fieles heridas de amigo, Proverbios 27.6.
Consejo valioso de amigo, Proverbios 27.9.
La represión es mejor que la lisonja, Proverbios 28.23.
El que rechaza la reprensión, Proverbios 29.1.
Crítica silente, Eclesiastés 7.21-22.
En espera de que el amigo claudicara, Jeremías 20.10.
La predicación fuerte no agrada, Amós 7.16.
Satanás, el acusador, Zacarías 3.1-2.
Crítica injusta, Mateo 5.11.
El que critica será criticado, Mateo 7.1.
Juzgar y criticar a otros, Mateo 7.1-5.
Mentiras en cuanto a Jesús, Mateo 11.18-19.

Jesús criticado por recoger granos en día de descanso, Mateo 12.1-8.
Jesús criticado por reprender demonios, Mateo 12.22-32.
Respuesta de Jesús a sus críticos, Mateo 21.23-27; Marcos 14.53.62.
Jesús criticado en la cruz, Mateo 27.39.
Jesús criticado por sanar, Marcos 2.6-12.
Buscan qué criticar, Marcos 3.1-6.
Jesús enfrenta críticos, Marcos 11.29-33.
Líderes religiosos tratan de encontrar falta en Jesús, Marcos 12.13-17.
Regocijo al ser criticado por la fe, Lucas 6.22-23.
Lo malo de criticar, Lucas 6.37; Romanos 2.1.
Paja en el ojo del hermano, viga en el propio, Lucas 6.41-42.
La necedad de la crítica infundada, Lucas 8.49-56.
Los fariseos observan a Jesús, Lucas 14.1.
Los críticos se ven confrontados, Lucas 20.1-8.
Acosan a Jesús, Juan 5.16.
Juicio por apariencia, Juan 7.24.
Disensión, celos en la iglesia, Hechos 6.1.
Criticar a los demás, Romanos 2.1.
Dios es el único juez, Romanos 8.33.
Actitud correcta hacia el débil, Romanos 14.1.
Juzgar a otros, Romanos 14.3.
Ayuda al débil en vez de criticarlo, Romanos 15.1.
Cómo resistir las críticas, 1 Corintios 4.3-4.
Crítica de la conducta de otro, 1 Corintios 10.27-33.
Autocrítica, 1 Corintios 11.28-32.
Las críticas no le afectan, 2 Corintios 6.9.
Crítica positiva, productiva, 2 Corintios 7.8-13.
Cartas duras y contundentes, 2 Corintios 10.10.
Tratan de agradar a otros, Gálatas 1.10.
Los padres no deben exasperar a los hijos, Efesios 6.4.
Actitud de Pablo frente a sus oponentes, Filipenses 1.15-18.
Punto de vista legalista, Colosenses 2.16 (LBD).
Juicio por comida o bebida, Colosenses 2.16.
Conversación llena de gracia, Colosenses 4.6.
Crítica al pastor, 1 Timoteo 5.19.
Manera de proceder frente a un adversario, Tito 2.8.
Recordando pasado propio antes de criticar a otros, Tito 3.1-3.
Simplemente un hombre, Hebreos 5.1.
No saltemos a criticar, Santiago 3.1.
No murmurar unos contra otros, Santiago 4.11.
Nunca murmuremos, Santiago 4.11-12.
No nos quejemos unos contra otros, Santiago 5.9.
El juicio comienza por la casa de Dios, 1 Pedro 4.17.
Encomio antes de reproche, Apocalipsis 2.2-6, 13-16,19-20.

CRUELDAD
Brutalidad entre hermanos, Génesis 37.19-24.
Destruyen infantes varones, Éxodo 1.22.
Maltrato de animales, Números 22.27-28; Jueces 15.4-5;
    2 Samuel 8.4; 1 Crónicas 18.4.
Mutilación, Jueces 1.6; 1 Samuel 11.2; 2 Reyes 25.7.
Personas incineradas, Jueces 9.49.
Ignominia del profeta, Jeremías 38.6.
Arrojados al horno, Daniel 3.12-27.
Crueldad mental, Mateo 5.11; Hechos 9.16.
Matar prisioneros para prevenir escape, Hechos 27.42-43.
Daño corporal, Romanos 8.17; 2 Corintios 4.11; 1 Pedro 2.20.

CULPA
Culpar a otros, Génesis 3.8-13,17-19.
Caín niega su culpa, Génesis 4.8-10.
Culpa casi de muerte, Génesis 37.19-27.
Evidencia circunstancial, Génesis 39.6-20.
Falsa acusación, Génesis 39.11-20.
Aceptar la culpa, Génesis 42.21-22; 43.8-9.
Culpa fabricada, Génesis 44.1-34.
Expuestos a la muerte, Éxodo 2.11-14.
Chivo expiatorio del Antiguo Testamento, Levítico 16.20-22.
Víctima en Antiguo Testamento, Levítico 16.8-22.
Todos culpables por uno, Números 16.22.
Responsabilidad sacerdotal, Números 18.1.
Culpa de los líderes, Números 20.12.
Muerte accidental, Números 35.22-25; Deuteronomio 19.4-7.
Insuficientes testigos de muerte, Números 35.30;
    Deuteronomio 17.6; 19.15.
Falsos testigos, Deuteronomio 19.16-19.
Sacrificio por culpa sin resolver, Deuteronomio 21.1-9.
El inocente no cargará la culpa, Deuteronomio 24.16.
Culpa ante Dios y el hombre, 1 Samuel 2.22-25.
Culpable de todo, 1 Samuel 15.23; Santiago 2.10.
Pide evidencia de culpa, 1 Samuel 20.1.
Acusado de asesinato, 2 Samuel 1.1-16.
Parábola de la culpa, 2 Samuel 12.1-7.
Petición por justicia e inocencia, 2 Samuel 22.21-25.
Lleno de remordimiento, 2 Samuel 24.10-17.
Padres ejecutados y quedan hijos, 2 Reyes 14.5-6.
No culpemos a Dios, Job 1.22.
Culpa atroz, Salmo 38.4; Proverbios 28.17.
Conciencia de pecado y culpa, Salmo 51.3.

Maldad sobre maldad, Salmo 69.27 (RVA).
Perdón de Dios, Salmo 130.3-4.
Robo de comida, Proverbios 6.30-31.
Mala actitud hacia la culpa, Proverbios 17.15.
Los que inculpan al culpable, Proverbios 24.24-25.
Abundancia de culpa, Isaías 1.4 (LBD).
Culpa expiada por fuego, Isaías 6.6-7.
Culpas pasadas, Isaías 43.18.
No esperaba pagar sus culpas, Isaías 47.7 (BJ).
En busca de un desastre, Jeremías 44.7.
Vergüenza al sorprenderlo, Jeremías 2.26.
Inocencia proclamada y culpabilidad obvia, Jeremías 2.34-35.
Sincera vergüenza al comprender pecaminosidad,
    Jeremías 3.24-25.
Manchas indelebles de culpa, Jeremías 2.22 (LBD).
Perdón total, Jeremías 50.20.
Ezequiel carga pecado del pueblo, Ezequiel 4.4-6.
Grados de pecados a los ojos de Dios, Ezequiel 16.48-52.
Padres e hijos responsables por pecado, Ezequiel 18.4-20.
Congregación inocente y sacerdotes culpables, Oseas 4.4.
Culpables de prostitución, Oseas 4.13-14.
Perdón por la culpa nacional, Joel 3.21.
Echar suertes para hallar culpable, Jonás 1.7.
Admisión de culpa, Jonás 1.10-12.
Meditar en alternativas de sacrificio por pecado, Miqueas 6.7.
La culpa no se puede pasar por alto, Miqueas 6.11.
Castigo para culpable, Nahum 1.3.
Pecado imperdonable, Mateo 12.31-32.
Hipócrita semejante a asesino, Mateo 23.29-32.
Cómplice de asesinato, Mateo 26.14-16; 27.3.
Culpabilidad de Judas, Mateo 27.3.
Buscar a quién criticar, Marcos 3.2.
Comprensión retardada, Marcos 14.66-72.
Culpables de mucho y de poco, Lucas 7.36-50.
Acusación a fariseos, Lucas 11.45-54.
Pecado a escondidas, Juan 3.20.
Verdad versus culpa, Juan 7.45-46.
Pecado universal, Juan 8.6-11.
Pedazo de pan implica culpabilidad, Juan 13.21-27.
«No lo hallo culpable de nada», Juan 19.6 (LBD).
Pecado de ignorancia, Hechos 3.17; 1 Timoteo 1.12-14.
Aprobar lo mal hecho por otros, Hechos 8.1.
Culpable por mordedura de víbora, Hechos 28.1-6.
Culpable de santurronería, Romanos 2.1-16.

No cuentan pecados del pasado, Romanos 4.8.
Culpa por el mal que conquistó la mujer, 1 Timoteo 2.14.
Castigo merecido por pecado deliberado, Hebreos 10.28-31.
Los que se vuelven atrás, 2 Pedro 2.20-22.
Ver la luz y seguir en oscuridad, 2 Pedro 2.21.

CULTURA
Manera de vivir, Jueces 18.7.
Cultura afectada por matrimonio con extranjeras,
　Nehemías 13.23-26.
Influencia de otras naciones, Jeremías 10.2.
Lenguaje, literatura, Daniel 1.3-4.
Carácter de los de Berea, Hechos 17.11.
Ministerio a todas las culturas, Romanos 1.14-17.
Sabiduría, necedad, 1 Corintios 1.18-21.
Adaptados a la cultura, 1 Corintios 9.19-23.

CUMPLEAÑOS
Padres del Antiguo Testamento, Génesis 11.10-26.
Fiesta de cumpleaños, Génesis 40.20; Mateo 14.6-11.
Recuerda cumpleaños familiar, Génesis 43.33.
Cumple 120, Deuteronomio 31.2.
Festejos familiares, Job 1.4-5.
Maldice día que nació, Job 3.1-26; Jeremías 15.10; 20.14-18.
Los años pasan veloces, Job 9.25-26.
Número de cumpleaños determinado, Job 14.5.
El tiempo vuela, Job 16.22.
La vida es breve, Salmo 39.4-5.
Contar los días, Salmo 90.12.
Regalo morboso, Mateo 14.6-12.
Edad malentendida, Juan 8.57.

D

DANZA
Panderos, danzas, Éxodo 15.19-21.
Danzantes reincidentes, Éxodo 32.19.
Danza de muerte, Jueces 11.30-39; Mateo 14.6-12.
Celebración con danza, 1 Samuel 18.6-7.
David danza ante el Señor, 2 Samuel 6.14-16.
Niños danzantes, Job 21.11.

La pena se tornó en baile, Salmo 30.11.
Danza de alabanza, Salmos 149.3; 150.4.
Tiempo de bailar, Eclesiastés 3.4.
Israel danza, Jeremías 31.4.
Se acorta la danza, Lamentaciones 5.15.
Música sin baile, Mateo 11.17.

DECEPCIÓN
Circunstancias preparadas, Deuteronomio 8.16.
Viñas sin cosechas, Deuteronomio 28.39; Miqueas 6.15.
Mayor victoria en muerte que en vida, Jueces 16.30.
Enfrentar decepciones sin quejas, Job 1.22.
Hastiado de la vida, Job 10.1 (RVA).
Esperanza del suspiro de muerte, Job 11.20.
Duelo por la oración sin respuesta, Salmo 35.13-14.
Sin temor a las malas noticias, Salmo 112.7-8.
Agonía en la espera y gozo del deseo cumplido,
  Proverbios 13.12.
Decepción de padres, Proverbios 17.25.
Conducir la decepción, Proverbios 19.23.
Cosecha perdida, Isaías 17.10-11.
Descubrir al despertar que el sueño era mentira, Isaías 29.8.
Esperanzas frustradas, Jeremías 14.19.
Desencanto de Jonás con Nínive, Jonás 4.1-3.
Casas asoladas, Sofonías 1.13.
Esperan mucho y reciben poco, Hageo 1.9.
«Suspiró profundamente», Marcos 8.11-12 (NVI).
Propósito del sufrimiento, Romanos 5.3.
No entristecerse con quienes se debe gozar, 2 Corintios 2.3 (LBD).
Regocijarse aun con oraciones sin respuesta, 2 Corintios 12.7-10.
Sorprendido, atónito, Gálatas 1.6.
Participar en tribulación, Filipenses 4.14.
Actitud hacia amigos desleales, 2 Timoteo 4.16.
Razones del momento, Filemón 15-16.
Perfección mediante sufrimiento, Hebreos 2.10.
Confiar en que las promesas se cumplirán, Hebreos 11.13.
Toda lágrima se enjugará, Apocalipsis 21.4.

DECISIÓN
Mala decisión, Génesis 16.1-6.
Libertad de decidir, Génesis 24.54-58.
Vestido para tomar decisión, Éxodo 28.15,29.
Dios se arrepiente, Éxodo 32.14.
Escoger entre el bien y el mal, Deuteronomio 30.15.

Repartir al azar, Josué 14.1-2.
Hora de decidir, Josué 24.15.
Optar por dirección divina, 1 Samuel 14.36-41.
Dos opciones, 1 Reyes 18.19-21.
Decidir según voluntad de Dios, Esdras 7.18.
Cara y sello, Nehemías 10.34.
Decisión irrevocable, Salmo 110.4.
Escoger la verdad, Salmo 119.30.
Jurar seguir justos juicios, Salmo 119.106.
Decisión de rey, Proverbios 16.10.
Decisión sin hechos, Proverbios 18.13.
La suerte decide, Proverbios 18.18.
Decisiones engañosas, Proverbios 21.2.
Buenas decisiones, Isaías 16.3.
Dios cambia decisión, Jeremías 26.19.
Castigo no revocado, Amós 1.3.
Fecha de decisión, Hageo 2.18.
Decisión inmediata, Mateo 4.20-22.
Elegir entre Jesús y Barrabás, Mateo 27.15-26.
Tiempo de tomar decisiones, Marcos 1.15.
Elección de los apóstoles, Lucas 6.12-16.
Preparados para sufrir persecución, Lucas 21.12-15.
Decisión de volverse atrás, Juan 6.66-71.
Buscar a Dios, Hechos 17.27.
Indecisión, Hechos 26.28.
Tomar decisiones, 2 Corintios 2.1.
Poner a prueba, Hebreos 3.7-14.
Decisión de resistir al diablo, 1 Pedro 5.8-9.

DEFRAUDAR
Corazón infatuado, Deuteronomio 11.16.
Engaño entre compañeros, Jeremías 9.5.
Profeta que defrauda, Ezequiel 14.9.
Engañar a muchos, Mateo 24.5.
Engañar por la verdad, Juan 7.45-47.

DELINCUENCIA
Consumada delincuencia juvenil, Deuteronomio 21.18-21.
Hijos de hechiceros, adúlteros y fornicarios, Isaías 57.3.
Hijos infieles, Jeremías 3.19.
Influencia de padre maligno, Jeremías 16.10-12.
Dios ama a los delincuentes, Oseas 11.1-4.
Delincuencia múltiple, Amós 2.1,6.
El hijo pródigo, Lucas 15.11-32.

DEMOCRACIA
«En representación de toda la nación ... y el pueblo en general»,
Nehemías 10.28,34 (LBA).

DERECHO
Acceso a Dios, Salmo 51.1-7; Hebreos 4.16.
Condiciones para que la oración sea contestada, Éxodo 32.31-32.

DERECHOS DE LOS ANIMALES
Asno maltratado, Números 22.27.
Asnos sobretrabajados, Éxodo 23.5.
Caballos desjarreteados, 2 Samuel 8.4; 1 Crónicas 18.4.
Hombre justo, animal bien tratado, Proverbios 12.10.
Buey rescatado, Lucas 14.5.

DESASTRE
Promesa de Dios a Noé, Génesis 9.8-16.
Ciudad pequeña perdonada de desastre de gran ciudad,
    Génesis 19.15-22.
Paro cardíaco, 1 Samuel 4.12-18.
Pronostican desastres, 2 Samuel 3.29.
Ayuda en el desastre, Job 30.24 (VP).
Enfrenta el desastre con confianza, Salmo 57.1.
Desastre sin previo aviso, Eclesiastés 9.12.
Aguas mansas, aguas impetuosas, Isaías 8.6-7.
Noche de destrucción, Isaías 15.1.
Juicio trae justicia, Isaías 26.9.
Matanza en campo de batalla, Isaías 37.36.
Líderes, sacerdotes y profetas con corazones desfallecidos, Jeremías 4.9.
Desobediencia trae desastres, Jeremías 4.18.
Desastre en todas direcciones, Ezequiel 7.2-3.
Gran desastre, Ezequiel 7.5.
Cuarta parte de la tierra destruida, Apocalipsis 6.7-8.
Desastre sobre toda la tierra, Apocalipsis 8.6-13.
El terremoto más grande de todos los tiempos, Apocalipsis 16.18-20.
Granizo del cielo, Apocalipsis 16.21.
Una hora de conflagración, Apocalipsis 18.17-19.

DESCONFIANZA
Temor innecesario, 1 Reyes 1.50-53.
Acto de bondad malinterpretada, 2 Samuel 10.1-4.
Nadie confiable, Jeremías 9.4-8.
Desconfianza en el profeta, Jeremías 43.1-3.
No confiar en nadie, Miqueas 7.5.

DESEO
Vivo deseo, Números 11.4; Marcos 10.35-37.
Deseos divinamente fundados, Salmos 37.4; 145.16; 2 Corintios 8.16.
Dios conoce los deseos, Salmo 38.9.
Deseos satisfechos, Salmo 73.25; Proverbios 13.12.
Obediencia deseada, Salmo 119.1-5.
Deseo del mal, Proverbios 21.10; Habacuc 2.4-5; Marcos 4.19;
    1 Corintios 10.6.
Deseo espiritual, Isaías 26.9; Lucas 6.21; 1 Pedro 2.2.
Jesús dijo: «Quiero», Marcos 1.41.
Deseos cumplidos del diablo, Juan 8.44.
Gratificación carnal, Efesios 2.3.
Deseos impuros, Efesios 4.19; Santiago 1.13-15.
Deseo supremo de Pablo, Filipenses 3.7-11.
Deseos incumplidos, Santiago 4.2.
Amor del mundo, 1 Juan 2.15-16.
Entregados a la lascivia, Efesios 4.19.

DESHONESTIDAD
Pesas falsas, Levítico 19.35-36; Proverbios 11.1; Oseas 12.7;
    Miqueas 6.11.
Informe deshonesto por ganancia personal, 2 Samuel 1.2-16.
Deshonestidad del prójimo, Salmo 12.2.
«Acción injusta», Salmo 101.3 (LBD).
Practicar la mentira, Salmo 101.7.
Lengua mentirosa, Proverbios 12.19-22; 13.5.
Fortuna hecha con deshonestidad, Proverbios 21.6.
Extorsión y soborno, Eclesiastés 7.7.
Robar huevos como ricos injustos, Jeremías 17.11.
Precio deshonesto, Amós 8.5-6.
«Está contaminado», Miqueas 2.10.
Riqueza por extorsión, Habacuc 2.6.
Rey Herodes y los magos, Mateo 2.7-8,13.
Engañan al pueblo, Lucas 11.42.
«Mal juez», Lucas 18.6 (VP).
Ananías y Safira, Hechos 5.1-11.
Regla de integridad, Romanos 12.17.
Verdad y engaño, Efesios 4.14-15.
Se aprovechan de otros, Santiago 5.4-5.

DESLEALTAD
Deslealtad con Moisés, Éxodo 32.23.
Golpeada deslealtad a Dios, Deuteronomio 32.51.
Príncipes filisteos desconfían de lealtad de David, 1 Samuel 9.1-11.

Deslealtad adecuada, 1 Samuel 22.16-17.
Siervos desleales a maestros, 1 Samuel 25.10.
Deslealtad de oficiales del gobierno, 2 Reyes 12.19-20.
Deslealtad en batalla, Jeremías 41.11-14.
Obediencia a leyes extranjeras, Ezequiel 5.7-9.

DESOBEDIENCIA
Primer acto de desobediencia, Génesis 3.1-11.
Condición de esposa de Lot, Génesis 19.17,26.
Mal olor de la desobediencia, Éxodo 16.19-24.
Fuego no autorizado para adoración, Levítico 10.1.
Castigo por desobediencia nacional, Números 14.22-24.
Quejas sobre el liderazgo de Moisés, Números 16.12-14.
Desobedecen instrucciones, Números 20.1-12.
Castigo severo por desobedecer, Números 20.8-12.
Maldición sobre la desobediencia, Deuteronomio 11.26-28.
Desobedecer al sacerdote, al juez, Deuteronomio 17.12.
Obediencia y desobediencia, Deuteronomio 28.1-68.
Desobediencia del fiel, 1 Samuel 22.15-20.
Desobedecen orden de hacer mal, 1 Samuel 22.16-17.
Mejor caer en manos de Dios que de los hombres, 2 Samuel 24.10-14.
Fidelidad incompleta a Dios, 1 Reyes 22.43.
«No hemos sido fieles», Esdras 10.2 (VP).
Desobediencia se jacta de misericordia y juicio de Dios,
    Salmo 78.38.
Juicio detenido contra desobediencia, Salmo 78.38.
Detestable desobediencia, Isaías 1.7.
Ponen a prueba paciencia de Dios, Isaías 7.13 (LBD).
Vagabundos espirituales, Jeremías 2.31.
Dolor por desobediencia, Jeremías 3.21.
Obediencia y desobediencia, Jeremías 7.22-26.
Aves comparadas con el pueblo, Jeremías 8.7.
Bendiciones negadas por desobediencia, Jeremías 11.14; 18.17.
Juicio sobre pueblo desobediente, Jeremías 15.1-2; 44.1-14.
Confían en el hombre, Jeremías 17.5,13.
Desobediencia al Señor, Jeremías 34.17.
Lección de obediencia, Jeremías 35.1-16.
Desobediencia anula justicia pasada, Ezequiel 18.24.
Cuándo desobedecer a los padres, Ezequiel 20.18-19.
Israel desobediente, Ezequiel 20.21.
Desobediencia civil, Daniel 3.1-30.
Amor de Dios por hijo perdido, Oseas 11.1-4.
Desobediencia causa caída, Oseas 14.1.
Tres pecados e incluso cuatro, Amós 1.3,6,9,11,13; 2.1,4,6.

Desobediencia al llamado de Dios, Jonás 1.3.
Desobediencia rebelde, Sofonías 3.2.
Antepasados desobedientes, Zacarías 1.4-6.
Sal pierde sabor, luz en oscuridad, Mateo 5.13-16.
Aparente desobediencia del niño Jesús, Lucas 2.41-51.
Ira de Dios, Efesios 5.6.
Desobediencia al evangelio, 2 Tesalonicenses 1.8.
Evitar juntarse con desobediente, 2 Tesalonicenses 3.14-15.
Incapaces de asirse a la verdad con fe, 1 Timoteo 1.18-20.
Desobediencia por negligencia, Hebreos 2.2-3.
Juicio seguro sobre falsa enseñanza, 2 Pedro 2.1-10.

DESTINO
Destinado a ser grande, Génesis 18.16-19.
Misericordia y destino, Éxodo 2.5-6.
Muerte por flecha perdida, 2 Crónicas 18.33,34.
Si perezco, que perezca, Ester 4.16.
Hijos destinados para la guerra, Job 27.14-15.
Todos los días predestinados, Salmo 139.16.
Tiempo para todo, Eclesiastés 3.1-8.
Consejos planeados tiempo atrás, Isaías 25.1.
Destino planificado, Isaías 25.1; 46.8-11; 49.1; Jeremías 1.5;
     Efesios 1.4; 1 Pedro 2.8.
«¿Quién ha ordenado ... el curso de la historia?», Isaías 41.4 (VP).
Destino individual, Jeremías 15.2.
Destino de Jerusalén, Jeremías 31.38-40.
Doble misión del Salvador, Lucas 2.28-32.
Destinado a la crucifixión, Juan 7.30.
Jesús conoce su destino, Juan 13.1.
Confianza en el destino, Hechos 27.23-25.
Revelación del destino, Romanos 8.18-23.
Llenos del conocimiento de la voluntad de Dios, Colosenses 1.9-12.

DESTRUCCIÓN
Devastación cananea, Números 21.3.
Sin sobrevivientes, Deuteronomio 2.34; 3.6; Josué 6.21; 8.24-29.
Ciudades destructoras, 2 Crónicas 15.6.
Destruido por el ángel de Jehová, 2 Crónicas 32.21.
«Reedifican para sí ruinas», Job 3.14.
Destrucción divina, Isaías 34.2.
Quebrantamiento sobre quebrantamiento, Jeremías 4.20.
Total destrucción, Jeremías 25.9.
Destrucción de fortaleza, Jeremías 46.15.
Destrucción sin remedio, Miqueas 2.10.

Destrucción de la tierra, Sofonías 1.2-3.
Destrucción con llamas, Malaquías 4.1.
Babilonia destruida, Apocalipsis 18.21.

DEUDA
Se niega a endeudarse, Génesis 14.22-24.
Deuda con parientes, Deuteronomio 15.1-3.
Deuda perdonada, Deuteronomio 15.2.
Paga en forma milagrosa, 2 Reyes 4.1-7.
Propiedades empeñadas, Nehemías 5.3.
Hijos como prenda, Job 24.9.
Los acreedores se apoderan de todo, Salmo 109.11.
Desahucio, Proverbios 22.27.
Vendido a los acreedores, Isaías 50.1.
Deuda perdonada misericordiosamente, Mateo 18.23-27.
Pagar las deudas, Romanos 13.7-8.
No deber nada a nadie, Romanos 13.8.
Deuda de siervo, Filemón 18-19.

DIETA
Dieta con carne, Génesis 43.16.
Pan sin levadura, Éxodo 12.15.
Pan, carne, Éxodo 16.1-12.
Insectos inmundos y comestibles, Levítico 11.20-23.
Abstinencia de uvas, Números 6.2-4.
Codicia por carne, Números 11.31-34.
No más maná, Josué 5.12.
Dieta de embarazo, Jueces 13.1-5.
Desayuno estimulante, Jueces 19.5-8.
Dieta de Abigail, 1 Samuel 25.18.
Prohibido gustarse, 1 Samuel 14.24-28.
Dieta simple y feliz, Proverbios 15.17; 17.1.
Vigilar calorías, Proverbios 23.1-2,20-21.
Hora regular para comer, Eclesiastés 10.17.
Cerdos y ratones, Isaías 66.17.
Rechaza dieta real, Daniel 1.8-16.
Carnes rojas, Amós 6.4.
Dieta de Juan el Bautista, Mateo 3.4.
Dieta de cerdos, Lucas 15.16.
Invitado especial para la cena, Lucas 24.29-30.
Vegetarianos y no vegetarianos, Romanos 14.2; Daniel 1.12.
Ni mejor ni peor, 1 Corintios 8.8.
Su dios es el vientre, Filipenses 3.19.
Dieta legalista, 1 Timoteo 4.3; Hebreos 13.9.

DIFAMAR
Habla contra hermano, Salmo 50.20.
Lengua detractora, Proverbios 25.23.

DIOS
Dios visto por humanos, Génesis 12.7; 16.13-14; 17.1; 18.1; 26.2; 35.9;
    Éxodo 3.16; 1 Reyes 3.5; 9.2; 2 Crónicas 1.7; 3.1; Isaías 6.1-9.
Dios definido, Éxodo 3.13-14.
Dos nombres de Dios, Éxodo 6.3.
Ángel confundido con Dios, Jueces 13.21-23.
Dios destruye enemigos, 1 Samuel 15.1-10.
Limitan a Dios, 1 Reyes 20.28.
Atributos y acciones de Dios, Nehemías 9.6-37.
Job argumenta contra Dios, Job 7.2-3.
Cuestionan a Dios, Job 9.24.
Dios insondable, Job 11.7.
Disputar con Dios, Job 22.21 (LBD).
Indiferencia de Dios, Job 24.12.
Declaración de grandeza de Dios, Job 36.22-26.
Edad de Dios, Job 36.26.
Dios de la creación, Job 38—39.
Al parecer creen que «Dios ha muerto», Salmo 10.4 (LBD).
Ira y amor de Dios, Salmo 30.5.
Temible Dios, Salmo 47.2.
«Es mi amigo», Salmo 54.4 (LBD).
El nombre de Dios, Salmo 68.4.
El Señor despierta, Salmo 78.65.
Gozo y amor divino, Salmo 80.3 (LBD).
«Dios supremo», Salmo 84.7 (VP).
Dios escondido, Salmo 89.46.
Creador más grande que creación, Salmo 108.4-5.
Dios puso eternidad en el corazón humano, Eclesiastés 3.11.
Dios omnisciente, Isaías 40.13-14.
Primero, postrero y único, Isaías 44.6.
Dios incomparable, Isaías 46.5.
Dios nunca olvida, Isaías 49.15.
Pensamientos divinos sobre pensamientos humanos, Isaías 55.8-9.
Dios sin precedentes, Isaías 64.4.
Acusan a Dios, Jeremías 4.10.
Cerca y lejos, Jeremías 23.23.
Gloria visible de Dios, Ezequiel 43.1-5.
Dios identificado entre «dioses santos», Daniel 5.11.
Visualización de Dios, Daniel 7.9.
Pensamientos de Dios, Amós 4.13.

Dios perdonador, Miqueas 7.18-19.
Malinterpretan a Dios, Sofonías 1.12.
«Abba, Padre», Marcos 14.36; Romanos 8.15; Gálatas 4.6.
Cristo y Dios uno solo, Juan 10.30; 14.9-14.
Ver a Dios a través de Jesús, Juan 12.44-46.
Su bondad abarca a todos, Romanos 4.16.
Bondadoso y severo, Romanos 11.22.
Mediador entre Dios y el hombre, 1 Timoteo 2.5.
Majestad de Dios, Hebreos 8.1.
Gran amor de Dios, 1 Juan 3.1-3.

DISCIPLINA

Mal liderazgo provoca indolencia, Éxodo 32.25.
Propósito moral, limpieza física, Levítico 20.26.
Grupo destruye al blasfemo, Levítico 24.14-16.
Falta de disciplina espiritual, Deuteronomio 12.8-9.
Cuidado requerido en el amor a Dios, Josué 23.11.
Azotar con espinos y abrojos, Jueces 8.16.
Miel negada, 1 Samuel 14.24-26.
Hijo indisciplinado, 1 Reyes 1.5-6.
Reglas en la música de adoración, 1 Crónicas 6.31-32.
Disciplina de Dios, juicio de hombre, 1 Crónicas 21.13.
Grados de castigo, Esdras 7.26.
Menor castigo del merecido, Esdras 9.13.
Leyes, estatutos y mandamientos, Nehemías 9.13.
El búfalo salvaje se debe domesticar, Job 39.9-12.
Represión con enojo, Salmo 6.1.
Guardarse del mal, Salmo 18.23.
Sujetos con cabestro y freno, Salmo 32.8-9.
La disciplina no altera el amor de Dios, Salmo 89.32-33.
Bendición de la disciplina divina, Salmo 94.12-13.
Disciplina y vida limpia, Salmo 119-7 (LBD).
Aceptar la disciplina, Proverbios 3.11.
Disciplina de buen padre, Proverbios 3.11-12.
Los que odian la disciplina, Proverbios 5.12-13.
Consentir la disciplina y represión, Proverbios 10.17.
Valor positivo, Proverbios 12.1.
«El hijo sabio acepta la disciplina», Proverbios 13.1 (RVA).
Disciplina de hijos, Proverbios 13.24; 19.18.
Provecho del castigo, Proverbios 22.15.
Necedad en el corazón del muchacho, Proverbios 22.15; 23.13-14; 29.15.
Comer demasiada miel, Proverbios 25.16.
Disciplina para caballos, asnos y necios, Proverbios 26.3.
Reprender y castigar al niño, Proverbios 29.15 (LBD).

Disciplina recompensada, Proverbios 29.17.
Obligado a disciplinar, Isaías 1.5-6 (LBD).
Dar pago de pecados, Isaías 65.6.
No aceptan disciplina, Jeremías 5.3.
Disciplina con justicia, Jeremías 30.11.
Disciplina con amor, Jeremías 31.20.
No quieren disciplina, Jeremías 32.33.
Beneficios de la disciplina desde la juventud, Lamentaciones 3.27.
Desprecio a la disciplina, Ezequiel 21.13.
Dios hirió pero sanó, Oseas 6.1.
Disciplina a los que más amó, Amós 3.2.
Los que no quieren corrección, Sofonías 3.2.
Actitud de alumnos con sus maestros, Mateo 10.24.
Jesús disciplina demonios, Marcos 1.33-34.
Disciplina por dudar del ángel, Lucas 1.18-20.
Jesús reprende a su madre, Lucas 2.41-50.
Ramas estériles, Juan 15.2.
Luchar contra el pecado, Romanos 6.12-13.
Bondad y severidad, Romanos 11.22.
Vigilar a los problemáticos, Romanos 16.17.
Látigo o amor, 1 Corintios 4.21 (NVI).
Incesto sin disciplinar en Corinto, 1 Corintios 5.1-2.
Disciplina de Satanás, 1 Corintios 5.5.
Dura tarea, 1 Corintios 5.12.
Expulsar miembro de la iglesia, 1 Corintios 5.13 (NVI).
Compromiso matrimonial, 1 Corintios 7.36.
Ejercer libertad cristiana, 1 Corintios 8.9.
Corredor y premio, 1 Corintios 9.24-27.
Buena corrección, 2 Corintios 7.8-9.
Ley como disciplina preliminar, Gálatas 3.23-25.
Ayudar a alguien que pecó, Gálatas 6.1.
Disciplina de hijos, Efesios 6.4.
Buena disciplina y estabilidad, Colosenses 2.5.
Nulidad de falsa humildad, Colosenses 2.18.
Evitar enemistades con quienes hacen el mal,
    2 Tesalonicenses 3.14-15.
Previene contra falsa doctrina, 1 Timoteo 1.3-5.
Satanás como maestro, 1 Timoteo 1.18-20.
Disciplina en público, 1 Timoteo 5.20.
Disciplinado para madurez, 1 Timoteo 4.13; 2 Timoteo 1.7.
Buen soldado disciplinado, 2 Timoteo 2.1-4.
Disciplina de atleta, 2 Timoteo 2.5.
Aplicar disciplina con amabilidad, 2 Timoteo 2.23-26.
Ancianos con familias disciplinadas, Tito 1.6.

Disciplina suspendida, Tito 3.10.
Disciplina, Hebreos 12.7; Santiago 1.2-4.
Jesús y la disciplina, Hebreos 5.8-9.
Disciplina y castigo de azotes, Hebreos 12.6.
Soportar la disciplina con paciencia, Hebreos 12.7.
Disciplina y oración, 1 Pedro 4.7.

DISCRECIÓN
Pecan locamente, Números 12.11.
Búsqueda de sabiduría, perspicacia, Proverbios 2.1-6.
Falta de discreción, Proverbios 7.6-23.
Hacer sabias decisiones, Proverbios 8.6-11.
Hablar lo que es conveniente, Proverbios 10.32.
Guiado por la integridad, Proverbios 11.3,6.
Entendimiento y prudencia, Proverbios 11.12.
Conducta en la presencia del rey, Proverbios 25.6-7.
Discreción en visitas al vecino, Proverbios 25.17.
Discreción al hablar, Eclesiastés 5.2.

DISCRIMINACIÓN
Varón y hembra como diversidad, Génesis 1.26-27.
Plan de Dios solo para la mujer, Génesis 3.16.
Nombres genéricos del hombre y la mujer, Génesis 5.2.
Egipcios discriminan a los hebreos, Génesis 43.32.
Iguales estatutos para todos, Números 15.15.
Censo para hombres mayores de veinte años, Números 26.2.
Hijas sin hermanos, Números 27.1-11.
Sansón desea mujer filistea, Jueces 14.1-2.
Gran recompensa por acciones amables, 1 Samuel 30.11-18.
Hijas ayudan a reconstruir los muros, Nehemías 3.12.
Prometen evitar matrimonios interraciales, Nehemías 10.30.
Riquezas y prestigio no frenan resentimiento, Ester 5.10-14.
Fe de mujer cananea, Mateo 15.21-28.
Tratamiento que dan gentiles, Mateo 20.25.
Odio mutuo entre samaritanos y judíos, Lucas 9.51-56.
Se libera de la discriminación, Hechos 10.24-28.
Uno en Cristo, Gálatas 3.28.
Esclavos y amos con el mismo Maestro, Efesios 6.9.
Error de discriminación, Santiago 2.1-4.
Tinieblas del aborrecimiento, 1 Juan 2.9-11.

DISGUSTO
Disgusto entre familiares, Génesis 4.2-9; 27.1-46; 37.1-11;
    Lucas 15.11-32.

Saúl se enoja con David, 1 Samuel 18.8; 16.21.
Se vuelven odiosos, 2 Samuel 10.6.
Actitud hacia los que nos disgustan, Mateo 5.38-47.
Cristianos pendencieros, 1 Corintios 1.10-17; 3.3;
    2 Corintios 12.20; Filipenses 4.2.

DISPUTA
Actitud de Abram hacia Lot, Génesis 13.8-9.
El clero soluciona las disputas, Deuteronomio 17.8-9.
Pelea entre hermanos, 2 Samuel 2.27-28.
Inutilidad de las contiendas, 2 Samuel 2.27-28.
Discuten por incomprensión, Job 16.4,6.
Discusión ganada, Job 21.1.
Se amotinan, Salmo 2.1.
La respuesta blanda calma la ira, Proverbios 15.1.
Buen consejo contra las disputas, Proverbios 17.14.
El silencio eleva al necio, Proverbios 17.28.
Es honroso dejar la contienda, Proverbios 20.3.
La lengua blanda, Proverbios 25.15.
La evidencia se vuelve contra el que acusa, Proverbios 25.8.
Evidencia se torna contra acusador, Proverbios 25.8.
Interferencia en discusión ajena, Proverbios 26.17.
Presentación de causa, Isaías 41.21.
Disputa entre Pedro y Pablo, Gálatas 2.11.
Disputa teológica en tribunal secular, Hechos 18.12-17.
Atrevimiento de altercar con Dios, Romanos 9.20.
Enseñanzas que causan controversias, 1 Timoteo 1.3-4.
Contiendas sobre palabras, 2 Timoteo 2.14,23.
Reglas para resolver disputas, 2 Timoteo 2.23-26.
Disputa por misericordia, justicia, Ezequiel 33.10-20.
Sabiduría, tacto, Daniel 2.14.
Resolver rápido los malentendidos, Mateo 5.25.
De acuerdo con adversario, Mateo 5.25.
Enredar en palabras, Mateo 22.15.
Altercar con Dios, Romanos 9.20.
Evitar disputas, Romanos 14.1.
Discusión prolongada, 1 Corintios 1.11.
Diferencias triviales, 1 Corintios 6.2.
La lógica de Pablo, Gálatas 2.14-17.
Promueven controversia, 1 Timoteo 1.3-4.
Vana palabrería, 1 Timoteo 1.6.
Insano deseo de discutir, 1 Timoteo 6.4.
Contienden por palabras, 2 Timoteo 2.14.
Discusiones necias, 2 Timoteo 2.14,23.

Mansedumbre al discutir, 2 Timoteo 2.23-26.
Sensatez al discutir, 2 Timoteo 4.5.
Cuestiones necias, Tito 3.9.

DIVERSIÓN
Risa inapropiada, Génesis 18.10-15.
Regocijo pecaminoso, Éxodo 32.6.
Actuación de Sansón, Jueces 16.25.
Actividades heterosexuales de homosexuales, Jueces 19.22-25.
Pelea a muerte por diversión, 2 Samuel 2.12-16.
Niños que danzan, Job 21.11-12.
Gozo de victoria, Salmo 126.2.
Diversión sin valor, Eclesiastés 2.1-2.
Músicos contratados, Eclesiastés 2.8.
Fiesta sin considerar lo espiritual, Isaías 5.12.
Diversión mundana, Isaías 5.12.
Ramera olvidada, Isaías 23.16.
Instrumentos musicales, Amós 6.5.
Niños que juegan, Zacarías 8.5.
No quieren divertirse, Mateo 11.16-17.
Fiestas exageradas, Romanos 13.13 (LBD).
Disfrute temporal, 1 Corintios 7.31.
Amantes del placer, 2 Timoteo 3.4.
Vida de deleites, Santiago 5.5 (LBD).
«Divirtiéndose en sus placeres», 2 Pedro 2.13 (VP).

DIVORCIO
Antiguas condiciones de divorcio, Éxodo 21.10-11;
  Esdras 10.1-16.
Divorcio y segundas nupcias, Deuteronomio 24.1-4.
Esposa de la juventud rechazada, Isaías 54.6.
Excepción en divorcio, Jeremías 3.1 (LBD).
Esposa abandona al esposo, Jeremías 3.20.
Esposa vuelve al esposo, Oseas 2.7.
El divorcio ofende a Dios, Malaquías 2.13-16.
Divorcio en secreto, Mateo 1.19.
Causa y procedimiento, Mateo 5.31-32; 19.7-8.
Jesús y el divorcio, Mateo 19.3-9; Marcos 10.11-12.
Condiciones antes del regreso de Cristo, Mateo 24.37-38.
Puntos de vista conflictivos, Marcos 10.2-10.
Daña a los hijos, 1 Corintios 7.14 (LBD).
Habla sin rodeos sobre el divorcio, Romanos 7.1-3;
  1 Corintios 7.10-11.
Gente sin amor, 2 Timoteo 3.3.

DOLOR

Dolor de padre, Génesis 37.33-35.
Final del luto, Génesis 50.4.
Raparse por luto, Deuteronomio 14.1-2.
Dolor por arca mayor que dolor por hijos, 1 Samuel 4.16-18.
Muere viuda de dolor, 1 Samuel 4.19-20.
Exterioriza dolor personal, 2 Samuel 19.1-8.
Atormentado, Job 6.2.
Ciego de dolor, Job 17.7.
Ojos gastados por sufrimiento, Salmo 6.7.
No cantar a corazón afligido, Proverbios 25.20.
Apesadumbran al Espíritu Santo, Isaías 63.10 (LBD); Efesios 4.30.
Dolor profesional, Jeremías 9.17-20.
Ciudad en luto, Lamentaciones 1.4.
Dolor de Jesús, Lucas 19.41-44.
Recuerdo de dolor ajeno, 2 Timoteo 1.3-4.
Muerden lenguas por dolor, Apocalipsis 16.10-11.

DUDA

Duda vencida por fe, Génesis 15.1-6.
Desobediencia y duda, Génesis 16.1-16.
Dirección divina cuestionada, Éxodo 5.22-23.
Duda de autoridad divina, Éxodo 6.12.
Temor y duda, Deuteronomio 1.21 (LBD).
Duda en momentos difíciles, Jueces 6.11-13.
Cuestionan cómo Dios obra, Job 9.24; 13.3.
Los que dudan están equivocados, Salmo 4.6 (LBD).
Antídoto contra la duda, Salmo 46.10.
Esfuerzo por infundir dudas, Isaías 36.1-20.
Integridad divina cuestionada, Jeremías 20.7-8.
Señales de las dudas espirituales ocultas, Mateo 6.23.
Represión al que duda, Mateo 14.31.
Dudan de anuncio angélico, Mateo 28.17.
Dudan más al oír la verdad, Marcos 9.23-24.
Evidencia segura de duda continua, Marcos 16.14.
Sin sombra de duda, Lucas 1.18,34.
Aumentan las dudas al oír la verdad, Juan 8.45-47.
Más allá de la duda, Juan 12.37-38.
Sin sombra de duda, Hechos 2.36.
Las dudas no cambian la verdad, Romanos 3.3.
Más allá de toda duda, Romanos 8.38-39.
«Tontería a los que van a la destrucción», 1 Corintios 1.18 (VP).
Implicaciones por dudar de la resurrección, 1 Corintios 15.12-19.
Mensaje con olor de muerte, 2 Corintios 2.16.

Pecador, corazón incrédulo, Hebreos 3.12.
Fe, antídoto seguro contra la duda, Hebreos 11.1-3.
Perder la firmeza, 2 Pedro 3.17.
Ayudar a los que dudan, Judas 22-23.

E

ECONOMÍA
Tiempos buenos y malos, Génesis 41.35,36; Eclesiastés 7.14.
Se acaba el dinero, Génesis 47.15.
Hipotecan para comprar comida, Nehemías 5.3-5.
Primero lo primero, Proverbios 24.27.
Mujer con habilidades económicas, Proverbios 31.10-31.
Dios brinda grandes ahorros, Isaías 55.1,2.
Sin salario ni oportunidades, Zacarías 8.10.
Tesoros en la tierra o en el cielo, Mateo 6.19-21.
Ecuaciones humanas y poder divino, Juan 6.1-13.
Lo económico de lo espiritual, Hechos 3.6.

EDUCACIÓN
Conocimiento prohibido, Génesis 2.16-17.
Aprendizaje sobre la creación, Deuteronomio 4.32.
Sabiduría más que ganancia material, 1 Reyes 3.5-15; 4.29-34.
Educación para toda la nación, 2 Crónicas 17.7-9.
Enseñanzas con parábolas, Salmo 78.1-8.
Aprender objetivos de proverbios, Proverbios 1.1-6.
Educación espiritual, Proverbios 15.33.
Sabiduría e inteligencia mejor que dinero, Proverbios 16.16.
Desperdicio de oportunidades de educación,
    Proverbios 17.16 (LBD).
Adecuada instrucción para niños, Proverbios 22.6.
Conocimiento da fortaleza, Proverbios 24.5-6.
Buscar sabiduría como la miel para comer,
    Proverbios 24.13-14.
Vasto conocimiento, Eclesiastés 1.16.
Educación causa dolor, Eclesiastés 1.18.
Conocimiento mejor que riqueza, Eclesiastés 7.12.
Estudio fatigoso, Eclesiastés 12.12.
El mejor de los conocimientos, Eclesiastés 12.13.
Rollo sellado, Isaías 29.11-12.
Grandísimo tesoro, Isaías 33.6.

Engañado por falso conocimiento, Isaías 47.10.
Ansioso de aprender, Isaías 50.4.
Curso de capacitación en tres años, Daniel 1.3-5.
Educación global, Habacuc 2.14.
Enseñar de verdad, Malaquías 2.6.
Actitud del estudiante con el maestro, Mateo 10.24.
Visión de adulto comparada a la de niños, Mateo 11.25.
Oyen pero no entienden, Mateo 13.14-15.
Perspectiva vieja y nueva, Mateo 13.52 (LBD).
Estudiante y maestro, Lucas 6.40.
Boca habla lo que contiene el corazón, Lucas 6.43-45.
Niños entienden la verdad, Lucas 10.21.
Conocimiento no adquirido en la escuela, Juan 7.14-16.
Espíritu Santo como maestro, Juan 14.26.
Hombre sin letras confunde a doctos, Hechos 4.13.
Sabiduría egipcia, Hechos 7.22.
Interés de hombre inteligente, Hechos 13.6-7.
Orgullo intelectual, Hechos 17.16-34.
Hombre erudito, Hechos 22.3.
Educados e ignorantes, Romanos 1.14.
Sabiduría y necedad, 1 Corintios 1.18-21.
Mensaje de sabiduría a cristianos maduros, 1 Corintios 2.6.
Necedad de orgullo intelectual, 1 Corintios 3.18-20; 8.1-3.
Fe, suprema inteligencia, 1 Corintios 3.18-23.
«El conocimiento envanece», 1 Corintios 8.1.
Información sin elocuencia, 2 Corintios 11.6.
«Como ha venido la fe, ya no estamos bajo tutor»,
    Gálatas 3.25 (RVA).
Espíritu de sabiduría y revelación, Efesios 1.17.
Aprender lo agradable al Señor, Efesios 5.10.
Educación hogareña, Efesios 6.4.
Abundancia de amor y conocimiento, Filipenses 1.9.
Pláticas profanas, falsos conocimientos, 1 Timoteo 6.20-21.
Incapaces de conocer la verdad, 2 Timoteo 3.7.
Antídoto seguro contra la duda, Hebreos 11.1-3.
Falta sabiduría, pídasela a Dios, Santiago 1.5-6.

EGOÍSMO
Administradores egoístas, Éxodo 5.2-5.
Conflicto entre David y Saúl, 1 Samuel 26.1-25.
Maldición para acaparadores, Proverbios 11.26.
Se mete en todo, Proverbios 18.1.
Celo posesivo egoísta, Isaías 5.8.
Quitan bebida al sediento, Isaías 32.6.

Pastores egoístas, Ezequiel 34.2,18.
Religiosidad y egoísmo, Oseas 10.1.
Poco precio por seres humanos, Amós 2.6.
Egoísmo y falta de honradez, Habacuc 2.6.
Personas en casas lujosas y templo en ruinas, Hageo 1.1-4.
Festín egoísta, Zacarías 7.6.
Dar al que pide, Mateo 5.42.
Caso omiso de necesidades ajenas, Mateo 25.43-44.
Buscan los mejores sitios, Marcos 10.37.
Avaricia, Lucas 12.14-15.
Escogen puestos de honor, Lucas 14.7-11.
Predicación obstaculiza idolatría, Hechos 19.20-41.
Viven según la carne, Romanos 8.5-8.
Buscan lo suyo propio, Filipenses 2.21.
Egoísmo para con ministerio, Filipenses 4.15-19.
Obras manifiestas y obras ocultas, 1 Timoteo 5.25.
Amadores de sí mismos, 2 Timoteo 3.2.
Pasiones insatisfechas, Santiago 4.1-2.

EJERCICIO
Corre a dar malas noticias, 2 Samuel 18.24-33.
Maratón, Jeremías 12.5; 1 Corintios 9.24-26.
Ímpetu para mantenerse en forma, 1 Corintios 6.19-20.
Preparación física y piedad, 1 Timoteo 4.8.

ELECCIÓN
Elección de lugar para vivir, Génesis 13.10-13.
Elegir al Señor, Génesis 28.21; Rut 1.16; 1 Reyes 18.39;
    2 Reyes 5.17; Salmos 16.2; 31.14; 63.1; 73.25; 118.28; 140.6.
Deseosos de contribuir, Éxodo 35.20-29.
Selección de líder, Números 27.16.
Libertad limitada, Números 36.6.
El Señor elige, Deuteronomio 7.6; Salmo 4.3; 1 Corintios 1.26;
    Efesios 1.4; Santiago 2.5; 1 Pedro 2.10.
Escogido por Dios, Deuteronomio 7.6; Juan 15.16; Efesios 1.4;
    1 Pedro 1.2.
Bendición, maldición, Deuteronomio 11.26-28.
Escoger el mejor líder, Deuteronomio 17.14-15; Oseas 8.4.
Elección recompensada, Deuteronomio 30.1-20.
Rey divinamente elegido, Deuteronomio 33.5.
Familia elige servir al Señor, Josué 24.15.
Árboles buscan rey, Jueces 9.7-15.
Elección por amor, Rut 1.16.
Elección errónea de Israel, 1 Samuel 12.18-19.

Elección de Dios y elección del hombre, 1 Samuel 16.1-13.
Tres opciones, 2 Samuel 24.11-17.
Segundo lugar, 1 Reyes 2.13-25.
Voluntad concedida, 1 Reyes 3.5.
Discernimiento, 1 Reyes 3.9.
Dos opciones, 1 Reyes 18.21.
La voluntad de Dios y el libre albedrío, Esdras 7.18.
Elección por suerte, Nehemías 11.1.
Seguir los dictados del corazón, Job 11.13.
Elegir el camino de la verdad, Salmo 119.30.
Malo por elección, Proverbios 1.29; Isaías 65.12; 66.3.
Elección del hombre, dirección de Dios, Proverbios 16.9.
Mejor opción que el pecado, Isaías 1.18.
Aguas mansas, inundación, Isaías 8.6-7.
Destituido del cargo, Isaías 22.19.
Elección contraria a la voluntad de Dios, Isaías 66.3.
Caminos de vida, caminos de muerte, Jeremías 21.8.
Valle de decisiones, Joel 3.14.
Elige el bien, no el mal, Amós 5.15.
Elegido para construir templo, Zacarías 6.9-15.
Barrabás o Cristo, Mateo 27.15-26; Marcos 15.6-15;
    Lucas 23.18-19,25; Juan 18.38-40; Hechos 3.14.
Elegir ser limpio, Marcos 1.41.
Optar por recibir, creer, Juan 1.12.
El viento elige, Juan 3.8.
Suprema decisión, Juan 3.36.
Jesús elige sacrificio, Juan 10.17-18.
Elección más significativa, Juan 15.16.
Sin libertad para decidir, Romanos 9.14-24.
Preferencia en cuanto a la disciplina, 1 Corintios 4.21.
Difícil elección, Filipenses 1.23.
Elegidos por Dios, 1 Tesalonicenses 1.4.
Optar por las buenas obras, Filemón 12.
Elección de Moisés, Hebreos 11.24-25.

ELOGIO
Evaluación de Juan el Bautista, Mateo 11.11-14.
Elogiar a quienes anteriormente se ha llamado la atención,
    2 Corintios 7.14.

EMBARGO
Préstamo sin interés, Éxodo 22.25.
Proteger poder adquisitivo de deudor, Deuteronomio 24.6.
«Acreedor misericordioso», Ezequiel 18.7 (LBD).

EMBELLECIMIENTO
Tratamiento de belleza a extranjera cautiva, Deuteronomio 21.10-14.
Procedimiento en palacio, Ester 2.2-13.

EMERGENCIA
¡Apresúrense!, Génesis 19.14 (LBD).
Reacción ante la emergencia, Génesis 19.14-17.
Emergencia en la noche, Éxodo 12.31-32.
Ayuda del vecino, Proverbios 27.10.

EMIGRACIÓN
En dirección este, Génesis 11.1-2.
Emigración a Egipto, Génesis 46.5-7.
Extranjeros como cabeza, Deuteronomio 28.43-44.
Población por estadísticas, Nehemías 11.1.
Gavilán vuela al sur, Job 39.26.
Aves saben cuándo emigrar, Jeremías 8.7.

EMPLEO
Mujer empleada, Génesis 29.9.
Se ordenan salarios equitativos, Levítico 19.13.
Contratar a los que necesitan empleo, Deuteronomio 24.14-15.
Vivienda, comida, ropa y dinero para gastos personales, Jueces 17.7-13.
Cambios de obligaciones en día de reposo, 2 Reyes 11.4-8.
Miles trabajan en proyecto de gobierno, 2 Crónicas 2.2.
Amós, el pastor, Amós 1.1.
Preocupación del centurión por criado, Mateo 8.5-13.
Obreros se ganan sus salarios, Mateo 10.10; Lucas 10.7; 1 Timoteo 5.18.
Mujeres con bienes brindan apoyo a Jesús, Lucas 8.3.
Asociación de fabricadores de tiendas, Hechos 18.1-3.
Evangelistas que se mantienen solos, 1 Corintios 9.6-7.
Siervos y amos, Efesios 6.5-9.
Trabajador consciente, Efesios 6.6-7 (LBD).
Relación entre siervos y amos, Colosenses 3.22-25; 4.1.
Pablo como modelo en conducta y trabajo diario,
    2 Tesalonicenses 3.6-10.
Empleados diligentes con empleador cristiano, 1 Timoteo 6.2.
Empleados confiables, Tito 2.9-10.
Suspensión de salarios, Santiago 5.4.

ENEMIGO
Protegido de enemigo superior, Éxodo 14.15-31.
Bondad con el enemigo, Éxodo 23.4-5; 2 Samuel 9.1-8
    (véase Proverbios 25.21-22).

Hostigamiento y ataque, Números 25.17.
Exageran superioridad del enemigo, Deuteronomio 1.28.
Sin temor a gran enemigo, Deuteronomio 9.1-3; Salmo 27.3.
Enemigos en todas direcciones, 1 Samuel 12.11.
Oración por dirección para enfrentar enemigo, 2 Samuel 5.17-19.
David derrota a los moabitas, 2 Samuel 8.2.
Enemigos conquistados mediante ceguera, 2 Reyes 6.8-23.
Brazo de carne, 2 Crónicas 32.8.
Enemigos y bandidos, Esdras 8.31.
Enemigos pierden seguridad de sí mismos, Nehemías 6.16.
Regocijo por problemas ajenos, Job 31.29.
Enfrentar oposición con confianza, Salmos 3.6; 4.8.
Ataque de angustia, Salmo 7.1-2.
David se convirtió en líder de extranjeros, Salmo 18.43-45.
Como perros en jauría, Salmo 22.16.
Dejar que Dios enfrente los enemigos, Salmo 35.1-7.
Devolver bien por mal, Salmo 35.11-16.
«Mis enemigos dicen mal», Salmo 41.5.
«Hombres violentos», Salmo 54.3.
Enemigos emboscados, Salmos 56.5-6; 57.4-6; 59.3-7.
Enemigos caen en su propia trampa, Salmo 57.6.
«Conferencia cumbre», Salmo 83.5 (LBD).
«¡Págales con la misma moneda!», Salmo 109.6 (LBD).
Los que aborrecen la paz, Salmo 120.6-7.
Lengua viperina, Salmo 140.3; Proverbios 30.14.
Insomnio del malo, Proverbios 4.16; Miqueas 2.1.
No alegrarse de fracaso del enemigo, Proverbios 24.17-18.
Rechazan batalla en la puerta, Isaías 28.6.
Mil huyen de un solo adversario, Isaías 30.17.
Egipcios son solo hombres, Isaías 31.3.
Depender de promesas de Dios, Isaías 37.1-38.
Ángel destruye soldados enemigos, Isaías 37.36.
Vergüenza en perseguidores, Jeremías 17.18.
Solo gritaron, Jeremías 46.17.
Derrota de Babilonia, Jeremías 50.46.
Rendidos al enemigo, Lamentaciones 1.5.
Saqueo con alegría, Ezequiel 36.5.
Nueve de cada diez muertos en batalla, Amós 5.3.
Puertas abiertas de par en par a los enemigos, Nahum 3.13.
Amar al enemigo, Mateo 5.43-48.
Enemigo puede matar el cuerpo, no el alma, Mateo 10.28.
Silencio de Jesús ante acusadores, Mateo 26.57-67.
Regla de oro básica, Lucas 6.27-36.
Jesús evita enemigos, Juan 7.1.

Aborrecido por el mundo, Juan 15.18-21.
Espíritu perdonador de mártir, Hechos 7.60.
Incitan turba contra Pablo y Silas, Hechos 17.5-7.
Actitud cristiana con enemigos, Romanos 5.10; 12.14,20.
Deseaba perseguir cristianos, Gálatas 1.13.
Dejar venganza en manos de Dios, 2 Tesalonicenses 1.6-7.

ENFERMEDAD
Lepra, Éxodo 4.6-7; Deuteronomio 24.8; 2 Reyes 5.1-14;
    2 Crónicas 26.19-21.
Inmunidad divina, Éxodo 15.26; Deuteronomio 7.15.
Infección de la piel, Levítico 13.9-17; Deuteronomio 28.27.
El pecado causa dolencia, Levítico 26.14-16; Mateo 9.1-7; Juan 5.14.
Enfermedades debilitantes, Levítico 26.15,16.
Ojos oscurecidos, 1 Samuel 4.14-15.
Enfermedad y recuperación de Ezequías, 2 Crónicas 32.24-26.
Enfermedad satánica, Job 2.6-7.
Dolor en los huesos, Job 33.19-21.
Consuelo para el alma, Salmo 23.3.
Enfermo y con gran dolor, Salmo 38.1-22.
Dios sustentador, Salmo 41.3.
Afligido desde joven, Salmo 88.15.
El Gran Sanador, Salmo 103.3.
Aflicción debido al pecado, Salmo 107.17; Isaías 3.16-17.
Valor de la humillación, Salmo 119.71.
Voluntad de vivir, Proverbios 18.14.
Pueblo libre de enfermedad, Isaías 33.24.
Cartas de convalecencia, Isaías 39.1-2.
Horno de aflicción, Isaías 48.10.
Espada desprecia cetro, Ezequiel 21.13.
Enfermo con vino, Oseas 7.5 (VP).
Epilepsia causada por demonio, Mateo 17.14-20.
Gigantescos gastos médicos, Marcos 5.25-26.
Jesús reprende fiebre, Lucas 4.38-39.
Enfermos sanados, Lucas 7.21.
Enfermedad causada por espíritu, Lucas 13.10-16.
Dieciocho años enferma, Lucas 13.11.
Treinta y ocho años de invalidez, Juan 5.1-9.
Propósito de enfermedad, Juan 11.4.
Propósito de la tribulación, Romanos 5.3.
Pecado como enfermedad, Romanos 5.12.
Sufrimientos presentes y gloria venidera, Romanos 8.18;
    2 Corintios 4.17-18.
«Su presencia física es débil», 2 Corintios 10.10 (RVA).

Bendición a través de enfermedad, Gálatas 4.13-14.
Enfermedad causada por angustia, Filipenses 2.26-27.
Perfeccionado por sufrimiento, Hebreos 2.10.
Pruebas, sufrimientos y problemas, Santiago 1.2-4,12;
    1 Pedro 1.6-7; 4.1-2.
Oración por los enfermos, Santiago 5.13-15.
Mención de enfermedad social, Judas 6-7; Levítico 15; 22.4-5.

ENOJO
Ira razón de homicidio, Génesis 4.3-8.
Enojo se mitiga, Génesis 27.44.
La ira de Dios, Éxodo 4.14; Números 11.1; 12.9; Deuteronomio 9.20;
    Josué 7.1; Jueces 2.14; 2 Samuel 24.1; 1 Reyes 14.15; 15.29-30; 16.2,
    26,33; 22.13; 34.19; 1 Crónicas 13.10; 2 Crónicas 28.25; Salmo 2.12;
    7.11; Oseas 12.14; Juan 3.36; Romanos 1.18; 2.8; Efesios 5.6.
Rojo de ira, Éxodo 11.8.
Ira que derrite, Éxodo 32.10.
Ira violenta, Números 25.4.
Cosas hechas con furia, Deuteronomio 19.4-7.
Ardiente furor de Dios, Jueces 2.14.
Cólera peligrosa, Jueces 18.25; Proverbios 22.24-25.
Enojado por remedio divino, 1 Reyes 5.1-12.
Memoria opacada por enojo, Ester 2.1.
Ira derramada, Job 40.11.
Ira sin pecado, Salmo 4.4.
Ira momentánea, Salmo 30.5; 37.8.
Ira que debilita, Proverbios 14.7; Eclesiastés 7.9.
Palabras suaves, dominio sobre la ira, Proverbios 15.1; 17.27.
Mejor es tardar en airarse, Proverbios 16.32.
Hombre de ira explosiva, Proverbios 19.19.
Pacificación con soborno, Proverbios 21.14.
Falto de control propio, Proverbios 25.28.
Hombre tonto, hombre sabio, Proverbios 29.11.
La ira provoca disensión, Proverbios 29.22.
Incitación a la ira, Proverbios 30.33.
Rabiosos del hambre, Isaías 8.21.
Jehová como soldado furioso, Isaías 42.13.
Ira diferida, Isaías 48.9.
La copa de la ira de Dios, Jeremías 25.19-29.
Furor saciado, Ezequiel 5.13.
«Indignación de mi espíritu», Ezequiel 3.14.
Ira eliminada, Oseas 14.4; Colosenses 3.8; Tito 1.7.
Ira que se mantiene, Amós 1.11.
Ira injustificada, Jonás 4.4,9.

Antes enojado, ahora iracundo, Zacarías 1.15.
Celo que se convierte en ira, Zacarías 8.2.
La ira es igual que el homicidio, Mateo 5.21-22.
Jesús enojado, Marcos 3.5.
Oposición furiosa, Lucas 6.11.
Enfurecidos contra la verdad espiritual, Hechos 5.30-33.
«Crujían los dientes contra él», Hechos 7.54.
El enojo y el atardecer, Efesios 4.26.
Lo inútil del enojo, Santiago 1.19-20.

ENVIDIA
Ejemplos de envidia, Génesis 4.5; 37.5,11; Números 11.28,29; 12.2;
    1 Samuel 18.6-9; Ester 5.13; Salmo 73.3; Marcos 15.10;
    Hechos 13.45.
Riqueza causa envidia, Génesis 26.12-14.
Envidia de hermanos, Génesis 37.11.
Riqueza y envidia, Ester 5.10-14.
No envidiar a los malvados, Salmo 37.1; Proverbios 24.19-20.
Alguien envidiable, Salmo 41.1.
Envidiar prosperidad del malvado, Salmo 73.2-28.
Resultados físicos de la envidia, Proverbios 14.30.
Excelencia y envidia, Eclesiastés 4.4.
Envidiar éxito de otros, Daniel 6.4.
Dignos de envidia, Lucas 10.23.
Envidia religiosa, Hechos 13.45.
Envidia de Israel por gentiles, Romanos 11.13-14.
Purificación del amor, 1 Corintios 13.4.
Evitar ser causa de envidia, Gálatas 5.26.
Envidia como causa de muerte, 1 Juan 3.12.

ERÓTICO
Mezcla de religión con inmoralidad, Números 25.1-2.
Lujuria continua, Efesios 4.19.

ESCÁNDALO
Falsa acusación contra José, Génesis 39.11-20.
Falso testimonio, Deuteronomio 19.16,21.
Odio sin razón, Salmo 69.4.
Labio mentiroso y lengua fraudulenta, Salmo 120.2.
Palabras mentirosas, Proverbios 26.22.
No temer afrenta de hombre, Isaías 51.17.
Sin vicios ni falta, Daniel 6.3-5.
Vituperios sin razón, Mateo 5.11-12.
Evitar escándalo, Mateo 18.15-17.

ESCUELA
Hogar, primera escuela, Deuteronomio 4.9-10; 6.7-9; 11.19-21; Salmo 78.5-6.
Entrenamiento bíblico, Deuteronomio 31.10-13.
Estrecho salón de clases, 2 Reyes 6.1.
Profeta erudito, Esdras 7.6-11.
Entrenamiento en Babilonia, Daniel 1.3-21.
Tutor y maestro, Hechos 22.3.

ESPACIO
Expansión de los cielos, Génesis 1.17.
Primera nave espacial, 2 Reyes 2.11.
Pensamiento y espacio, Salmo 8.3-8.
Cielos declaran justicia, Salmo 50.6.
Misericordia divina más grande que los cielos, Salmo 108.4-5.
Materia deshecha y salvación eterna, Isaías 51.6.
Nido en las estrellas, Abdías 4.
Ni lo alto ni lo profundo, Romanos 8.39.

ESPERANZA
Esperanza en la muerte, Job 11.20.
Mantener la esperanza, Job 13.15.
Declaración elocuente de esperanza, Job 19.25-26.
Esperanza de los pobres, Salmo 9.18.
Esperar en Dios, Salmo 31.24.
Antídoto contra la desesperanza, Salmo 42.5; Jeremías 31.15-17.
Esperanza desde la juventud, Salmo 71.5.
Esperanza que no llega, Proverbios 13.12.
Esperanza en la muerte, Proverbios 14.32.
Resplandor en la oscuridad, Isaías 60.1-2.
Falsas promesas, Jeremías 28.1-11.
Esperanza en tiempo de tribulación, Jeremías 42.1-22.
Optimismo en tiempo de persecución, Jeremías 48.47.
Un rayo de esperanza, Lamentaciones 3.21.
Valle de esperanza, Oseas 2.15.
Esperar mucho de Dios, Oseas 12.6.
Desolación y esperanza, Joel 2.3.
En espera de salvación, Miqueas 7.7.
Esperanza contra esperanza, Romanos 4.18.
Esperanza por gracia, 2 Tesalonicenses 2.16-17.
Esperanza bienaventurada, Tito 2.11-14.
Ancla del alma, Hebreos 6.19.
Esperanza viva, 1 Pedro 1.3.
Esperanza en resurrección, 2 Pedro 1.13-14.

ESPOSA
Diseño del Creador, Génesis 2.18,24.
Búsqueda de esposa, Génesis 24.14.
Influencia del marido en asuntos de esposa, Números 30.10-15.
Artimañas de esposa, Jueces 14.11-19.
Insulto de esposa, 2 Samuel 6.20.
Mujer dominante, 1 Reyes 21.1-16.
Favorita entre muchas esposas, 2 Crónicas 11.21.
Influencia de esposa malvada, 2 Crónicas 21.6.
Esposa rebelde, Ester 1.9-21.
Esposa quejumbrosa, Job 2.9-10.
Como vid con frutos, Salmo 128.3.
Corona del marido, Proverbios 12.4.
Esposo halla el bien, Proverbios 18.22.
Mujer virtuosa, Proverbios 31.10-31.
Muere esposa de Ezequiel, Ezequiel 24.15-27.
José y María, Mateo 1.18,19.
Esposa de Pilato, Mateo 27.19.
Enemigos de esposo amoroso, Santiago 4.4.

ESPOSO
Costilla de marido, Génesis 2.21-24.
Maridos gigantes, Génesis 6.4.
Marido confirma y anula votos de esposa, Números 30.10-15.
Esposo gobierna en el hogar, Ester 1.22; 1 Corintios 11.3.
Joven matrimonio, Proverbios 5.15-19.
Ira de esposo engañado, Proverbios 6.27-35.
Monogamia, Eclesiastés 9.9.
Deberes de esposo, Efesios 5.25; 1 Corintios 7.3; 1 Pedro 3.7.
Conducta digna salva esposo incrédulo, 1 Pedro 3.1-2.

ESTILO DE VIDA
Normas de vida en casa, Deuteronomio 6.6-9.
Lo que Dios nos pide, Deuteronomio 10.12-13.
Destrucción de ídolos, Deuteronomio 12.2-5.
Seguros, ociosos y confiados, Jueces 18.7.
Rebeldes y adúlteros, Job 24.13-17.
Creyentes e incrédulos, Salmo 1.1-6.
Habitantes del tabernáculo, Salmo 15.1-3.
Integridad, Salmos 84.11; 101.2.
Justos, Salmo 106.3.
Adopción de costumbres paganas, Salmo 106.35.
Falta de misericordia, Salmo 109.16.
Modo de vivir ejemplar, Salmo 119.1-5; Miqueas 6.8.

Guía matutina, Salmo 143.8.
Para recordar en todo momento, Proverbios 3.3.
Los justos y los impíos, Proverbios 4.18-19.
Recto camino, Proverbios 4.25-27.
Buenos consejos, Eclesiastés 8.15.
Título de necio, Eclesiastés 10.3.
Aprender a hacer el bien, Isaías 1.17.
Adornos de salvación, Isaías 61.10.
Ejemplo de fortaleza, Jeremías 6.27.
La vida del justo, Ezequiel 18.5-9.
Por un oído les entra y por otro les sale, Ezequiel 33.31.
De nada sirve ser impío, Oseas 4.10.
Caminos rectos, Oseas 14.9.
La luz del mundo, Mateo 5.16.
La verdad puesta en práctica, Mateo 7.24.
La verdadera vida, Marcos 8.35.
Peligrosa manera de vivir, Romanos 6.21.
Condenación del pecado para que se cumpla la justicia,
    Romanos 8.3-4.
Deberes cristianos, Romanos 12.3-21; 13.12-14; Efesios 4.1-3;
    1 Tesalonicenses 4.9-12.
Armonía entre todos, Romanos 12.16.
El buen testimonio es esencial, 1 Corintios 8.9-13.
El amor ante todo, 1 Corintios 13.1-13.
Fe y amor, 1 Corintios 16.13-14.
Honradez con Dios y los hombres, 2 Corintios 8.21.
Duro con los carnales, 2 Corintios 10.2.
Pablo versus Pedro, Gálatas 2.11-21.
Frutos del Espíritu, Gálatas 5.22.
Prioridad en la conducta, Gálatas 6.15.
Nuestro estilo de vida, Efesios 2.10.
Humildad y mansedumbre, Efesios 4.1-2.
Vida nueva, Efesios 4.17.
Nueva manera de vivir en Cristo, Efesios 4.22-24.
Imitadores del amor, Efesios 5.1-2.
Ofrenda de amor, Efesios 5.1-2.
Los necios y los sabios, Efesios 5.15.
Dignos del evangelio, Filipenses 1.27.
Enemigos de la cruz, Filipenses 3.18-21.
Es una orden, Filipenses 4.4-5.
En esto pensad, Filipenses 4.8-9.
Llenos del conocimiento de la voluntad de Dios, Colosenses 1.9-12.
No vivir de acuerdo a preceptos, Colosenses 2.20-23.
Vida antigua y nueva, Colosenses 3.1-17.

Preparación para el retorno de Cristo, 1 Tesalonicenses 3.13.
Buen testimonio ante el mundo, 1 Tesalonicenses 4.11-12.
Dignos del llamamiento, 2 Tesalonicenses 1.11.
Fe y buena conciencia, 1 Timoteo 1.19.
Así debe ser el jefe, 1 Timoteo 3.2-7.
Conducta del joven, 1 Timoteo 4.12.
Ricos en buenas obras, 1 Timoteo 6.18.
Promesa de la vida, 2 Timoteo 1.1.
Evitar a los impíos de los días postreros, 2 Timoteo 3.1-5.
Adorno de la doctrina, Tito 2.10.
Conducta del cristiano, Tito 3.1-2.
Enoc agradó a Dios, Hebreos 11.5.
Deberes cristianos, Hebreos 13.1-9.
Buena conducta del sabio y entendido, Santiago 3.13.
Guardar todos los mandamientos, Santiago 2.8-10.
El bien calla la ignorancia, 1 Pedro 2.12-15.
Madurez espiritual, 2 Pedro 1.5-9.
Cielos nuevos y tierra nueva, 2 Pedro 3.11-14.
Crecimiento espiritual, 2 Pedro 3.18.
Confesar y negar, 1 Juan 1.9,10.
El que hace justicia nace de Cristo, 1 Juan 2.29.
Amor es obedecer los mandamientos, 2 Juan 6.
Mal ejemplo de los impíos, Judas 7.

ESTRÉS
Delegación de trabajo, Éxodo 18.17-27.
Dios más grande que la batalla más fiera, Deuteronomio 20.1-4.
Esposa celosa, 1 Samuel 1.2-11.
Asuntos urgentes, 1 Samuel 21.8.
Líder de angustiados, 1 Samuel 22.2.
Circunstancias adversas, Job 1.6-22.
Probado como el oro, Job 23.10; Isaías 48.10.
Se envejece por la angustia, Salmo 6.7.
Actitud paciente, Salmo 40.1-3.
Refugio contra el afán, Salmo 46.1-3.
Dios ayuda y sostiene, Salmo 54.4.
Dios escucha en tiempo de crisis, Salmo 55.1-17.
No temer maldad humana, Salmo 56.3-4.
Corazón dispuesto, Salmo 57.7-8.
Descansar solo en Dios, Salmo 62.1-2.
Promesas hechas en tiempo de angustia, Salmo 66.13-14.
Aguas hasta el alma, Salmo 69.1.
Afán produce insomnio, Salmo 77.2-6.
Anhelo por casa de Dios, Salmo 84.1-12.

Ovejas de prado divino, Salmo 100.1-5.
Corazón inquebrantable, Salmo 108.1-5.
Angustia y dolor, Salmo 116.3.
Refugio en tiempo de angustia, Salmo 118.1-9.
Respuesta de Dios, Salmo 119.41-48.
Dios de nuestro lado, Salmo 124.1-5.
Pan de dolores, Salmo 127.2.
Profundo clamor, Salmo 130.1-6.
Con vigor en el alma, Salmo 138.3.
Ayuda en medio de prueba, Salmo 142.1-7.
Caminos deleitosos, Proverbios 3.13-18.
Corazón alegre y espíritu triste, Proverbios 17.22; 18.14.
Don del contentamiento, Proverbios 30.7-8.
Fortaleza en tiempo de tribulación, Isaías 33.2.
Nuevas fuerzas, Isaías 40.30-31; 41.10.
Paz mediante obediencia, Isaías 48.17-18.
Guía y fortaleza de Dios, Isaías 58.11.
Buenas nuevas para abatidos, Isaías 61.1-3.
Dios se conduele de angustia humana, Isaías 63.9.
Descanso para el alma, Jeremías 6.16.
Dios sabe y aconseja, Jeremías 15.15-16.
Fuente segura en tiempo de abatimiento, Lamentaciones 3.19-33.
Rey con insomnio y prisionero descansado, Daniel 6.16-23.
Testigo en medio de tormenta, Jonás 1.4-9.
Fortaleza divina, Habacuc 3.19.
Gozo y poder de Dios, Sofonías 3.17.
Reacción ante perseguidores, Mateo 5.11-12.
Descanso para el alma, Mateo 11.28-30.
Jesús calma la tempestad, Lucas 8.22-25.
Pequeña fe en gran Dios, Lucas 11.20.
Afán y ansiedad, Lucas 12.22-34.
La Luz del mundo, Juan 8.12.
Confianza futura y estabilidad presente, Juan 14.1-6.
La paz de Dios, Juan 16.33.
Ayuno debido al afán, Hechos 27.33-36.
El sufrimiento fortalece la fe, Romanos 5.1-11.
Más que vencedores, Romanos 8.12-39 (véase v. 15).
Fortaleza y confianza en el Señor, 1 Corintios 1.8-9.
Enfrentamiento victorioso de problemas, 2 Corintios 4.7-18.
Amor excede todo conocimiento, Efesios 3.14-21.
Dios genera paz interior,
     Filipenses 4.4-7 (véase Nehemías 8.10b).
Antídoto contra el afán, 1 Tesalonicenses 5.16-18.
Dios sabe lo que hace, 2 Tesalonicenses 1.3-5.

Ancla del alma, Hebreos 6.19-20.
Restauración para los que sufren, 1 Pedro 5.10.
Gracia y paz abundantes, 2 Pedro 1.2.
Acto de amor divino, Apocalipsis 3.19.
Sin afanes, Apocalipsis 21.1-5.

ESTUDIANTE
Salomón responde todas las preguntas, 1 Reyes 10.1-3.
Bienaventurado personal del rey, 1 Reyes 10.8.
Buena disposición para aprender la Biblia, Esdras 7.10.
Estudia día y noche, Salmo 1.2.
Escrituras dan sabiduría verdadera, Salmo 119.97-100.
Entendimiento y bondad, Proverbios 16.20.
Verdadera sabiduría, Proverbios 18.15.
Dios es defensor de estudiantes, Proverbios 23.10-11.
Alegría de padre, Proverbios 29.3.
Fatiga de estudiar, Eclesiastés 12.12.
Estudiantes rebeldes, Jeremías 32.33.
Dios da conocimiento y ciencia, Daniel 1.17.
El estudiante no es más que el maestro, Mateo 10.24.
Oyen pero no entienden, Marcos 4.11-12.
La mejor fuente de conocimiento, Marcos 4.34.
Deseos de aprender, Lucas 11.1.
Solícitos para aprender, Hechos 17.11-12.
Buen estudiante, Hechos 18.24-26.
Revelación por el Espíritu Santo, 1 Corintios 2.6-16.
Estudiantes de Cristo, 1 Corintios 3.21-23.
Necedad del orgullo intelectual, 2 Corintios 3.18-20.
Autoexamen en la fe, 2 Corintios 13.5.
Relación entre estudiante y maestro, Gálatas 6.6.
Recibir adecuadamente la Palabra de Dios,
    1 Tesalonicenses 2.13.
Uso correcto de la Escritura, 2 Timoteo 2.15.
Estudiantes lentos, Hebreos 5.11-14.
La fe es antídoto contra la duda, Hebreos 11.1-3.
Estudiantes bienaventurados, Apocalipsis 1.3.

EVOLUCIÓN
Distinción de especies, Génesis 1.24-25; 1 Corintios 15.39.
Similitud entre hombres y animales, Eclesiastés 3.18-19.
Declaración del Creador, Isaías 45.11-12 (LBD).
Necesidad de diseñador, Hebreos 3.4.
Alternativa de evolución, Hebreos 11.1-3.
Tierra formada del agua, 2 Pedro 3.5.

EXCUSA
Culpar a otros, Génesis 3.12.
Se creen incapaces, Éxodo 3.11; 4.10; Jueces 6.15; Jeremías 1.7.
Idolatría excusada, Éxodo 32.24.
Culpa al empleador, Mateo 25.24-25.
Primero lo primero, Lucas 9.59-62.
Excusas para no asistir a banquete, Lucas 14.16-24.

ÉXITO
Creación exitosa, Génesis 1.10,12,18,21,25.
Varón próspero, Génesis 39.2.
Promesa de éxito, Éxodo 34.10; Deuteronomio 26.19.
Poder divino de hacer riquezas, Deuteronomio 8.18.
El Señor provee el éxito, Deuteronomio 28.6.
Lleno de bendición, Deuteronomio 33.23.
Grandeza de José, Josué 4.14.
Éxito al seguir a Gedeón, Jueces 7.17-18.
De pastorcillo a rey, 2 Samuel 7.1-16.
Dios da fortaleza, 2 Samuel 22.33.
Fórmula del éxito, 2 Crónicas 26.5.
Triunfan con ayuda de Dios, Nehemías 6.16.
Prosperidad en todo, Salmo 1.3.
Guía divina del éxito, Salmo 37.23-24.
Dios favorecedor, Salmo 57.2.
Gloria a Dios por el éxito, Salmos 115.1; 118.23.
Verdadera prosperidad, Proverbios 3.1-4.
Clave del éxito, Proverbios 16.3; 21.30.
Buscar primero el Reino de Dios, Proverbios 21.21; Mateo 6.33.
Humildad y Temor de Dios, Proverbios 22.4.
Confianza en Dios, Proverbios 22.29.
El justo cae y se levanta, Proverbios 24.15-16.
Éxito vano, Eclesiastés 2.4-11.
Éxito inicuo, Eclesiastés 8.14.
La victoria no es siempre para fuertes, Eclesiastés 9.11.
Fruto de la generosidad, Isaías 32.8.
Hombre que rechaza soborno, Isaías 33.15-16.
Camino prosperado, Isaías 48.15.
Éxito en toda circunstancia, Jeremías 17.7-8.
Prosperidad y conducta, Daniel 4.27.
Dan gloria por éxito a ídolos, Oseas 10.1.
No por fuerza sino por Espíritu, Zacarías 4.6.
Medida de grandeza, Mateo 20.25-28.
Pesca milagrosa, Lucas 5.1-11.
Éxito les da gozo, Lucas 10.17-20.

La Vid verdadera, Juan 15.1-8.
Escogidos para guiar y bendecir, Juan 15.16.
Hablar solo del evangelio, Romanos 15.18-19.
El éxito viene de Dios, 1 Corintios 3.6-8.
En estadio uno gana, en Dios todos ganan, 1 Corintios 9.24-27.
Triunfar en Cristo, 2 Corintios 2.14.
Gloriarse en el Señor, 2 Corintios 10.17-18.
Recomendación, Filipenses 2.19-23.
Proseguir a la meta, Filipenses 3.12-13.
Éxito divulgado, 1 Tesalonicenses 1.8-10.
Gozo y gloria, 1 Tesalonicenses 2.17-19.
Alabanza a Dios por éxito en ministerio, 1 Tesalonicenses 3.8-10.
Éxito espiritual, 2 Tesalonicenses 1.11-12.
Preparados por Dios para triunfar, Hebreos 13.20-21.
Prosperidad económica pasajera, Santiago 1.10.
Mentalidad triunfadora, 1 Pedro 1.15.
Madurez de vida cristiana, 2 Pedro 1.5-9.
Certeza de triunfo, Judas 24-25.

F

FALSIFICAR
Muchos dirán que son Cristo en los últimos tiempos,
    Mateo 24.4-5, 24.
Identificación de un hipócrita, Lucas 13.23-27.
Líderes cristianos falsos, 2 Corintios 11.13-15.
Ministerio genuino, no falso, 2 Corintios 13.6.
Intelectualismo falso, 1 Timoteo 6.20.
Anuncio falso de vida santa, 1 Juan 1.8-10.

FALTA DE FE
Hace burla de la verdad, Génesis 17.17; 19.14.
Desacreditan a Moisés, Éxodo 4.1.
Incrédulo soberbio, Éxodo 5.2.
Cuestionan presencia de Dios, Éxodo 17.7.
Desobedientes, Deuteronomio 1.28-33.
Seguridad en victoria o en derrota, Josué 23.6-13.
Generación sin fe, Jueces 2.10.
Pesimismo de incrédulo, 2 Reyes 18.29-35.
Sin Dios, sin sacerdote y sin ley, 2 Crónicas 15.3.
Muerte para incrédulos, 2 Crónicas 15.13.

Rebeldía de impíos prósperos, Job 21.7-16.
Rebeldes a la luz, Job 24.13.
Contraste entre creyente e incrédulo, Salmo 1.1-6.
No creen maravillas de Dios, Salmo 78.32.
Incredulidad, Isaías 53.1.
Juicio para incrédulos, Ezequiel 11.7-12.
Juicio contra idólatras, Ezequiel 14.1-11.
Burlas ante palabras de Jesús, Mateo 9.23-24.
Atribuyen obra de Dios a demonios, Mateo 9.34.
Obstáculo a los milagros, Mateo 13.58.
Exigen aumento de fe, Juan 9.24.
Incrédulos enfrentan señales, Juan 12.37-40.
Acciones por ignorancia, Hechos 3.17.
No creen respuesta a oraciones, Hechos 12.13-15.
Idolatría intelectual, Hechos 17.16-34.
Certeza de incrédulo, Hechos 19.35-36.
Mentes vacías y entenebrecidas, Romanos 1.21.
Locura para incrédulos, 1 Corintios 1.18.
Olor de vida y olor de muerte, 2 Corintios 2.16.
Cegados por Satanás, 2 Corintios 4.1-6.
Peligro del orgullo intelectual, 2 Timoteo 3.7.
De mal en peor, 2 Timoteo 3.13.
Palabra acompañada de fe, Hebreos 4.1-3.
Recaída y renovación, Hebreos 6.6.
Burladores en días postreros, 2 Pedro 3.3-4.
Niegan que Jesús es el Cristo, 1 Juan 2.22-23.
Tienen su parte en lago de fuego, Apocalipsis 21.8.

FELICIDAD
Comida feliz, Deuteronomio 27.7.
Todos felices, 1 Crónicas 12.40.
Felicidad en el pueblo, Nehemías 8.10,12.
Felicidad por lectura bíblica, Nehemías 8.17-18.
Felicidad por riquezas, Job 31.25 (LBD).
Peticiones del corazón, Salmo 37.4.
Óleo de alegría, Salmo 45.7; Hebreos 1.9.
Alegría para los rectos, Salmo 97.11.
Clave de la felicidad, Salmo 100.3.
Boca saciada y rejuvenecimiento, Salmo 103.5.
Delicias en estudiar la Biblia, Salmo 119.24.
Disfrutar frutos del trabajo, Salmo 128.2.
Felicidad evasiva, Eclesiastés 1.16-18; 6.8.
Gozo perpetuo como corona, Isaías 35.10; 51.11.
Felicidad en el olvido, Lamentaciones 3.17.

Gozo para todos, Lucas 2.10.
Banquete para Jesús, Lucas 5.27-35.
Agua viva del interior, Juan 7.37-39.
Gozo total, Juan 15.11.
Consuelo de aflicciones, 2 Corintios 1.3-5.
Colaboración con gozo ajeno, 2 Corintios 1.24.
Regocijarse en el Señor, Filipenses 4.4.
Óleo de alegría, Hebreos 1.9.
Gozo en tribulaciones, Santiago 1.2-4.
Gozo inefable y glorioso, 1 Pedro 1.8-9.
Gozo de buena reputación, 3 Juan 3-4.
Fuente de felicidad, Judas 24-25.

FEMINISTA
Nombre genérico para ambos sexos, Génesis 5.2.
Mujeres en acontecimientos históricos, Mateo 28.8; Marcos 15.47;
   Lucas 2.36-38; Juan 20.1; Hechos 16.13-14.

FERTILIDAD (Humana)
Mandato divino, Génesis 1.28; 9.7.
Embarazo a edad avanzada, Génesis 16.16; 17.1-21; 21.1-5.
Se abre matriz cerrada, Génesis 20.17-18.
Embarazo en respuesta de oración, Génesis 25.21.
Moral en el Antiguo Testamento, Génesis 30.1-24.
Fuera de edad de concebir, Rut 1.11.
Oración por fertilidad, Rut 4.11-12 (LBD).
Esposas fértiles y estériles, 1 Samuel 1.2-8,20.
Ana sin hijos, 1 Samuel 1.5,20; 2.21.
Bendición de muchos hijos, Salmo 127.5.
Ramera fértil, Jeremías 2.20.

FERTILIDAD (Tierra)
Sangre derramada en la tierra, Deuteronomio 12.23-24.
Paja y basurero, Isaías 25.10 (VP).
«Valle fértil», Isaías 28.4.
Tierra estéril convertida en fértil, Isaías 41.18-20.
Hierba y álamos florecientes, Isaías 44.4 (VP).
Tierra fértil, Jeremías 2.7 (LBD).
Huesos humanos fertilizan tierra, Jeremías 8.1-3 (RVA).
Desierto convertido en huerto, Ezequiel 36.35.

FILOSOFÍA
Filosofía de la vanidad, Eclesiastés 1.2.
Frágil sabiduría humana, Isaías 29.14.

Filósofos menosprecian el mensaje, Hechos 17.18.
Necios se creen sabios, Romanos 1.22.
Sabiduría de hombres, 1 Corintios 1.19-20; 2.6; 3.19-20.
Filosofías de hombres, Colosenses 2.8.

FINANZAS
Valores monetarios, Levítico 27.25.
Política de préstamos generosa, Deuteronomio 15.7-8.
Cofre del templo para contribuciones, 2 Reyes 12.9-14 (LBD).
Cuentas del templo, 2 Crónicas 34.14.
Dinero sin intereses, Salmo 15.5.
Evitar ataduras económicas imprudentes, Proverbios 6.1-5 (LBD).
Ni acreedor ni deudor, Jeremías 15.10 (LBD).
Tesoros en la tierra o en el cielo, Mateo 6.19-21.
Estimar costos con antelación, Lucas 14.28-30.
Ecuaciones humanas y poder divino, Juan 6.1-13.
Importancia de pagar deudas, Romanos 13.7-8.
Contribuir para gastos del ministerio, Filipenses 4.15-19.
Pablo trabaja por su sustento, 1 Tesalonicenses 2.9;
    2 Tesalonicenses 3.6-10.
Pobreza soportada glorifica a Dios, Hebreos 11.37-38.
Evitar financiamiento pagano, 3 Juan 7.

FLIRTEO
Fijarse en sexo opuesto, Génesis 6.1-2 (LBD).
Echar miradas amorosas, Génesis 39.7 (LBD).
Mirada lujuriosa, Job 31.1.
Mujeres altivas de Sion, Isaías 3.16-17.
Enseñan a coquetear, Jeremías 2.33.
Conducta adúltera, Oseas 2.2.

FORASTERO
Regla de oro hacia extranjeros, Éxodo 22.21; Levítico 19.34.
Cortesía con forasteros, Éxodo 23.9.
Temor de extranjeros, Números 13.17-33.
Ministro forastero, Deuteronomio 18.6-8.
Cortesía especial para forastero, Rut 2.14-18.
Malinterpretan buen gesto de extranjero, 2 Samuel 10.1-4.
Refugio para forasteros, Job 31.32.
Identidad de extranjero, Marcos 14.13-15.
Posar en casas de desconocidos, Lucas 10.5-12.
Forastero con recomendación, 1 Corintios 16.10-11.
Hospedador, Tito 1.8.
No olvidarse de hospitalidad, Hebreos 13.2.

Compañerismo, Santiago 2.1-4.
Amor por forasteros, 1 Pedro 4.9.

FORNICACIÓN
Corazón fornicario, Ezequiel 6.9.
Insaciable, Ezequiel 16.23-30.
Perversión desenfrenada, 1 Corintios 5.1; 6.9; 2 Corintios 12.21;
   Judas 7.
Caso de inmoralidad, 1 Corintios 5.1,2.

FRACASO
Cuando Dios interrumpe un plan, Génesis 11.1-9.
Campos con mala cosecha, Deuteronomio 28.38-42.
Convertir fracaso en éxito, 1 Reyes 8.33-34.
Menospreciar al fracasado, Job 12.5.
Fracaso admitido, Job 17.11.
Éxito condenado al fracaso, Job 24.22.
Efecto debilitador de la pobreza, Proverbios 10.15.
Alegrarse por el fracaso del enemigo, Proverbios 24.17-18.
Súplica para no fracasar, Jeremías 17.18.
Regocijo de enemigos, Lamentaciones 1.21.
Burla a ciudad que una vez se alabó, Lamentaciones 2.15.
Visión desaparecida, Ezequiel 12.22-25.
Fracasan sabios de Nabucodonosor, Daniel 2.1-11.
Fracaso arquitectónico, Mateo 7.27.
Sanidad fracasada, Mateo 17.16.
Fracaso de pescadores, Lucas 5.1-11.
Muerte de guardias fracasados, Hechos 12.18-19.
Fe versus fracaso, Romanos 4.18-22.
Vida fracasada, 1 Corintios 3.15; Hebreos 4.6.
Temor al fracaso, Gálatas 2.1-2.
Reveses afortunados, 1 Tesalonicenses 2.1-2.

FRAUDE
Razonamiento satánico, Génesis 3.1-5.
Esposa se hace pasar por hermana, Génesis 12.10-20; 20.2; 26.7.
Personificación de hermano, Génesis 27.6-23.
Ídolos escondidos, Génesis 31.31-35.
Circuncisión como estratagema, Génesis 34.13-31.
José engañado por sus hermanos, Génesis 42—44.
No engañar al prójimo, Levítico 19.13.
Puñal de dos filos, Jueces 3.12-21.
Sansón y Dalila, Jueces 16.4-20.
Pretender locura, 1 Samuel 21.10-15.

Incesto por engaño, 2 Samuel 13.1-14.
Intento de engaño, Nehemías 6.1-14.
Obra falsa del impío, Proverbios 11.18.
Lengua falsa, Proverbios 26.28.
Cambio de valores, Isaías 5.20.
Desconfiar de compañeros y amigos, Jeremías 9.4-8.
Autoengaño, Jeremías 37.9.
Creer mentiras, Jeremías 43.1-7.
Abominan la verdad, Amós 5.10.
Aborrecer al justo, Amós 5.10.
No exonerar el fraude, Miqueas 6.11.
Estratagema de Herodes, Mateo 2.7-12.
Fariseos hipócritas, Mateo 22.15-22.
Quieren prender a Jesús por engaño, Marcos 14.1.
Ananías y Safira, Hechos 5.1-9.
Consideran conversión como fraude, Hechos 9.26-27.
Creyentes en litigio, 1 Corintios 6.3-8.
Acusación de engañar, 2 Corintios 12.16.
Ganancias fraudulentas, Santiago 5.4-5.
Falsos maestros, 2 Pedro 2.1.

FRUSTRACIÓN
Frustrado de la vida, Job 6.11.
«Meses desalentadores», Job 7.3 (LBD).
Planes frustrados, Job 17.11 (VP).
Frustración a dos manos, Eclesiastés 4.6.

FUTURO
Promesa para Abraham, Génesis 13.14-17; 15.1-21 (observe: «polvo
de la tierra» como pueblo judío terrenal y «las estrellas» como la
futura iglesia o familia celestial).
Liberación profetizada, Génesis 50.24-25.
Promesa de Dios para David, 2 Samuel 7.12.
Plan invencible, Job 42.2.
Futuro asegurado, Salmo 2.7-9; 25.14.
Todo en manos de Dios, Salmo 31.15.
Esperanza futura, Salmo 37.37.
Esperanza por el futuro, Salmo 42.5.
Temor del futuro, Salmo 55.4-5.
Hijos nonatos, Salmos 78.6; 102.18; Isaías 49.1.
Futuro del malvado, Salmo 92.6-7.
Senda de justos, Proverbios 4.18.
Futuro en manos de Dios, Proverbios 20.24.
Jactarse del futuro, Proverbios 27.1.

Disfrutar presente y aceptar futuro, Eclesiastés 3.22.
La mañana viene, Isaías 21.11-12.
Nuevo futuro asegurado, Isaías 43.19; Habacuc 2.3.
Futuro en manos de Dios, Isaías 46.8-11; 1 Corintios 2.9-10.
Herramientas de adivinación, Isaías 65.11.
Planes futuros de Dios, Jeremías 29.11-13.
Buenas y malas noticias, Jeremías 34.1-7.
Rey desesperado consulta profeta, Jeremías 38.14-28.
Libro del futuro, Daniel 10.20-21 (LBD).
Profecía oculta al profeta, Daniel 12.8-9,13.
Futura expansión asegurada, Miqueas 7.11.
Ciudad sin futuro, Nahum 1.14.
Muerte y resurrección anunciada, Mateo 16.21; 20.17-19.
Ángel profetiza futuro de Juan el Bautista, Lucas 1.11-17.
Confianza en futuro invisible, 2 Corintios 4.18.
Futuro pronosticado, Gálatas 3.8.
Cumplimiento del futuro, Efesios 1.9-10.
Ciudadanía en los cielos, Filipenses 3.20-21.
Futuro incierto, Santiago 4.13-16.
Herencia de futuro imperecedero, 1 Pedro 1.3-4.
Bendición futura ilimitada, 1 Juan 3.1-3.
Palabra segura de profecía, Apocalipsis 22.10.

G

GARANTÍA
Promesa de Dios a Noé, Génesis 9.8-16.
Hijos como garantía, Génesis 42.37.
Préstamo garantizado, Deuteronomio 24.10-13.
Bienestar garantizado, Salmo 119.122.
Garantía de vida eterna, 1 Juan 5.11-12.

GENEROSIDAD
Dar con generosidad y de corazón, Éxodo 25.2.
Generosidad en todo tiempo, Salmo 37.26.
Digno de generosidad, Proverbios 3.27-28.
Prosperidad y pobreza, Proverbios 11.24-25.
Prestar al pobre es prestar al Señor, Proverbios 19.17 (VP).
Bendición para hombre generoso, Proverbios 22.9.
Generosos con todos, Mateo 5.42.
Actos secretos de amor, Mateo 6.1-4.

Pago generoso en la viña, Mateo 20.1-16.
«Sencillez de corazón», Hechos 2.46 (NVI).
Extrema pobreza motiva generosidad, 2 Corintios 8.2.
Generosidad del pobre, 2 Corintios 8.2-5.
Gracia de dar, 2 Corintios 8.7.
Fruto de la ofrenda, 2 Corintios 9.6-11.
Generosidad recompensada, 2 Corintios 9.6-11.
Fruto del Espíritu Santo, Gálatas 5.22.
Generosa gracia de Dios, Efesios 1.7-8.

GENÉTICA
Hijo semejante al padre, Génesis 5.1-3.
Experimento de genética animal, Génesis 30.37-39.
Animales y semillas, Levítico 19.19.
Ganado productivo, Job 21.10.

GLOTONERÍA
Maná y gusanos, Éxodo 16.18-27.
Glotonería del pueblo, Números 11.18-20,31-34.
Ansias de comer carne, Deuteronomio 12.20.
Cuchillo en la garganta, Proverbios 23.1-3.
Camino seguro a la pobreza, Proverbios 23.21.
Demasiada miel, Proverbios 25.16.
Necio saciado, Proverbios 30.21-22.
Estómago lleno impide dormir, Eclesiastés 5.12 (LBD).
Manjares suculentos y vinos refinados, Isaías 25.6 (RVA).
Aturdidos con vino, Isaías 28.1.
Glotonería canina, Isaías 56.11.
Glotonería simbólica, Jeremías 51.34.
Glotonería de acaudalados, Amós 6.4-7.
Comer, beber y regocijarse, Lucas 12.19-20.
Cena sacrílega, 1 Corintios 11.20-22.
Hambre física y provisión espiritual, 1 Corintios 11.34.
Glotonería inmoral, Efesios 4.19.
Vientre como dios, Filipenses 3.19.

GUERRA
Victoria asegurada con anticipación, Números 21.34.
Pueblo numeroso, Números 22.2-4.
Dios más grande que los números, Deuteronomio 20.1.
Civiles y militares, Deuteronomio 20.5-9.
Precio de la posesión, Josué 1.12-15.
Guerra de guerrillas, Josué 8.14-29.
Supremacía aparente, Josué 11.1-6.

Naciones enemigas, Jueces 3.1-2.
Excluidos de la batalla, Jueces 12.1-3.
Rendirse al poder de Dios, 1 Samuel 14.1-14.
Guerra perdida, 2 Samuel 1.27.
Todo pasa en la guerra, 2 Samuel 11.25.
Entrenamiento militar, 2 Samuel 22.35.
No pelear entre hermanos, 2 Crónicas 11.4.
Hijos destinados a la guerra, Job 27.14.
Entrenado para luchar, Salmo 18.34.
Valor en tiempo de guerra, Salmo 27.3.
Aborrecen la paz, Salmo 120.6-7.
Tiempo de guerra, Eclesiastés 3.8-43.
Paz milenial entre naciones, Isaías 2.4.
Horrible derrota, Isaías 13.11-18.
Declaración devastadora de juicio divino, Isaías 34.1-7.
Se burla del nombre de Dios, Isaías 36.18-21.
Arco quebrado, Jeremías 49.35.
Gran guerra contra Israel, Ezequiel 38 y 39.
Convertir hoces en lanzas, Joel 3.10.
No existe paz mundial sin Cristo, Mateo 24.6-8; Marcos 13.6-8.
Cuatro caballos, Apocalipsis 6.1-6.
Muere cuarta parte de la población mundial, Apocalipsis 6.8.
Gran batalla en el cielo, Apocalipsis 12.7.

H

HABILIDADES
Construcción de la torre de Babel, Génesis 11.1-6.
Destreza especial, Génesis 47.6.
Talento, habilidad dada por Dios, Éxodo 4.10-12; 6.30.
No solamente por fuerza, 1 Samuel 2.9.
Las habilidades dan confianza, 1 Samuel 17.32-37.
Valor y esfuerzo, 1 Crónicas 26.6.
Se ríen de las capacidades de los judíos, Nehemías 4.1-10.
Escritor talentoso, Salmo 45.1.
La carrera no es para los ligeros, ni para los fuertes,
    Eclesiastés 9.11.
La fortaleza y las habilidades fallan, Amós 2.14-16.
Capacidad de Jesús, Marcos 6.2-6.
Habilidades que da Dios, Hechos 6.8.
Confianza en las habilidades, 2 Corintios 11.5-6.

HÁBITO
Servir a Dios habitualmente, Génesis 24.40.
Pecado habitual, Salmo 9.29.
Maldecir habitualmente, Salmo 109.17-19.
Desobediencia habitual, Jeremías 2.5.
Habituados a hacer el mal, Jeremías 13.23; 22.21; Miqueas 2.1;
    Efesios 2.2.
Idolatría habitual, Oseas 4.12.
Fortaleza y confianza constante, Romanos 5.4-5 (LBD).
Hospitalidad habitual, Romanos 12.13 (LBD).
Hábito de vida espiritual, Gálatas 5.16; 2 Pedro 1.5-8.
Habituados a la esclavitud, 2 Pedro 2.19.
Pecado habitual, 1 Juan 3.9.

HECHICERÍA
Confrontación con magos de Egipto, Éxodo 4.1-5; 7.6-12.
Muerte para hechiceros, Éxodo 22.18.
Abandona hechicería, Números 24.1.
Profeta de Dios llamado vidente, 1 Samuel 9.8-9.
Consulta adivina en vez de orar con arrepentimiento,
    1 Samuel 28.5-20.
Adivina de Endor, 1 Samuel 28.5-25.
Hombre no tiene poder de resucitar, 2 Samuel 12.22-23.
Encantadores, adivinos y amuletos, 2 Reyes 23.24.
No consultar espiritistas, Isaías 8.19.
Muertos dan bienvenida, Isaías 14.9-10.
Locura de agoreros, Isaías 44.25.
Fortuna y destino, Isaías 65.11.
Adivinos, encantadores y agoreros, Jeremías 27.9-15.
Profetizan mentiras, Jeremías 27.9-15.
Uso de vendas mágicas, Ezequiel 13.20.
Velos mágicos, Ezequiel 13.18.
Mal llamados sabios, Daniel 2.1-4.
Fracaso de hechiceros, Daniel 5.7-8.
Sahumerios a la red, Habacuc 1.16.
Juicio para los hechiceros, Malaquías 3.5.
Simón de Samaria, Hechos 8.9-11.
Hechicero prestigioso, Hechos 8.9-11.
Hechicero visto como Dios, Hechos 8.10.
Libros de magia quemados, Hechos 19.19.

HÉROE
Ninguno como Moisés, Deuteronomio 34.10-12.
Fama de David, 2 Samuel 8.13.

Héroes anónimos, Hebreos 11.35-39.
Sufrimiento heroico, 1 Pedro 2.19.

HIJOS
Mensaje profético a un niño, 1 Samuel 3.1-14.
Niños que necesitan conversión, 1 Samuel 3.7.
Influencia del hijo, 1 Samuel 19.1-6.
Los muchos hijos de David, 2 Samuel 5.13-15.
Influencia de los padres, 1 Reyes 9.4; 22.52; 2 Crónicas 17.3; 22.3;
    Jeremías 9.14; Mateo 14.8; 2 Timoteo 1.5.
Niños ofrecidos en sacrificios paganos, 2 Reyes 3.26-27; 16.1-3;
    Ezequiel 16.20.
La influencia de una niña, 2 Reyes 5.1-3.
Niños buenos, padres malvados, 2 Reyes 12.2; 18.3; 22.2; 2 Crónicas 34.3.
Rey a los doce años, 2 Reyes 21.1.
Rey a los ocho años, 2 Reyes 22.1.
Josías, el niño rey, 2 Crónicas 34.1.
Destino de los padres, destino de los hijos, Ester 9.12-14.
Futuro gris, Job 27.14.
Pájaro atado para las niñas, Job 41.5.
Niños que alaban a Dios, Salmo 8.2.
Dios cuida al huérfano, Salmo 10.14.
Hija hermosa, Salmo 45.10-11.
Contarlo a la siguiente generación, Salmo 48.13.
Niño que recibe confianza en el Señor, Salmo 71.5-6,17-18.
Linaje de fe, Salmo 78.1-8.
Generaciones futuras, Salmo 102.18.
Compasión del padre hacia los hijos, Salmo 103.13-14.
Mujer estéril se convierte en madre feliz, Salmo 113.9.
Los niños son una bendición de Dios, Salmo 127.3-5.
Niños saludables, Salmo 128.3.
Matanza sádica, Salmo 137.9.
Oración por hijos e hijas, Salmo 144.12.
Mente receptiva de los niños, Proverbios 4.3-4.
Hijo entendido e hijo que avergüenza, Proverbios 10.5.
Vara de la disciplina, Proverbios 13.24.
Niños con inseguridad, Proverbios 14.26.
Hijos orgullosos de sus padres, Proverbios 17.6; Zacarías 10.7.
Dolor de hijo necio, Proverbios 17.25.
Hijos roban a sus padres, Proverbios 19.26; 28.24.
El carácter se forma desde niño, Proverbios 20.11.
Entrenar bien a un hijo, Proverbios 22.6.
La disciplina endereza el mal comportamiento, Proverbios 22.15;
    23.13-14.

Los hijos traen gozo a los padres, Proverbios 23.22-25.
El hijo sabio fortalece al padre, Proverbios 27.11.
Corrección, disciplina, Proverbios 29.15.
Disciplina recompensada, Proverbios 29.17.
Los que deshonran a sus padres, Proverbios 30.11.
Muchacho sabio, rey necio, Eclesiastés 4.13.
Padre de cien hijos, Eclesiastés 6.3.
Gobierno en mano de niños, Isaías 3.4.
Enseñanza espiritual, Isaías 54.13.
Hijos de padres malvados, Isaías 57.3.
Los que aún no han nacido, Jeremías 1.4-5; Hebreos 7.1,10.
De tal padre tal hijo, Jeremías 16.10-13.
Mejor no tener hijos, Jeremías 22.30.
Mandato del padre con respecto al vino, Jeremías 35.1-14.
Protección de huérfanos y viudas, Jeremías 49.11.
Hijos que mueren en los brazos de su madre,
    Lamentaciones 2.12.
Niños sin alimentos ni agua, Lamentaciones 4.4.
Madres caníbales, Lamentaciones 4.10.
Niños sacrificados a los ídolos, Ezequiel 16.20; 23.37.
Cuándo desobedecer a los padres, Ezequiel 20.18-21.
Niños sin tacha, Daniel 1.4.
Incapaz de tener hijos, Oseas 9.11.
Niños que pierden su verdadero valor, Joel 3.3.
Disciplina para los que uno ama mucho, Amós 3.2.
El evangelio pone a padres contra hijos, Mateo 10.32-36.
Desea hijo prestigioso, Mateo 20.20-28.
Más que relaciones humanas, Mateo 22.41-46.
Obediencia del niño Jesús, Lucas 2.41-52.
Equilibrada vida de Jesús, Lucas 2.52.
Preocupación por único hijo, Lucas 9.38.
Los padres mantienen a sus hijos, no los hijos a sus padres,
    2 Corintios 12.14.
Imitar a los padres, Efesios 5.1.
Disciplina de niños, Efesios 6.4; 1 Timoteo 3.4.
Instrucción, aliento a los niños, Colosenses 3.20-21.
La fe de una abuela pasa al nieto, 2 Timoteo 1.5.
Influencia bíblica desde la niñez, 2 Timoteo 3.15.
Niños ejemplares, Tito 1.6.
El Señor toma de la mano, Hebreos 8.9.
La ley de Dios en el corazón y mente, Hebreos 8.10.
Importancia de la disciplina, Hebreos 12.5.11.
Hijos de padres buenos, 2 Juan 4.
Niños cristianos, 3 Juan 4.

HIPOCRESÍA
Falso arrepentimiento, Éxodo 9.27.
Corazones infatuados, Deuteronomio 11.6.
Armonía fingida, Jueces 11.1-10.
Recto pero no de corazón, 2 Crónicas 25.2.
Lo acusan de hipócrita, Job 4.1-5; 11.4-6.
Hermanos indignos de confianza, Job 6.15-17.
Imposible burlarse de Dios, Job 13.9.
Condenado por su propia boca, Job 15.6.
No se sienta con hipócritas, Salmo 26.4.
Malos que hablan de paz, Salmo 28.3.
Cordialidad de hipócritas, Salmo 28.3.
Hacen lo contrario de lo que hablan, Salmo 55.21; 62.4.
Oraciones hipócritas, Salmo 80.4.
Oración contada por pecado, Salmo 109.7.
Hombres hipócritas, Salmo 119.113.
Labios lisonjeros, Proverbios 26.23.
Bondad en labios y maldad en corazón, Proverbios 26.24-16.
Besos de hipócrita, Proverbios 27.6.
Religiosidad en la mañana, Proverbios 27.14.
Oración abominable, Proverbios 28.9.
Hipócritas espantados, Isaías 33.14.
Juramentos sin sentido, Isaías 48.1-2.
Clamor hipócrita, Isaías 58.1-2.
Ayuno de hipócritas, Isaías 58.4-5.
Se creen más santos que los demás, Isaías 65.4-5.
Juran en falso, Jeremías 5.1-2.
Hipocresía absoluta, Jeremías 7.9-11.
Falsa armonía, Jeremías 12.6.
Idólatras hipócritas, Ezequiel 14.4.
Castigo para hipócritas, Ezequiel 16.56-57.
Avarientos que halagan con la boca, Ezequiel 33.31.
Jactancia de hipócrita, Oseas 12.8.
Mal uso de bendiciones divinas, Oseas 13.6.
Pecan pero diezman, Amós 4.4-5.
Afirmación hipócrita, Jonás 1.9.
Líderes y sacerdotes hipócritas, Miqueas 3.11.
Adoran a Dios y a Milcom, Sofonías 1.5.
Ofrendas inmundas de personas inmundas, Hageo 2.13-14.
Ayuno y arrepentimiento de hipócritas, Zacarías 7.1-6.
Arrepentimiento de hipócritas, Malaquías 2.13.
El hipócrita Herodes, Mateo 2.7-8,13.
Hipocresía de Satanás, Mateo 4.1-11.
Justicia de fariseos, Mateo 5.20.

Justicia humana delante de hombres, Mateo 6.1.
Recompensa para hipócritas, Mateo 6.5.
Rostros de hipócritas, Mateo 6.16-18.
Súplica de hipócritas, Mateo 7.21-23.
Muchachos hipócritas, Mateo 11.16-17.
Hipocresía de fariseos, Mateo 15.7-9; 21.31-32; 23.1-3;
    Lucas 11.45-54.
Pide misericordia y no la tiene con otros, Mateo 18.23-35.
Sin vestiduras adecuadas, Mateo 22.1-13.
Limpios por fuera e inmundos por dentro, Mateo 23.25-28.
Hipocresía semejante al asesinato, Mateo 23.29-32.
Servidor fiel y servidor infiel, Mateo 24.45-51.
Honra de labios, Marcos 7.6.
Milagros hipócritas, Marcos 9.38-41.
Hipocresía de fariseos, Marcos 12.15-17.
Practicar lo que se predica, Lucas 3.7-8.
Meteorólogos hipócritas, Lucas 12.56.
Identificación de hipócritas, Lucas 13.23-27.
Espionaje de hipócritas, Lucas 20.20.
Alabanza hipócrita, Juan 5.41-42.
Síndrome de hipocresía, Juan 7.19.
Búsqueda engañosa de salvación, Juan 10.1.
Hipócrita juzga a otros, Romanos 2.1.
No hacen lo que predican, Romanos 2.21-24.
Los que causan divisiones, Romanos 16.17-18.
Cristianos solo de nombre, Gálatas 2.4.
Hipocresía social, Gálatas 2.11-13.
Falso celo, Gálatas 4.17.
Legalistas hipócritas, Gálatas 6.12-15.
Humildad fingida, Colosenses 2.18.
Hipocresía de mentirosos, 1 Timoteo 4.2.
Hipócritas con apariencia de piedad, 2 Timoteo 3.5.
Caminar sin hipocresía, Tito 1.16; 1 Juan 2.4-6; Judas 12.13.
Sin freno en la lengua, Santiago 1.26.
Sabiduría sin hipocresía, Santiago 3.17.
Andan en tinieblas, 1 Juan 1.5-7.
Hipocresía desorganizadora, 3 Juan 9-10.
Uso malvado de libertad cristiana, Judas 4.
Muerto con fama de estar vivo, Apocalipsis 3.1.

HIPOTECA
No hipotecar herramienta de trabajo, Deuteronomio 24.6.
Hipotecar para comer, Nehemías 5.3.
Préstamos, Proverbios 22.7.

HISTORIA

José el desconocido, Éxodo 1.8.
Desde Egipto hasta el Jordán, Números 33.1-49.
Preguntar por tiempos pasados, Deuteronomio 4.32-35.
Tiempos antiguos, Deuteronomio 32.7.
Participantes vivos de la historia, Josué 24.31.
Extensa genealogía, 1 Crónicas 1.1-5—5.38.
Libro de memorias y crónicas, Ester 6.1.
Preguntar a generaciones pasadas, Job 8.8-13; Salmo 78.2-3.
Historia en manos de Dios, Job 12.23; 34.29-30; Salmos 2.1-6; 113.4.
Apostasía de naciones, Salmo 2.1-3.
Destino inevitable de gobiernos mundiales, Salmo 2.7-9.
Dios tiene la última palabra, Salmo 9.5.
Caen en su propia trampa, Salmo 9.15.
Promesa de Dios para Israel, Salmo 45.16.
Paz de Dios cubre la tierra, Salmo 46.8-10.
Aprender de la historia, Salmo 77.5,11-12.
Historia en cánticos, Salmos 78.1-72; 106.1-48.
Épocas prehistóricas, Salmo 93.2.
Mano de Dios en la historia, Salmo 111.2-4.
La historia se repite, Eclesiastés 1.9; 3.15.
Historia humana, Eclesiastés 9.14-15.
Registro de visión, Isaías 30.8.
Evaluación divina de naciones, Isaías 40.15-17.
Dios conoce pasado y futuro, Isaías 46.10-11.
Ruinas reedificadas, Isaías 58.12.
Se lleva tiempo desarrollar una nación, Isaías 66.8.
Olvidan arca del pacto, Jeremías 3.16.
Dios cumple la promesa, Ezequiel 20.42.
Registro de fecha, Ezequiel 24.2.
Imagen representada de historia mundial, Daniel 2.29-45.
Bondad divina en historia de Israel, Miqueas 6.3-5.
Los días postreros, Marcos 13.1-37.
Señales que confirman, Marcos 16.20.
Acontecimientos del Nuevo Testamento, Lucas 1.1-2.
Sucesión histórica de acontecimientos, Lucas 1.3-4.
Identificación de Jesús con la historia, Juan 8.57-58.
Propósito de historia sagrada, Juan 20.30-31.
Historia irrecopilable, Juan 21.25.
Se defiende citando la historia, Hechos 7.1-60.
Resumen del Antiguo Testamento, Hechos 13.16-41.
Plan de Dios a través de la historia, Romanos 1.1-6.
Propósito final de la creación, Romanos 8.18-23.
Certeza de juicio futuro, Romanos 9.28.

Lecciones de la historia, 1 Corintios 10.1-12.
Cumplimiento de la historia, Efesios 1.9-10.
Historia concisa de Cristo, 1 Timoteo 3.16.
Influencia demoníaca en la historia, Apocalipsis 16.13-14.
Cuando el mal sirve a los propósitos divinos, Apocalipsis 17.17.

HOMOSEXUAL
Acosan ángeles en Sodoma, Génesis 19.5.
Relaciones prohibidas, Levítico 18.22-23; 20.13.
Prostitutos, Deuteronomio 23.17.
Conducta homosexual, Jueces 19.22-24.
Conducta aprobada entre hombres, 1 Samuel 18.1-4; 20.17-41;
    2 Samuel 1.26; 19.1-6.
Erradicación de sodomitas, 1 Reyes 15.12 (véase 14.24).
Vida de perdición, Job 36.14.
Prostitución infantil, Joel 3.3.
Deshonran sus cuerpos, Romanos 1.24-27.
Condenación de actividad homosexual, 1 Corintios 6.9-10.
Perversión sexual, 1 Timoteo 1.10.
Madre de abominaciones, Apocalipsis 17.5.

HOMOSEXUALIDAD
Hechos vergonzosos entre hombres, Romanos 1.27; 1 Corintios 6.9;
    Judas 7.

HONESTIDAD
Honestidad a toda prueba, 2 Corintios 7.2.

HONRADEZ
Liderazgo honesto, Números 16.15; 1 Samuel 12.1-5.
Honradez da longevidad, Deuteronomio 25.15.
Rechaza soborno, 2 Samuel 18.12; 1 Reyes 13.8.
No piden recibos, 2 Reyes 12.15.
Trabajadores honrados, 2 Crónicas 34.12.
Clamor por honradez, Job 33.1-5.
Honradez ante Dios, Salmo 24.3-4.
Integridad y rectitud, Salmo 25.21.
Sin engaño en casa de Dios, Salmo 101.7.
Impiedad y justicia, Proverbios 12.13.
Bendición generacional, Proverbios 20.7.
Pesos y medidas, Proverbios 20.10; Ezequiel 45.9-10.
Respuesta honesta, Proverbios 24.26.
Reprensión manifiesta, Proverbios 27.5.
Odian honradez, Proverbios 29.10; Amós 5.10.

Deseo de integridad, Proverbios 30.7-9.
Búsqueda de hombre honrado, Jeremías 5.1.
No hablan mentira, Sofonías 3.13.
Advertencia para publicanos, Lucas 3.12-13.
Sencillez y sinceridad divinas, 2 Corintios 1.12.
Crecer en honradez, Efesios 4.14-15.
Testimonio de hombre y testimonio de Dios, 1 Juan 5.9.

HUÉRFANO
Alzar la mano al huérfano, Job 31.21.

HUMILLACIÓN
Humillación de los hermanos de José, Génesis 44.1-34.
Extranjeros humillan nativos, Deuteronomio 28.43-44.
Cortan pulgares en manos y pies, Jueces 1.7.
David y Saúl, 1 Samuel 18.7 (véase 21.11; 29.5).
Mala interpretación de acto bondadoso, 2 Samuel 10.1-4.
Despojado de gloria, Job 19.9.
Escarnio de insensato, Salmo 39.8.
Humillación de ciudad amurallada, Isaías 27.10.
Silencio y tinieblas, Isaías 47.5.
Caída de Moab, Jeremías 48.16-39.
Arrogancia degradada, Jeremías 50.32; Malaquías 4.1.
Humillación de Jerusalén, Lamentaciones 1.1.
Humillación de Satanás, Ezequiel 28.11-19.
Humillación en la cruz, Mateo 27.39-44.
Pregunta de Pilato al Rey de reyes, Marcos 15.2.
Humillación antes de crucifixión, Juan 19.1-3.
Vituperios y tribulaciones, Hebreos 10.33.

HUMOR
Paraíso de pescadores, Génesis 1.20-21.
Al fin una esposa, Génesis 2.23.
Caen en pozos de asfalto, Génesis 14.10.
Enigmática descripción de niño por nacer, Génesis 16.11-12.
Expertos en comida rápida, Génesis 18.6-7.
Risa de tristeza, Génesis 18.10-15.
No es motivo de risa, Génesis 19.14.
Recién nacido llamado «risa», Génesis 21.1-6.
Vara devoradora, Éxodo 7.8-12.
Asna que habla, Números 22.21-34.
Ni un centímetro de espacio, Deuteronomio 2.5.
Murciélago al horno, Deuteronomio 14.18.
No arar con buey y asno juntos, Deuteronomio 22.10.

Humor negro, Deuteronomio 28.35.
Se cree oveja, Jueces 5.16.
Protegen ídolo inofensivo, Jueces 6.31.
Tienda asolada por pan gigantesco, Jueces 7.13.
Vagabundos de alquiler, Jueces 9.4.
Árboles buscan rey, Jueces 9.7-15.
Bocón, Jueces 9.38.
Sesenta biberones, Jueces 12.9 (véase v. 14).
Gritos causan terremoto, 1 Samuel 4.5.
Candidato a rey lleno de miedo, 1 Samuel 10.21-22.
Elegancia de Goliat, 1 Samuel 17.4-7.
Joven hermoso enfrenta fanfarrón grande y feo,
     1 Samuel 17.42-47.
Todo sea por la paz, 1 Samuel 25.6.
Cacería de pulgas, 1 Samuel 26.20.
Se agarra de la barba para hundirle la daga, 2 Samuel 20.9-10.
Enviado del ministerio de relaciones públicas, 1 Reyes 1.42.
Monos y pavos reales en aduana, 1 Reyes 10.22; 2 Crónicas 9.21.
Caída le afecta el cerebro, 2 Reyes 1.2.
Primera nave espacial, 2 Reyes 2.11.
Acueducto municipal, 2 Reyes 2.19-22.
Hasta que la barba parezca corbata, 1 Crónicas 19.5.
Unos lloran y otros ríen, Esdras 3.12-13.
Se prohíbe golpear al marido, Ester 1.22.
Ahorcado en su propia horca, Ester 5.14; 7.5-10.
Lectura contra insomnio, Ester 6.1.
Hombre amamantado por asna, Job 11.12.
Indigestión, Job 20.20.
Sarcasmo divino, Job 38.35.
Cortos de inteligencia, Job 39.13-17.
Elefante se esconde en el pasto, Job 40.15-24.
Cocodrilo juguetón, Job 41.5.
Hacen reír a Dios, Salmo 2.4.
Tremendo boxeador, Salmo 3.7.
Festejan antes de vencer, Salmo 35.25.
Áspid desconcentrada, Salmo 58.4-5.
Ranas encantadas, Salmo 105.30.
Sordos criticones, Salmo 106.25.
Desprecio maloliente, Salmo 108.9.
Bocas llenas de risa, Salmo 126.2.
Los llevan al infierno y quieren que canten, Salmo 137.3.
Cerdo con diamante en el hocico, Proverbios 11.22.
Mejor legumbres que buey engordado con odio, Proverbios 15.17.
Buena vista y huesos sanos, Proverbios 15.30.

El hambre es antídoto contra la pereza, Proverbios 16.26.
En boca cerrada no entran moscas, Proverbios 17.28.
El pez muere por su propia boca, Proverbios 18.13.
Mujer insoportable, Proverbios 19.13.
Matrimonio hecho en el cielo, Proverbios 19.14.
Compra ganga, Proverbios 20.14.
Cama hipotecada, Proverbios 22.27.
Dieta con garganta cortada, Proverbios 23.1-3.
Comida indigesta, Proverbios 23.6-8.
Buen candidato para Alcohólicos Anónimos, Proverbios 23.30-35.
Besos sinceros, Proverbios 24.26.
Dormilón, Proverbios 24.33-34.
Nieve en el verano, Proverbios 26.1.
Sabiduría de necios, Proverbios 26.3-13.
Necio que se cree sabio, Proverbios 26.5.
Dilema de borracho, Proverbios 26.9.
Perezoso hasta para dormir, Proverbios 26.14.
Perezoso hasta para comer, Proverbios 26.15.
Herido en pleito ajeno, Proverbios 26.17.
Lo amargo es dulce para el hambriento, Proverbios 27.7.
Idólatra madruga en vano, Proverbios 27.14.
El que persigue fantasías, Proverbios 28.19.
Le dan la mano y se agarra del codo, Proverbios 29.21.
Araña en palacio real, Proverbios 30.28.
Mantequilla, ira y hemorragia, Proverbios 30.33.
Premio a la ignorancia, Eclesiastés 1.18.
Que se cuiden los políticos, Eclesiastés 5.8.
Verborrea, Eclesiastés 6.11.
También hay heridas en el pasado, Eclesiastés 7.10.
Necios desorientados, Eclesiastés 10.15.
Se le cae el techo encima, Eclesiastés 10.18.
El dinero no compra todo, Eclesiastés 10.19.
Pájaros chismosos, Eclesiastés 10.20.
Labriego meteorólogo, Eclesiastés 11.4.
Hastiado de libros, Eclesiastés 12.12.
Chiflido de Dios, Isaías 5.26; 7.18.
Nombre interminable y extraño, Isaías 8.1.
Pájaros cobardes, Isaías 10.14.
Gigante en cama de enano, Isaías 28.20.
Sueña con comida y despierta con más hambre, Isaías 29.8.
Como cerdo al matadero, Isaías 37.29.
Ídolo que no sostienen se cae, Isaías 41.7.
Perros con buen apetito, Isaías 56.11.
No son machos pero son muchos, Jeremías 2.28.

«Playboy» libertino, Jeremías 5.8.
Espantapájaros en cementerio, Jeremías 10.5.
El colmo de lo vano, Jeremías 10.15.
Perdedor pretencioso, Jeremías 12.5.
No pone huevos y pretende tener polluelos, Jeremías 17.11.
Burla y tragedia, Jeremías 25.9.
Becerra al matadero, Jeremías 46.20.
De bromista a motivo de broma, Ezequiel 16.56-57.
Adivinación hepática, Ezequiel 21.21.
Muerto de miedo, Daniel 5.6.
Cambia cebada por esposa, Oseas 3.2.
Esposas mandonas, Amós 4.1.
De mal en peor, Amós 5.19.
Con algas hasta el cuello, Jonás 2.5.
Indigestión para pez que tragó a Jonás, Jonás 2.10.
No confiar ni en la sombra, Miqueas 7.5.
Semáforos alocados, Nahum 2.4.
Ollas sagradas, Zacarías 14.20.
Saltan como becerros, Malaquías 4.2.
Hambre y sed de justicia, Mateo 5.6; Marcos 2.15.
Preocupación inútil, Mateo 6.34.
Pánico al ver fantasma, Mateo 14.26.
Pez que paga impuestos, Mateo 17.27.
Tragan camello, Mateo 23.24.
Auditorio feliz, Marcos 12.35-37.
Aman bombos y platillos, Marcos 12.38-40.
Le molesta la paja pero no la viga, Lucas 6.41-42.
Bolsos que no envejecen, Lucas 12.33.
«La zorra» Herodes, Lucas 13.31-32.
Sarcasmo con incrédulos, Juan 9.24-34.
Red resistente, Juan 21.11.
Opresores avergonzados, Hechos 16.35-39.
Exorcistas huyen desnudos y heridos, Hechos 19.13-16.
Sermón aburrido, Hechos 20.7-12.
Consejero matrimonial soltero, 1 Corintios 7.27-28.
Entristecer y alegrar, 2 Corintios 2.1-2.
Solo un poco de locura, 2 Corintios 11.1.
Loco sabio, 2 Corintios 11.16-19.
Superapóstoles, 2 Corintios 12.11.
Canibalismo entre cristianos, Gálatas 5.15.
Chistes malos, Efesios 5.4.
Enriquecidos con la religión, 1 Timoteo 6.5-10.
Animales domados y lengua indómita, Santiago 3.7-8.
Indigestión con libro, Apocalipsis 10.9-10.

HURTO
Reparto de botín, Números 31.1-54.
Necesidad de dos o tres testigos, Deuteronomio 19.15.
Riquezas amontonadas injustamente, Jeremías 17.11.
Ladrones en el templo, Romanos 2.22.
Mujeres en busca de identidad, Isaías 4.1.
Con nombre y apellido, Isaías 44.5.
Identificado desde el vientre, Isaías 49.1.
Personas vanas e ídolos vanos, Jeremías 2.5.
No los reconocen por las calles, Lamentaciones 4.7-8.
Identificación de escribano, Ezequiel 9.3-6.
Identidad profanada, Ezequiel 20.39.
Nombre pagano, fe declarada, Daniel 4.8.
Identidad perdida de Israel, Oseas 1.9.
Jonás revela su identidad, Jonás 1.5-11.
Como anillo de sellar de Dios, Hageo 2.23.
Profetas avergonzados de su identidad, Zacarías 13.4-5.
Pasan por alto la identidad divina de Jesús, Mateo 8.23-27.
Jesús identificado, Mateo 16.13-20.
Jesús extraño para sus discípulos, Marcos 4.35-41.
Los demonios tienen nombres, Marcos 5.8-9.
Se equivocan en cuanto a la identidad de Jesús,
    Marcos 6.14-16,45-51; Juan 7.27; 19.10-18.
Identidad de anfitrión, Marcos 14.13-15.
Afirmación de la identidad de Jesús, Marcos 15.1-2.
Censo en pueblo natal, Lucas 2.1-4.
Confunden la identidad de Juan el Bautista, Lucas 3.15.
Un demonio reconoce la identidad de Jesús, Lucas 4.33-34.
Confundidos con identidad de Jesús, Lucas 9.18-20.
No lo reconocen en camino a Emaús, Lucas 24.13-35.
Identidad de Juan el Bautista, Juan 1.19-27.
Dudan de la identidad de Jesús, Juan 6.41-42.
Identidad confundida, Juan 9.9.
Lo identifican por la voz, Juan 10.1-6.
El amor como identificación cristiana, Juan 13.34-35.
Jesús se identifica con el Espíritu Santo, Juan 14.26.
Juntos en el Señor, Juan 15.4.
Rey de los judíos, Juan 19.19-22.
Llamados cristianos por primera vez, Hechos 11.26.
De Saulo a Pablo, Hechos 13.9.
Acusado de terrorista, Hechos 21.38-39.
Descubrimiento de identidad personal, Romanos 7.17-25.
Identificación como hijos de Dios, Romanos 8.16;
    2 Corintios 1.21-22.

Identificados por nombre, Romanos 16.3-12.
Fallas en la memoria, 1 Corintios 1.16.
Se hace a todos, 1 Corintios 9.22.
Marca de propiedad, 2 Corintios 1.22.
Identificación viva, 2 Corintios 3.1-3.
Señales de apóstol, 2 Corintios 12.12.
Crucificado con Cristo, Gálatas 2.20.
Marcas de Jesús, Gálatas 6.17.
Identificados en Cristo, Efesios 1.11-12.
Sellados con el Espíritu Santo, Efesios 1.13. (recuerde que el «sello» era una identificación oficial, como en un documento).
El amor como identificación de cristianos, Efesios 1.15.
Miembros de la familia de Dios, Efesios 2.19-20.
Como nadie más, Filipenses 2.20-21.
Nombres en el libro de la vida, Filipenses 4.3.
Hermanos en Cristo, Colosenses 1.2.
Letra conocida, 2 Tesalonicenses 3.17.
Oro, plata, madera y barro, 2 Timoteo 2.19.
Identificación de Jesús con la humanidad, Hebreos 2.16-18.
Moisés se identifica con el pueblo de Dios, Hebreos 11.24-25.
Grandes hombres, pequeña mención, Hebreos 11.32.
Linaje escogido y real sacerdocio, 1 Pedro 2.9.
Identificados como hijos de Dios, 1 Juan 3.1-3.
Características del cristiano, 1 Juan 3.11-14.
Esperanza de hablar cara a cara, 3 Juan 14.
Creyentes como reyes y sacerdotes, Apocalipsis 1.6.
Identificado con el nombre de Dios, Apocalipsis 3.12.
Identificados con el sello de Dios, Apocalipsis 7.3; 9.4.
Marca de la bestia, Apocalipsis 13.16-18; 14.1,9-10.
Llena de nombres de blasfemia, Apocalipsis 17.3.
Nombres no escritos en el libro de la vida, Apocalipsis 17.8.
Nombre desconocido, Apocalipsis 19.12.
Nombre de Dios en la frente, Apocalipsis 22.4.

I

IGNORANCIA

Pecados de ignorancia, Levítico 22.14; Números 15.22-26; Oseas 4.5-6; Lucas 23.34; Juan 16.2; 1 Timoteo 1.13.
Ignorancia innata, Job 11.7-8; 28.12-13; Salmo 139.6.
Fraguadores de mentira, Job 13.4.

Torpe ignorancia, Salmo 73.22.
Hermosa pero tonta, Proverbios 11.22.
Ignorancia del futuro, Proverbios 27.1; Jeremías 10.23.
Imposibilitado de leer, Isaías 29.11-12.
No saben ni entienden, Isaías 44.18.
Hombres embrutecidos, Jeremías 10.14.
Ignorancia pretendida, Lucas 22.57-60.
Altar para dios desconocido, Hechos 17.23.
Tiempos de ignorancia, Hechos 17.30.
Ignorancia espiritual, Romanos 1.19-25.
Ignorancia espiritual, 1 Corintios 2.7-10.
Ignorancia parcial, 1 Corintios 13.12.
No conocen a Dios, 1 Corintios 15.34.
No saben de qué hablan, 1 Timoteo 1.7.
Ignorantes y extraviados, Hebreos 5.2.
Ignora pero confía, Hebreos 11.8.
Ignoran voluntariamente, 2 Pedro 3.5.
Blasfeman de lo que no conocen, Judas 10.

IMPACIENCIA
Falta de paciencia, Génesis 16.1-4.
Congregación impaciente, Éxodo 16.2.
Impaciencia divina, Deuteronomio 3.26.
Ansiedad de David por confrontar a Goliat, 1 Samuel 17.48.
Muy impaciente, Job 6.2.
Lleno de palabras y a punto de reventar, Job 32.17-22.
Rienda suelta a la ira, Proverbios 29.11.
Impaciencia con Dios, Isaías 5.18-19; 45.9.
Impaciencia de Jonás, Jonás 4.8-9.
Inquietos caballos afanados por la acción, Zacarías 6.7.
Impaciencia de Jesús, Marcos 9.19; Lucas 12.50.
Ansiedad de joven por la verdad, Marcos 10.17.
Impaciencia de discípulos, Lucas 9.51-56.
Ama de casa impaciente, Lucas 10.40.
De mañana en el templo, Lucas 21.38.
Deseo vivo del ministerio, Juan 4.40.
Juan, discípulo que corrió más que Pedro, Juan 20.4.
Impaciente por bautizarse, Hechos 8.36-37.
Le agotan la paciencia, Hechos 18.4-6.
Dispuesto, receptivo, Hechos 10.33; 17.19.

IMPUESTOS
Porcentaje para el gobierno, Génesis 47.13-26; 1 Samuel 8.15;
　　2 Reyes 23.35; Ester 10.1.

Veinticinco toneladas anuales de oro, 1 Reyes 10.14.
Preso por evadir impuestos, 2 Reyes 17.4.
Exonerados de impuesto, Esdras 7.24.
Piden prestado para pagar impuestos, Nehemías 5.4.
Mal uso de impuestos, Eclesiastés 10.19.
Moneda de tributo en boca de pez, Mateo 17.24-27 (observe: Jesús
    paga impuestos, v. 27).
Gentil y publicano, Mateo 18.17.
Llamamiento de cobrador de impuestos, Marcos 2.13-17;
    Lucas 5.27-31.
Publicanos y pecadores, Marcos 2.15.
Procedimiento correcto, Marcos 12.17.
Impuestos y censo, Lucas 2.1-5.
Advertencia para cobradores de impuestos, Lucas 3.12-13.
Pagar impuestos, Lucas 20.25.
Obligación de ciudadanos, Romanos 13.6-7.

IMPUREZA
Toda clase de impurezas, Efesios 4.19.

INCENDIO
Incendio premeditado, Jueces 14.4-5.

INCOMPETENCIA
Dioses inútiles, Jeremías 10.11-12.
Profetas incompetentes, Ezequiel 13.1-3.
Debilidad de brazo roto, Ezequiel 30.21,22.

INCORRECTO
Pecado no intencional, Levítico 4.1-5.
Prueban paciencia divina, Números 14.18.
Castigo por soberbia, Números 15.30-31.
Culpa congregacional por pecado individual, Números 16.22.
Sospechas incorrectas, 1 Samuel 1.9-16.
No hacer más lo incorrecto, Job 34.31-33.
Siete abominaciones, Proverbios 6.16-19.
Juicio a las naciones, Joel 3.12.
Reciben críticas y admiración, 1 Pedro 2.12.

INCREDULIDAD
Discípulos no creen en conversión de Pablo, Hechos 9.26-27.

INDEFENSO
No quiere defenderse, Marcos 15.1-15.

INDEPENDENCIA
El que actúa con soberbia, Números 15.30-31.
Anda en libertad de Dios, Salmo 119.45.
Independientes del camino de Dios, Jeremías 11.7-8.
La verdad libera, Juan 8.31-32,36.
Cuerpo como unidad, 1 Corintios 12.12-30.

INDIFERENCIA
Se burlan de advertencia, Génesis 19.14.
Indiferentes ante maravillas, Salmo 106.7,13.
Mujeres indolentes, Isaías 32.9.
Todos indiferentes, Jeremías 12.11.
Los que pasan por el camino, Lamentaciones 1.12.
Indiferentes ante juicio futuro, Ezequiel 12.25-28.
Indiferencia ante peligro, Jonás 1.5-6.
Indiferencia espiritual, Sofonías 1.6.
Sacerdotes indiferentes, Malaquías 1.6-14.
Rechazan invitación de bodas, Mateo 22.1-14.
Discípulos indiferentes, Marcos 14.32-41.
Heridas tenidas por rasguños, Jeremías 8.11.

INFANTIL
Actitud infantil, 1 Reyes 3.7.
Como un niño destetado, Salmo 131.2.
Fe como un niño, Marcos 10.15; Lucas 18.16.
Adultos como recién nacidos, 1 Pedro 2.2.

INFIDELIDAD
Fornicación espiritual, 1 Corintios 10.8.
Adúltera frustrada, Génesis 39.7-20.

INFIEL
Destino para pueblo infiel, Números 14.35.
Se vuelven rápidamente a los ídolos, Jueces 8.33-34.
Infiel con el marido, Jueces 19.1-3.
Pueblo peca contra Dios, Esdras 10.2.
Desilusión divina, Isaías 5.7.
Casa rebelde, Ezequiel 12.2.
Infidelidad de Pedro, Mateo 26.31-35,69-75.
Prueba de fidelidad, Lucas 16.12.
Almas adúlteras, Santiago 4.4.

INFIERNO
Densas tinieblas, Job 10.19-22.

Descenso al sepulcro, Job 33.24.
Sitios bajos de la tierra, Salmo 63.9.
Capacidad ensanchada, Isaías 5.14.
Pacto con el infierno, Isaías 28.18.
Fuego de Tofet, Isaías 30.33.
Descender con incircuncisos, Ezequiel 32.19.
Camino ancho al infierno, Mateo 7.13.
Horno de fuego, Mateo 13.37-42,49-50.
Excluidos de la presencia de Dios, 2 Tesalonicenses 1.9.
Lago de fuego, Apocalipsis 19.19-21.
No inscritos en el libro de la vida, Apocalipsis 20.7-15.

INFLACIÓN
Hambruna ocasiona gran inflación, 2 Reyes 6.24-25.
Pérdida de valor adquisitivo, Santiago 5.3.

INGRESOS
Ingreso de prostitutas y valor de perros, Deuteronomio 23.18.
Poder de los ingresos del deudor, Deuteronomio 24.6.
Protección para ingreso de deudor, Deuteronomio 24.6.
Paga antes que recibir, Ezequiel 16.32-34.
Sin salarios, sin negocios, Zacarías 8.10.
Mujer que ayudó sirviendo a Jesús, Lucas 8.3.
Salarios como obligación, no como regalo, Romanos 4.4.
Separar ofrenda el primer día de la semana, 1 Corintios 16.2.
Provisión para ministerio personal, 1 Tesalonicenses 2.9.

INMADUREZ
Dejar simplezas, Proverbios 9.6.
Como paloma incauta, Oseas 7.11.
Inmadurez de nuevo convertido, Hechos 8.13-24.
Preparación de nuevo convertido, Hechos 18.24-26.
Creyentes inmaduros, Hechos 19.1-7.
Leche y comida sólida, 1 Corintios 3.1-2.
Inmadurez espiritual, 1 Corintios 3.3.
No pensar como niños, 1 Corintios 14.20.
Niños fluctuantes, Efesios 4.14.
No creer falsas profecías, 2 Tesalonicenses 2.1-2.
Incapaces para enseñar, Hebreos 5.12-13.
Inmadurez espiritual, Apocalipsis 3.8.

INMORTALIDAD
En busca de inmortalidad, Génesis 3.22.
Enoc camina con Dios, Génesis 5.24.

Ángel rechaza comida, Jueces 13.16.
Unión en la eternidad, 2 Samuel 12.23.
Asciende al cielo en carro de fuego, 2 Reyes 2.11.
Sin deseo de vivir para siempre, Job 7.16.
Confusión acerca de inmortalidad, Job 10.19-22; 14.7-14.
Afirmación clásica de fe, Job 19.25-26.
Heredad para siempre, Salmo 37.18.
Confianza en inmortalidad, Salmo 49.15.
Eternidad en el corazón del hombre, Eclesiastés 3.11.
Espíritus de hombres y animales, Eclesiastés 3.21.
Resurrección de toda la humanidad, Daniel 12.2-3.
Vida eterna, Juan 3.14-16.
Nunca ve muerte el que sigue a Dios, Juan 8.51.
Jesús no podía morir antes de tiempo, Juan 19.10-11.
Muerte de mártir, Hechos 7.54-56.
Cuerpo espiritual y cuerpo material, 1 Corintios 15.42-55.
Moradas terrestre y celestial, 2 Corintios 5.1.
El que no cambia, Hebreos 1.10-12.
El inmortal Melquisedec, Hebreos 7.1-3.
Hombres mortales, Hebreos 7.8.
Bendición después de la vida, Santiago 5.10-11.
Nacidos de simiente incorruptible, 1 Pedro 1.23.
Abandono de cuerpo material, 2 Pedro 1.13-14.
Simiente de Dios, 1 Juan 3.9.
Desean muerte pero no la encuentran, Apocalipsis 9.6.
Primera resurrección, Apocalipsis 20.4-6.

INMUNDICIA
Lejía y jabón, Jeremías 2.22.
Nuevas vestiduras para Josué, Zacarías 3.1-7.

INOCENCIA
Acusación contra inocente, Génesis 39.11-20.
Culpa aparente, Génesis 44.1-34.
Protección para inocentes, Éxodo 23.7.
Asesinato y sacrificio, Deuteronomio 21.1-9.
Acusación e inocencia, 1 Samuel 22.11-15.
Inocencia de David en muerte de Abner,
    2 Samuel 3.22-37.
Justicia e inocencia, 2 Samuel 22.21-25.
Ninguno inocente ante Dios, Job 9.2.
Inocencia absoluta, Job 11.15.
Anhela vida inocente, Salmo 19.13.
Limpieza ante altar, Salmo 26.6.

Sufrimiento de inocente, Salmos 59.3-4; 119.86.
El que condena al inocente, Proverbios 17.15.
Hermosa sin mancha, Cantares 4.7.
Congregación inocente, Oseas 4.4.
Sangre inocente, Jonás 1.14.
Ladrón que se cree inocente, Miqueas 6.11.
Discípulos inocentes, Mateo 12.7.
Pilato clama inocencia, Mateo 27.24.
Inocencia de Jesús, Lucas 23.15-16; Juan 19.1-6.
Santidad e inocencia, Efesios 5.26-27;
    1 Tesalonicenses 3.13.
Luminares inocentes, Filipenses 2.15.
Inocencia legalista, Filipenses 3.6.
Sin mancha, Colosenses 1.22; Tito 1.6.
Conducta inocente, 1 Timoteo 3.2-4.
Pura y sin mancha, Santiago 1.27.
Hallados inocentes por Dios, 2 Pedro 3.14.
Sin mancha delante de Dios, Apocalipsis 14.5.

INSACIABLE
Nunca satisfechos, Proverbios 30.15-16.

INSOMNIO
Lectura nocturna, Ester 6.1.
Noches de insomnio, Job 7.3-4.
Noche que taladra huesos, Job 30.17.
Compañía de criaturas nocturnas, Job 30.29.
Pensamientos de insomnio, Salmo 56.8.
Insomnio fatigador, Salmo 77.2-6.
Ranas en la cama, Salmo 105.30.
Vigilias de la noche, Salmo 119.148.
Corazón sin reposo, Eclesiastés 2.23.
Insomnio de ricos, Eclesiastés 5.12.
No duermen de día ni de noche, Eclesiastés 8.16.
Errante en la noche, Cantares 3.1,2.
Insomnio cardíaco, Cantares 5.2.
Guardia nocturna, Isaías 21.11-12.
Cama corta y manta estrecha, Isaías 28.20.
Insomnio real, Daniel 2.1.
Insomnio por remordimiento de conciencia, Daniel 6.16-23.
Fatiga y desvelos, 2 Corintios 11.27.

INSTRUCCIONES
Piden instrucciones, 1 Samuel 9.11-14.

INSULTO
Unos depravados insultan a ángeles de Dios, Génesis 19.5.
Menosprecio de malvados, 1 Samuel 10.27.
Insulto de esposa, 2 Samuel 6.20.
Insulto para calvo, 2 Reyes 2.23-24.
Enojado por críticas, Job 20.2-3.
Acongojado por los insultos, Salmo 69.20.
Insulto para un pueblo, Juan 1.46.
Ofrecen a Jesús vino agrio, Juan 19.29.
Palabrero, Hechos 17.18.
Cretenses insultados, Tito 1.12.
Sin ofender, 1 Pedro 2.1.
Vituperios en nombre de Cristo, 1 Pedro 4.14.

INTELECTUAL
Humildad intelectual, Salmo 131.1.
Orgullo religioso, Proverbios 14.12.
Intelectuales destruidos, Abdías 8.
Judíos griegos, Hechos 9.29.
Menospreciado por intelectuales, Hechos 17.18.
Extraordinario intercambio de ideas, Hechos 17.21.
Intelectuales y mensaje de la cruz, 1 Corintios 1.18-24.
Sabiduría espiritual, 1 Corintios 2.6.
Sabiduría del mundo, 1 Corintios 3.18-19.
Ojos del entendimiento, Efesios 1.18-19.
Filosofías y huecas sutilezas humanas, Colosenses 2.8.
Mal llamada ciencia, 1 Timoteo 6.20-21.
Dios no miente, Tito 1.2.
Pedir sabiduría a Dios, Santiago 1.5-6.

INTERCULTURAL
Tierra dividida, personas desparramadas,
    Génesis 10.5; 11.1-9.
Abraham, Lot, Sodoma y Gomorra,
    Génesis 18.20-33; 19.1-29.
Choque de percepciones morales, Génesis 39.1-23.
Relevancia de José para el faraón, Génesis 41.1-40.
Salomón y la reina de Saba, 1 Reyes 10.1-13.
El valor de una cultura pagana, Jeremías 10.1-5.
Jesús se comunica con otras culturas, Juan 4.4-26.
Felipe y el eunuco, Hechos 8.26-40.
La lección de Pedro con respecto a prejuicios culturales,
    Hechos 10.9-23; 11.1-14.
Pablo y los atenienses, Hechos 17.16-27.

INTERESES PERSONALES
Cada uno cuide lo suyo, Deuteronomio 20.5-9.

INTIMIDACIÓN
Presencia intimidante, Números 22.3-4.
David intimida a Saúl, 1 Samuel 18.9.
No edifican por miedo, Esdras 4.4.
Contratado para intimidar, Nehemías 6.13.
Derrota del soberbio, Isaías 25.5.
Pueblo intimidado, Jeremías 22.1-3.
Inutilidad de angustiarse, Mateo 6.25-27.
Intentan intimidar a los apóstoles, Hechos 4.16-20.
Saulo intimida a la Iglesia, Hechos 8.3.
Sin miedo a la oposición, Filipenses 1.28.
No amedrentarse, 1 Pedro 3.14.

INTIMIDAD
Primera concepción humana, Génesis 4.1.
Tres veces al año ante Dios, Deuteronomio 16.16.
Llamada a gritos, Salmo 42.7.
Ayuda de Dios, Salmo 54.4.
Amor íntimo, Cantares 4.16.
Escogidos de Dios, Isaías 44.2.
Intimidad marital, Efesios 5.31-32.
Esperanza segura y firme, Hebreos 6.19.

INTOXICACIÓN
Intoxicación segura, Génesis 43.34.
«Corazón contento», Rut 3.7.

INUNDACIÓN
Escape de Noé, Génesis 7.1-24.
«Rugientes aguas», Génesis 7.17 (LBD).
Destrucción de hombres impíos, Job 22.16.
Se detienen las aguas, Job 28.11 (LBD).
Nunca otra inundación, Salmo 104.9.
Promesa divina, Isaías 54.9.
Las aguas suben, Jeremías 47.2.
Jesús confirma diluvio, Mateo 24.36-39.
Confirmación apostólica, 1 Pedro 3.18-22; 2 Pedro 2.4-5.
Serpiente vomita agua, Apocalipsis 12.15-16.

INVALIDEZ
La invalidez lleva a la mendicidad, Marcos 10.46-52; Juan 9.1-12.

INVERSIÓN
Dueños del rey, 2 Samuel 19.43.
Inversión espiritual, Proverbios 19.17.
Inversión peligrosa, Eclesiastés 5.13-14.
Antídoto contra pobreza futura, Eclesiastés 11.1-2.
Tesoros en el cielo, Mateo 6.19-21.
Inversión asegurada, Mateo 13.44.
Falsa economía materialista, Marcos 8.36.
Gana el mundo y se destruye a sí mismo, Lucas 9.25.
Uso sabio e insensato del dinero, Lucas 19.11-27.
Inversión en vida eterna, 1 Timoteo 6.17-19.

IRA
Ira de Dios sobre los líderes, Lamentaciones 2.6.
Ira vengadora de Dios, Nahum 1.9.

IRONÍA
Esposa irónica, 2 Samuel 6.20.
Ironía de Elías con Baal, 1 Reyes 18.27.
Job y sus acusadores, Job 12.2.
Irónica declaración de libertad, Jeremías 34.17.
Soldados romanos escarnecedores, Mateo 27.27-29.
Irónica evaluación de cristianos débiles, 1 Corintios 4.8-18.

IRRESPONSABLE
Juramento hecho a la ligera, Levítico 5.4.
Casa sin mantenimiento, Eclesiastés 10.18.
Pluma mentirosa, Jeremías 8.8.
Profetas irresponsables, Jeremías 23.16-18.
Profecías humanas, Ezequiel 13.1-3.
Olvido de provisiones, Marcos 8.14.

ISLAM
Primera tensión árabe-israelí, Génesis 21.8-10.
Padre de musulmanes, Génesis 21.13; 25.12-18.
Oposición árabe contra israelitas, Nehemías 2.19-20.
Se burla de judíos, Nehemías 4.1-10.
Despertar islámico, Salmo 68.31.
Islam contra Israel, Salmo 83.1-8.
Camino para mundo árabe, Isaías 19.23.
Líbano e Israel, Isaías 35.1-2.
Destino de enemigos de Israel, Isaías 60.12.
Libia y Arabia, Ezequiel 30.5.
Árabes en Pentecostés, Hechos 2.11.

ISRAEL
Pacto con Abraham, Génesis 15.1-5 (véase Jeremías 33.22).
Temor de Israel, Josué 2.9.
Dispersión y reunificación de Israel, Nehemías 1.8-9.
Primer ejemplo de tensión árabe-israelita, Nehemías 2.19-20.
Sanbalat ridiculiza judíos, Nehemías 4.1-10.
Prosperidad contemporánea, Salmo 85.1.
Oración por la paz de Israel, Salmo 122.6.
Alianza en Medio Oriente, Isaías 11.10-11.
Defensa aérea, Isaías 31.5.
Profecía de abundancia, Isaías 32.2.
Reunificación en Israel, Isaías 43.5-7; Jeremías 31.10.
Desierto en paraíso, Isaías 51.3; Jeremías 32.42-44.
De vuelta a casa, Isaías 60.1-22.
Destino de enemigos de Israel, Isaías 60.12.
Promesa de reunificación, Jeremías 16.14-15.
Restauración de Israel como nación, Jeremías 23.5-8; 30.8-17;
    33.23-26.
Nación abandonada, Jeremías 33.24-26.
Cumplimiento de promesa, Ezequiel 20.42.
Restauración de Israel, Ezequiel 28.25.
Fricción con Egipto, Ezequiel 29.14-16.
Heredad de Israel, Ezequiel 36.12.
Valle de huesos secos, Ezequiel 37.1-14.
Participación internacional, Ezequiel 38.1-13.
Promesa divina para Israel, Oseas 14.4-7.
Futuro certero, Amós 9.15.
Peligro de hostigar a Israel, Abdías 10-15.
Como rocío de Dios, Miqueas 5.7.
Hogar permanente para judíos, Sofonías 3.20.
Niña de los ojos de Dios, Zacarías 2.8.
Aprender de la higuera, Marcos 13.28-31.
Pablo se dedica a predicar a los gentiles, Hechos 18.4-6.
Salvación de Israel, Romanos 11.25-27.

J

JACTANCIA
Goliat el bravucón, 1 Samuel 17.44.
Boca como viento impetuoso, Job 8.2.
Jactancia hedonista, Salmo 10.3.

Jactándose acerca de Dios, Salmo 44.8.
Cada uno proclama su verdad, Proverbios 20.6.
Nubes sin lluvia, Proverbios 25.14.
Plan futuro, Proverbios 27.1.
Jactancia de Satanás, Isaías 14.12-15; Ezequiel 28.12-19.
Jactancia humana, Jeremías 9.23-24.
Habla y no hace nada, Jeremías 46.17.
Afirmaciones falsas, Jeremías 48.14-20.
Declara que hizo el río Nilo, Ezequiel 29.9.
Hipocresía, Amós 4.4-5.
No logra aquello de lo que se jactó, Mateo 26.31-35, 69-75;
    Marcos 14.27-31, 66-72; Juan 13.37-38; 18.15-18, 25-27.
Verdad que no se cree, Juan 5.31-38.
Hechicero orgulloso, Hechos 8.9-10.
Orgullo espiritual, Romanos 2.17-21.
Confianza en sí mismo, 2 Corintios 3.4.
Jáctense de nosotros, 2 Corintios 5.12.
El Señor es el que aprueba, 2 Corintios 10.13-18.

JESÚS
Engendrado por el Espíritu Santo, Mateo 1.20.
Llevado por el Espíritu, Lucas 4.1.
Pan de vida, Juan 6.35.
Luz del mundo, Juan 8.12.
La puerta, Juan 10.9.
Camino, verdad y vida, Juan 14.6.
La vid verdadera, Juan 15.1-7.
Melquisedec y Jesús, Hebreos 7.3.
El verbo de vida, 1 Juan 1.1-4 (véase Juan 1.1-3).
Abogado en el cielo, 1 Juan 2.1-2.
El Amén, testigo fiel, Apocalipsis 3.14.
Jinete del caballo blanco, Apocalipsis 19.11-16.
Alfa y Omega, Apocalipsis 22.13.

JOYA
Joyas en nariz y brazos, Génesis 24.47.
Joyas de compromiso, Génesis 24.52-53.
Obstáculos para justicia, Génesis 35.2-4.
Anillos en dedos, Génesis 41.42; Ester 8.8; Lucas 15.22.
Alhajas de oro y de plata, Éxodo 3.22; 11.2; 12.35; 33.4-6;
    Isaías 3.18-23.
Luto sin joyas, Éxodo 33.4.
Ofrendan todo tipo de joyas, Éxodo 35.22; Números 31.50-52.
Joyería y cosméticos, Isaías 3.18-24.

Atavío de virgen y de desposada, Jeremías 2.32.
Oro ennegrecido y piedras esparcidas, Lamentaciones 4.1.
Oro y plata sin valor, Ezequiel 7.19,20.
Encantos adúlteros, Oseas 2.2.
Como anillo de sellar, Hageo 2.23.
Perla de gran precio, Mateo 13.45,46.
Peinado ostentoso, perlas y oro, 1 Timoteo 2.9-10.
Belleza interior, 1 Pedro 3.3-4.
Mujer malvada adornada con joyas, Apocalipsis 17.4.

JUBILACIÓN
Fin del trabajo de Aarón, Números 20.26.
Moisés no pierde el vigor, Deuteronomio 34.7.
Mucho trabajo por hacer, Josué 13.1.
Fuerte a los ochenta y cinco, Josué 14.10-11.
Despedida de Josué, Josué 23.1-8.
Recuerdo de vida ejemplar, 1 Samuel 12.3.
Otros disfrutan de su trabajo, Eclesiastés 6.1,2.
Rey a los sesenta y dos años, Daniel 5.30-31.
Ancianos en las calles, Zacarías 8.4.
Adoración continua en la vejez, Lucas 2.36-38.
Ayuda a las viudas, 1 Timoteo 5.3-8.

JUICIO
Juicio de Moisés, Éxodo 18.13.
Descripción del juicio, Isaías 26.19.
Juicio sobre pastores rebeldes, Jeremías 25.34-38.
Juicio divino contra los montes, Ezequiel 6.1-5.
Afilar instrumento de juicio, Ezequiel 21.9.
Juicio por pecados, Amós 1.3,6,9,11,13; 2.1,4,6 (note la naturaleza de los pecados).
La tierra y el cielo huyen, Apocalipsis 20.11.

JUVENTUD
Resentimiento hacia joven líder, Génesis 37.5-11.
Joven y prestigioso José, Génesis 41.41-46.
Censan mayores de veinte años, Números 26.2; 1 Crónicas 27.23.
Juramento de mujer joven, Números 30.3-5.
Privilegio de recién casados, Deuteronomio 24.5.
Sacrifica hija única, Jueces 11.28-40.
Rut y Booz, Rut 3.10-13.
Crece en espíritu y carácter, 1 Samuel 2.26.
Joven impresionante, 1 Samuel 9.2.
Joven rey, 1 Samuel 13.1.

Valentía de Jonatán, 1 Samuel 14.1-14.
Hermano menor escogido, 1 Samuel 16.4-12.
Confrontación entre David y Saúl, 1 Samuel 17.32-37.
Goliat menosprecia a David, 1 Samuel 17.42.
Saúl va a casa y David va a la guerra, 1 Samuel 24.22.
Padre habría muerto en lugar de hijo, 2 Samuel 18.32-33.
Busca consejo de jóvenes, 1 Reyes 12.1-15.
Jóvenes se burlan de calvicie de Elías, 2 Reyes 2.23-24.
Rey a los dieciséis años, 2 Reyes 14.21-22; 2 Crónicas 26.1.
Edades de reyes jóvenes, 2 Reyes 21.1,19; 23.36; 24.18;
    2 Crónicas 33.1,21; 34.1; 36.2,5,9,11.
Hijo inexperto y padre, 1 Crónicas 22.5; 29.1.
Rechaza buen consejo, 2 Crónicas 10.6-11.
Joven víctima de mala influencia, 2 Crónicas 13.7.
Honra a Dios en reinado de joven, 2 Crónicas 17.1-4.
Joven y buen rey, 2 Crónicas 34.1-5.
Nostalgia de años juveniles, Job 29.4-6.
Respeto a los mayores, Job 32.4.
Jóvenes y ancianos, Job 32.4-9.
Pecados de juventud, Salmo 25.7.
Seguridad desde la juventud, Salmo 71.5.
Afligido desde la juventud, Salmo 88.15.
Días de juventud acortados, Salmo 89.45.
Pureza de joven, Salmo 119.9.
Más entendido que los viejos, Salmo 119.100.
Gloria de jóvenes, Proverbios 20.29.
Consejo a la juventud, Eclesiastés 11.9.
Consejo para joven, Eclesiastés 12.1-7.
Todos son falsos y malignos, Isaías 9.17.
Temor a la muerte, Isaías 38.10-20.
Vergüenza de juventud, Isaías 54.4.
Juventud y muerte, Isaías 57.1-2.
Joven de cien años, Isaías 65.20.
Timidez de joven, Jeremías 1.6-10.
Jóvenes en degolladero, Jeremías 48.15.
Yugo desde la juventud, Lamentaciones 3.27.
Contristado por las jóvenes, Lamentaciones 3.51.
Jóvenes menospreciados, Lamentaciones 4.2.
Sin música de juventud, Lamentaciones 5.14.
Jóvenes prostitutas, Ezequiel 23.2-3.
Jóvenes escogidos, Daniel 1.3-6.
Daniel decide no contaminarse, Daniel 1.8-20.
Jóvenes profetas, Joel 2.28.
Trigo para jóvenes, Zacarías 9.17.

Neófito, 1 Timoteo 3.6.
Juventud con virtudes, 1 Timoteo 4.12.
Huir de pasiones juveniles, 2 Timoteo 2.22.
Respeto a los ancianos, 1 Pedro 5.5.
Juventud que vence al mal, 1 Juan 2.13.

K

KOSHER
Carne prohibida, Génesis 32.32.
Comida kosher, Jueces 13.4.
Alimentos que no son kosher, Ezequiel 44.6-7.
Cerdos endemoniados, Marcos 5.11-13.
Todos los alimentos son kosher, Marcos 7.19.
Muerte en el alumbramiento, Génesis 35.16-20.
Sabiduría de la madre de Moisés, Éxodo 2.1-10.
Honra a la madre, Éxodo 20-12.
Respeto a la madre, Levítico 18.7.
Madres fortalecen a Israel, Rut 4.11.
Madre dedica hijo a Dios, 1 Samuel 1.25-28.
Regocijo maternal, 1 Samuel 2.1-2.
Infertilidad, 2 Samuel 6.23.
Madre de hijos asesinados, 2 Samuel 21.10.
Intercesión de Betsabé por hijo, 1 Reyes 1.11-21.
Influencia de la madre del rey, 1 Reyes 2.19.
Salomón descubre la verdadera madre, 1 Reyes 3.16-28.
Madres de reyes jóvenes, 2 Reyes 23.31,36; 24.8,18;
    2 Crónicas 20.31; 27.1.
Animales de la naturaleza paren en secreto, Job 39.1.
Mala madre, Job 39.13-17.
Ejemplo impío de maternidad, Salmo 7.14.
Imitar ejemplo de madre, Salmo 86.16.
Mujer estéril se convierte en madre, Salmo 113.9.
Hijo de sierva, Salmo 116.16.
Dirección maternal, Proverbios 1.8; 6.20.
Mujer sabia, Proverbios 14.1.
Respeto a madre anciana, Proverbios 23.22-25.
Avergonzar a la madre, Proverbios 29.15.
Enseñanza maternal, Proverbios 31.1.
Mujer virtuosa, Proverbios 31.10-31.
Bondad de madre, Proverbios 31.20.

Respeto a la madre, Proverbios 31.31.
Consejos de madre, Cantares 8.2.
Hijos de hechicera, Isaías 57.3.
Hijos muertos, Jeremías 15.9.
Maternidad y riqueza, Jeremías 17.11.
Tal madre, tal hija, Ezequiel 16.44.
Madre derribada, Ezequiel 19.10-14.
Como osa madre, Oseas 13.8.
Madres ante la cruz, Marcos 15.40.
Reacción de María, Lucas 2.19-20.
Reprimenda de madre, Lucas 2.41-50.
Madre de Jesús y la multitud, Lucas 8.19-21.
Madre anónima, Lucas 15.11-32.
Dolor de parto trae gozo, Juan 16.21.
Como madre para Pablo, Romanos 16.13.
Procreación, 1 Timoteo 2.15.
Viuda que haya criado hijos, 1 Timoteo 5.10.
Mujer en el cielo da a luz, Apocalipsis 12.1-6.

L

LABOR
Tarea de producir alimentos, Génesis 3.17-19.
Valor de las personas, Génesis 14.21.
Tarea femenina, Génesis 29.9.
Gobierno y tareas, Éxodo 5.2-5.
Fuerza laboral esclava, Éxodo 6.5.
Día de reposo, Éxodo 20.9-11.
Trabajo y pago honesto, Levítico 19.13; Lucas 10.7;
    Deuteronomio 24.14-15.
Sueldo inaceptable por prostitución, Deuteronomio 23.18.
Jornales pagados como se debe, Deuteronomio 24.14-15.
Trabajadores extranjeros, Deuteronomio 29.11; 1 Crónicas 22.2;
    Isaías 60.10.
Oración por bendición para labor, Deuteronomio 33.11 (VP).
Leñadores y aguadores, Josué 9.26-27.
Obreros extranjeros, 1 Crónicas 22.2.
Trabajadores fieles, 2 Crónicas 34.12.
Provocan malestar en la obra, Esdras 4.1-6.
Trabajar desde el alba hasta el anochecer, Nehemías 4.21.
Jornalero, Job 7.1.

Siervos pasan por alto a su amo, Job 19.15-16.
Amo y siervo, Salmo 123.2.
Empleados perezosos, Proverbios 10.26.
Recompensa por trabajo manual, Proverbios 12.14;
    1 Corintios 9.7.
Bendición de dura labor, Proverbios 14.23.
Evitar prebendas excesivas, Proverbios 29.21.
Trabajar con gusto, Proverbios 31.13 (RVA).
Trabajo sin sentido, Eclesiastés 4.8.
El trabajo produce dulce sueño, Eclesiastés 5.12.
Laborar con todas las fuerzas, Eclesiastés 9.10.
No imitar ira del superior, Eclesiastés 10.4.
Trabajadores explotados, Isaías 58.3; Jeremías 22.13.
Trabajadores extranjeros, Isaías 60.10.
Tratamiento injusto, Jeremías 22.14.
Defraudan al jornalero, Malaquías 3.5.
Preocupado por criado, Mateo 8.5-13.
Escasez de obreros, Mateo 9.37-38.
Estudiantes y siervos bajo sus maestros y jefes,
    Mateo 10.24.
Solo un hijo de carpintero, Mateo 13.55; Marcos 6.1-3.
Relaciones laborales, Mateo 20.9-16; 21.33-41.
Siervo querido, Lucas 7.2.
Recompensa a buen servicio, Lucas 12.35-40.
Incapaz de trabajar duro, Lucas 16.3.
Trabajo continuo, Juan 5.17.
Labor y ministerio, Hechos 18.3; 2 Tesalonicenses 3.6-10.
Sindicato de trabajadores, Hechos 19.23-27.
Trabajo digno, Hechos 20.34 (BJ).
El salario es obligación, no deuda, Romanos 4.4.
Trabajo agotador, 1 Corintios 4.12 (VP).
Pago por labor, 1 Corintios 9.7.
Obreros fraudulentos, 2 Corintios 11.13.
Buscar perfección, 2 Corintios 13.11 (NVI).
Trabajo manual, Efesios 4.28.
Trabajar bien como para el Señor, Efesios 6.5-8.
Esclavos y amos, Efesios 6.9; Colosenses 3.22-25; 4.1;
    1 Timoteo 6.1-2; Tito 2.9-10.
Trabajar extra, 1 Tesalonicenses 2.9.
Exhortación a trabajar, 2 Tesalonicenses 3.11-12.
Calderero problemático, 2 Timoteo 4.14.
Esclavo convertido en hermano, Filemón 8-21.
Trabajo antes del reposo, Hebreos 4.10-11.
No pagar jornal de obreros, Santiago 5.4.

LÁGRIMAS
Clamar por ayuda, Jueces 10.14.
Lágrimas de cocodrilo, Jueces 14.11-19.
Lágrimas de gratitud, 1 Samuel 20.41.
Temor de confesar mal, 1 Samuel 24.16-17.
Lloran hasta quedar exhaustos, 1 Samuel 30.4; Salmo 6.6.
Hinchado de tanto llorar, Job 16.16.
Ojos rojos de llorar, Salmo 31.9.
Lágrimas en oración, Salmo 39.12.
Pérdida del apetito, Salmo 42.3.
Pan de lágrimas, Salmo 80.5.
Siembra con llanto, Salmo 126.6.
Fuentes de lágrimas, Jeremías 9.1.
Ojos desfallecidos, Lamentaciones 2.11.
Ríos de lágrimas, Lamentaciones 3.48.
Pedro llora amargamente, Mateo 26.75.
Lágrimas del Redentor, Lucas 19.41.
Lágrimas en camino a la crucifixión, Lucas 23.27.
Lágrimas de compasión, Filipenses 3.18.

LÁSTIMA
Jesús no quiere lástima, Lucas 23.27-28.

LEALTAD
Lealtad al amor de Dios, Génesis 22.1-14.
Falta de lealtad, Números 32.11.
Influencia de familia malvada, Deuteronomio 13.6-10.
Herencia de lealtad, Josué 1.16-17.
Lealtad a pesar del rechazo inicial, Jueces 11.1-10.
Paje leal, 1 Samuel 14.7.
Lealtad contagiosa, 1 Samuel 14.21-23.
Lealtad para el amigo, 1 Samuel 19.1-2.
Amistad, 1 Samuel 20.1-4.
Príncipes paganos temen la lealtad de David, 1 Samuel 29.1-11.
Lealtad angelical, 1 Samuel 29.9.
Lealtad del siervo, 2 Samuel 15.19-21.
Duda de la lealtad del Rey David, 2 Samuel 19.1-8.
Descuido personal por lealtad, 2 Samuel 19.24.
Protección para el príncipe, 2 Reyes 11.1-3.
Dudosa lealtad, 1 Crónicas 12.19.
Lealtad con el gobierno, Esdras 7.26; Eclesiastés 8.2; Romanos 13.1;
    Tito 3.1; 1 Pedro 2.13.
Lealtad a toda prueba, Salmo 119.113.
Es fácil hablar, Proverbios 20.6.

Lealtad a los dioses, Jeremías 2.11.
Se cambiaron de bando, Jeremías 41.11-14.
Amor a Dios por sobre todo, Mateo 10.37-39.
No se puede servir a dos señores, Lucas 16.13.
Lealtad a los mandamientos de Cristo, Juan 14.21-24.
Lealtad hipócrita al César, Juan 19.15.
Prueba de lealtad, Juan 21.15-17.
Lealtad de solteros y casados, 1 Corintios 7.32-34.
Lealtad verdadera, 1 Corintios 15.30-31.

LENGUA
Falso rumor, Éxodo 23.1.
Pueblo quejumbroso, Números 11.4-6.
Críticas y maldiciones, Números 23.8.
Repetir ley a las generaciones, Deuteronomio 6.4-7.
Cumplir lo prometido, Deuteronomio 23.23.
Palabras arrogantes, 1 Samuel 2.3.
Molido con palabras, Job 19.2.
Disciplina de la lengua, Salmo 34.13; Proverbios 13.3; 21.23.
Pureza de vocabulario, Proverbios 4.24.
Palabras de justo, Proverbios 10.20.
Labios como joyas, Proverbios 20.15.
Palabras adecuadas, Proverbios 25.11.
Maquinador, Proverbios 26.24-26.
Lengua de tartamudos, Isaías 28.11.
Lengua alargada, Isaías 57.4.
Saeta afilada, Jeremías 9.8.
Jactarse solo en Dios, Jeremías 9.23-24.
Lenguas astutas silenciadas, Lucas 20.20-26.
Toda lengua confesará, Romanos 14.11; Filipenses 2.9-11.
Lenguas en la Iglesia, 1 Corintios 14.23.
Todo lo que se diga, Colosenses 3.17.
Sin doblez, 1 Timoteo 3.8.
No ser respondones, Tito 2.9.
Control de lengua, Santiago 3.2.
Freno en la boca, Santiago 3.3-6.
Refrenar lengua, 1 Pedro 3.10.

LESIÓN
Actividades peligrosas, Eclesiastés 10.9.

LIBERTAD
Libertad de escoger, Génesis 13.10-13.
«Librarlos de la esclavitud», Éxodo 6.6 (LBD).

Prefieren esclavitud, Deuteronomio 15.16-17.
Cautiverio del rey y su pueblo, 2 Reyes 24.15; 25.27-29.
Rey preso y liberado, 2 Reyes 24.15; 25.27-29.
Libertad de adorar, 2 Crónicas 11.16 (LBD).
Esclavos liberados, Job 3.19.
Asno montés libre, Job 39.5-6.
Libertad por seguir mandamientos, Salmo 119.45.
Libertad en juventud, Eclesiastés 11.9.
Libertad a los cautivos, Isaías 6.1.
Yugo roto, Isaías 9.4; 10.27; 14.25.
Celebración de libertad, Isaías 48.20.
Proclamación de libertad, Isaías 61.1.
Libertad efímera, Jeremías 34.8-11.
Liberados y esclavizados de nuevo, Jeremías 34.8-22.
Violación de pacto de libertad, Jeremías 34.8-22.
Edicto de libertad, Jeremías 34.17.
Profeta capturado y liberado, Jeremías 40.1-4.
Esclavos gobiernan hombres libres, Lamentaciones 5.8.
Libertad para ayunar, Lucas 5.33.
La verdad da libertad, Juan 8.31,32,36.
Verdad os hace libres, Juan 8.31-32,36.
Dios limpia lo impuro, Hechos 10.9-16; 11.4-10.
Liberación del legalismo, Hechos 10.24-28; Romanos 7.1-6.
Significado profundo de la liberación del legalismo,
    Hechos 10.24-28.
Limpio e inmundo, Hechos 11.4-10.
Privilegios para el prisionero Pablo, Hechos 27.3.
La libertad no es excusa para pecar, Romanos 6.1,2.
Sin libertad para pecar, Romanos 6.1; 1 Pedro 2.16.
La gracia libera, Romanos 6.14.
Libres del pecado y siervos de justicia, Romanos 6.18.
El arrepentimiento libera de la esclavitud de la ley, Romanos 7.1-6.
Liberación solo a través de Cristo, Romanos 7.24-25.
No más esclavitud, Romanos 8.15 (NVI).
Libertad sin licencia, 1 Corintios 6.12.
La comida no sea piedra de tropiezo, 1 Corintios 8.7-13.
Libertad restringida, 1 Corintios 8.9.
Buey sin bozal, 1 Corintios 9.9-14.
Los que trabajan en el evangelio vivan de él, 1 Corintios 9.9-14.
Libertad en la conciencia, 1 Corintios 10.23-33.
Libertad en el Espíritu, 2 Corintios 3.17.
Normas humanas, 2 Corintios 10.2.
De la ley a la gracia, Gálatas 4.1-7.
«Esclavo» en la niñez, Gálatas 4.1.

«Cristo nos libertó», Gálatas 5.1 (NVI).
Llamado a ser libres, Gálatas 5.13.
Llenos del conocimiento de la voluntad de Dios, Colosenses 1.9-12.
Librados de la potestad de las tinieblas, Colosenses 1.13-14.
La verdadera piedad, 2 Timoteo 2.8-9.
Jesús, el mediador del nuevo pacto, Hebreos 12.18-24.
Libertad de Timoteo, Hebreos 13.23.
Misericordia mayor que la ley, Santiago 2.12-13.
Libertad bajo autoridad, 1 Pedro 2.13-17.
Libertad mal usada, 1 Pedro 2.16; Judas 4.

LIBRO
Libro de la ley encontrado en el templo, 2 Crónicas 34.14-15.
Diálogo inmortalizado, Job 19.23.
Libro inmutable, Proverbios 30.5-6; Apocalipsis 22.19.
Mucho estudio fatiga, Eclesiastés 12.12.
Libro arrojado al río, Jeremías 51.63.
Libro de memoria, Malaquías 3.16-18.
Origina gozo, Lucas 10.20.
Se necesitarían muchos libros, Juan 21.25.
Queman libros en público, Hechos 19.19.
Libros abiertos, Apocalipsis 20.12.

LICOR
Ni vino ni sidra, Levítico 10.9.
Abstención de vino y sidra, Números 6.2-4.
No bebieron vino ni sidra, Deuteronomio 29.6.
Prohibido beber en el embarazo, Jueces 13.4-5.
Vino y sidra hacen pecar, Proverbios 20.1; 31.4-6.
Sidra con sabor amargo, Isaías 24.9.
Sacerdotes y profetas borrachos, Isaías 28.7.
Juan el Bautista nunca bebe, Lucas 1.15.

LIDERAZGO
Autoridad del hombre sobre la creación, Génesis 1.26.
La grandeza de Abraham, Génesis 18.16-19.
El liderazgo del joven José, Génesis 37.5-11.
José recorre Egipto, Génesis 41.45.
Justicia de José para los egipcios, Génesis 47.13-26.
Humildad para enfrentar las responsabilidades de líder, Éxodo 3.11.
Torpeza en el habla, Éxodo 4.10.
Insatisfacción con los líderes, Éxodo 5.15-21; 15.22-24; 16.2-3;
    Números 11.4-15; 14.1-4; 20.1-5.
Decadencia por la falta de un buen líder, Éxodo 32.1-6.

Respeto por el líder, Éxodo 33.8; Eclesiastés 8.4.
Gobierno de un pueblo descontento, Números 11.4-15.
El humilde Moisés, Números 12.3.
Sublevación contra los líderes, Números 14.1-30; 20.1-5.
Castigo mediante terremoto, Números 16.28-30.
Castigo por incredulidad, Números 20.12.
Autoridad delegada, Números 21.34; Deuteronomio 1.12-13.
Entrenamiento del futuro líder, Números 27.18-23.
Liderazgo imparcial, Deuteronomio 1.17.
Liderazgo dado por Dios, Deuteronomio 2.25.
Animar al líder, Deuteronomio 3.28.
Designación del líder adecuado, Deuteronomio 7.14.-15.
Liderazgo fiel, Deuteronomio 8.2,15.
Carga de liderazgo, Deuteronomio 9.18.
Jubilación del líder, Deuteronomio 31.2.
Poderío de José, Deuteronomio 33.17.
Transferencia de liderazgo, Deuteronomio 34.9; 1 Reyes 1.47-48;
    2 Reyes 2.1-18.
Esfuerzo y valentía, Josué 1.6.
Obediencia al nuevo líder, Josué 1.16-18.
Autoridad del líder, Josué 1.18.
Castigo con fuego, Josué 8.8.
Honra al líder, Josué 22.1-5.
Legado de Josué, Josué 23.1-8.
Influencia del buen líder, Josué 24.31.
Acuerdo entre el líder y el pueblo, Jueces 5.2.
Humildad del líder, Jueces 6.15; 1 Samuel 9.21.
Ejemplo de líder, Jueces 7.17-18.
Reconocimiento del verdadero líder, Jueces 8.22-23.
Mala conducta después de la muerte del buen líder, Jueces 8.33-34.
Los árboles buscan líder, Jueces 9.7-15.
Desperdicio de un líder, Jueces 18.19.
Líderes corruptos, 1 Samuel 8.1-9; Proverbios 29.4; Isaías 1.23; 9.16.
Decisiones divinas contra decisiones humanas, 1 Samuel 10.17-19.
Algunos rechazan a Saúl, 1 Samuel 10.26-27.
Poderío del reino de Saúl, 1 Samuel 13.1.
Confesión del líder, 1 Samuel 15.24.
Confrontación entre dos reyes, 1 Samuel 17.32-37.
Líder de afligidos, 1 Samuel 22.2.
Respeto por el líder caído, 1 Samuel 24.1-11; 26.9-10.
Culpar al líder por errores, 1 Samuel 30.1-6.
David reemplazó a Saúl, 2 Samuel 2.1-7.
Primer discurso de David, 2 Samuel 2.5-7.
Guerra entre las casas de David y Saúl, 2 Samuel 2.8-32.

Lucha por el liderazgo, 2 Samuel 3.1.
Duración del reinado de David, 2 Samuel 5.4.
Escogido para rey, 2 Samuel 7.8.
Humildad del liderazgo, 2 Samuel 7.18-24.
La fama de David, 2 Samuel 8.13.
Justicia para todos, 2 Samuel 8.15.
Absalón se subleva contra David, 2 Samuel 15.1-37; 16.5-8.
Olvidar el dolor para seguir al frente, 2 Samuel 19.1-8.
Armonía entre el pueblo, 2 Samuel 19.14.
Disputa por la propiedad del rey, 2 Samuel 19.43.
Éxito debido a la guía divina, 2 Samuel 22.44-45.
Deberes del buen líder, 2 Samuel 23.3-4.
David rehusó el agua que costó la vida de sus hombres,
    2 Samuel 23.15-17.
David proclama rey a Salomón, 1 Reyes 1.28-53.
Misericordia de Salomón para Adonías, 1 Reyes 1.43-53.
Gozo en la transferencia de liderazgo, 1 Reyes 1.47-48.
Oración de Salomón por sabiduría, 1 Reyes 3.5-15.
Actitud infantil, 1 Reyes 3.7; Jeremías 1.6.
Sabiduría de Salomón ante la disputa de dos madres,
    1 Reyes 3.16-28.
Responsabilidad delegada, 1 Reyes 4.7; Nehemías 3.1-32.
Organización para construir el templo, 1 Reyes 5.12-18.
Exhortación a obedecer a Dios, 1 Reyes 8.55-61.
Roboam sucede a Salomón, 1 Reyes 11.41-42.
Roboam rechaza el consejo de los ancianos, 1 Reyes 12.1-11.
Servicio en el liderazgo, 1 Reyes 12.7; Mateo 20.28; Marcos 10.43-44;
    Juan 13.5,14,22; Hechos 20.18-19; 1 Corintios 16.15-16;
    2 Corintios 4.5; Colosenses 1.24-26; Tito 2.7; Hebreos 3.5.
Reyes jóvenes de Judá, 2 Reyes 23.31,36; 24.8,18.
David oye el consejo, 1 Crónicas 13.1.
Líder justo, 1 Crónicas 18.14.
Mayordomía ejemplar de los líderes, 1 Crónicas 29.9.
Líder confirmado por Dios, 2 Crónicas 1.1.
Primero lo primero, 2 Crónicas 1.7-12.
Rechazo del buen consejo, 2 Crónicas 10.1-15.
Sacerdotes líderes, 2 Crónicas 11.13.
Influencia de un mal líder, 2 Crónicas 12.1.
No se toma en cuenta el buen ejemplo del rey, 2 Crónicas 27.2.
Pueblo descontento angustia al líder, Nehemías 5.1-12.
Modelo de líder, Nehemías 5.14-18.
No hay beneficio extra para el líder, Nehemías 5.14-18.
El líder consulta a otros, Ester 1.13.
Búsqueda del beneficio del pueblo, Ester 10.3.

Locura de líderes, Job 12.24.
Desobediencia al líder, Job 19.15.
Cortesía para el líder, Job 29.7-13.
Los grandes hombres no siempre son sabios, Job 32.9-13.
El granjero no puede domesticar al búfalo salvaje, Job 39.9-12.
Líder para extraños, Salmo 18.43-45.
Líder espiritual, Salmo 21.7.
Ungido más que otros, Salmo 45.7.
Liderazgo para pequeñas tribus, Salmo 68.27.
Uso divino de líderes humanos, Salmo 77.20.
Integridad y pericia, Salmo 78.72.
Elección divina, Salmo 89.19-29.
Bendición para los justos, Salmo 106.3.
Los líderes vienen y van, Salmo 109-8.
Los líderes no son eternos, Salmo 146.3-4.
Falta de liderazgo nacional, Proverbios 11.14.
La justicia engrandece la nación, Proverbios 14.34.
El líder escudriña, Proverbios 25.2.
Liderazgo bueno y malo, Proverbios 28.12.
Gobernantes desacreditados, Proverbios 31.4-5.
Líder y maestro, Eclesiastés 1.12.
Liderazgo perverso, Eclesiastés 8.9.
Injusticia con líderes, Eclesiastés 10.5-7.
Líderes inexpertos, Eclesiastés 10.16; Isaías 3.4.
Líderes carnales, Isaías 1.23.
El hábito no hace al monje, Isaías 3.6.
La nación no es más fuerte que el líder, Isaías 7.7-9.
Seguidores descarriados, Isaías 9.16.
Líderes engañadores, Isaías 19.13.
Líderes que no luchan, Isaías 22.3.
Líder despedido, Isaías 22.19.
Firme en su puesto, Isaías 22.23.
Líderes borrachos, Isaías 28.7.
Bebés en el liderazgo, Isaías 28.9.
Ejemplo de fidelidad en el liderazgo, Isaías 37.1-38.
Líder extranjero llamado por Dios, Isaías 46.11.
Fortaleza para declarar el mensaje de Dios, Jeremías 1.6-10,17-19.
Pastores según el corazón de Dios, Jeremías 3.15.
Desfallece el corazón de los líderes, Jeremías 4.9.
Líderes y pueblo endurecidos, Jeremías 5.3-5.
Líderes ricos a base de engaño, Jeremías 5.27-29.
Mentiras para agradar al pueblo, Jeremías 5.31.
Profetas y sacerdotes engañadores, Jeremías 8.10.
Líderes que pierden la grey, Jeremías 10.21.

Desobediencia, Lucas 6.46.
El auditor pide cuentas, Lucas 16.2.
Juez injusto, Lucas 18.6.
Jesús demuestra liderazgo de servicio, Juan 13.3-9.
Mandamientos para los apóstoles, Hechos 1.1-2.
Delegación de funciones, Hechos 6.1-4.
Falso líder, Hechos 12.21-23.
Desacuerdo entre Pablo y Bernabé, Hechos 15.36-40.
El líder exhorta, Hechos 20.1.
Los incrédulos sirven a los propósitos de Dios, Romanos 9.17.
Presidente solícito, Romanos 12.8.
Aceptar deberes humildes, Romanos 12.16.
Respeto y honor para todos, Romanos 13.7-8.
Los que siguen personas, 1 Corintios 1.12.
Muchos dioses, 1 Corintios 8.5-13.
Humildad en el liderazgo, 2 Corintios 1.24.
Armonía con los seguidores, 2 Corintios 7.2-4.
El líder pone a prueba, 2 Corintios 8.8-9.
Reconocimiento hacia un líder, 2 Corintios 8.16.
Transparencia del líder, 2 Corintios 12.14-17.
El líder edifica, 2 Corintios 13.10.
Pablo reconoce que fue perseguidor, Gálatas 1.13-14.
Reunión de líderes en privado, Gálatas 2.2.
Líderes que se hacen los importantes, Gálatas 2.6.
Líderes como columnas, Gálatas 2.9.
Los legalistas en apuros, Gálatas 5.3.
Sentencia para quien lleva al error a otros, Gálatas 5.10.
Misericordia del líder, Gálatas 6.1-2.
El líder reparte funciones, Efesios 4.11-13.
Liderazgo sumiso, Efesios 5.21.
Liderazgo en la familia, Efesios 5.22-33.
Pablo ora por los creyentes, Filipenses 1.3-11.
No hay mal que por bien no venga, Filipenses 1.12-14.
Liderazgo a larga distancia, Filipenses 2.12,14.
Liderazgo ejemplar, Filipenses 4.9.
Jesús llena los requisitos, Colosenses 1.15-20.
La perfección de Cristo Jesús, Colosenses 1.28-29.
La cabeza de todo, Colosenses 2.9-10.
El equipo de Pablo, Colosenses 4.7-17.
Modelo de liderazgo, 1 Tesalonicenses 2.1-16.
Cuidado de la grey, 1 Tesalonicenses 3.1-3.
Deseo de liderazgo, 1 Timoteo 3.1.
El recién convertido no debe dirigir, 1 Timoteo 3.6.
Líder que sabe qué hacer, 1 Timoteo 3.14-15.

Siervo y apóstol, Tito 1.1.
Segundo nivel de liderazgo, Tito 1.5.
Requisitos para ser líder, Tito 1.5-9.
Transparente, Tito 1.7.
Ejemplo a los jóvenes, Tito 2.6-7.
Líder con autoridad, Tito 2.15.
Pedir en vez de mandar, Filemón 8-10.
Constitución del sumo sacerdote, Hebreos 5.1.
Reconocimiento de debilidad, Hebreos 5.1-4.
Conducta del buen líder, Hebreos 5.2-3.
Respeto por los líderes, Hebreos 13.7.
Obediencia a líderes, Hebreos 13.17.
Dios da sabiduría al que le falta, Santiago 1.5-6.
El líder debe pedir con fe, Santiago 1.5-6.
Ejercicio de la sabiduría divina, Santiago 3.17-18.
Ejemplo de buen liderazgo, 1 Pedro 5.2-5.
Labor ministerial en vida, 2 Pedro 1.13.
Regocijo por los buenos informes sobre los seguidores, 3 Juan 3-4.
Autoridad equivocada en la congregación, 3 Juan 9.10.
Autoridad demoníaca delegada, Apocalipsis 13.2.
Autoridad temporal de la bestia, Apocalipsis 13.5.
Demonios influyen en los líderes, Apocalipsis 16.13-14.
Reinado efímero, Apocalipsis 17.12.

LLAMADO
Llamado al ministerio, Génesis 12.1; Éxodo 3.2-10; Números
    27.18-23; Deuteronomio 31.23; Josué 1.1-9; 4.1-16; Jueces 6.11-13;
    1 Reyes 16.19; Isaías 6.8-10; Hechos 26.16.
Niño recibe llamado, 1 Samuel 3.4-10.
Ministro elegido por Dios, Salmo 65.4.
Rechazan llamado de Dios, Salmo 81.11; Isaías 65.12; Jeremías 7.13;
    Jonás 1.1-2.
Llamado antes de nacer, Isaías 49.1; Jeremías 1.4-10.
Elección de sacerdotes, levitas, Isaías 66.21.
Los que no fueron llamados, Jeremías 23.21.
Llamado específico, Ezequiel 1.3.
Boyero llamado a predicar, Amós 7.14-15.
Asno llamado a servir, Mateo 21.2-3.
Llamado de discípulos, Marcos 1.16-20; 2.13-17.
Visión de Macedonia, Hechos 16.9-10.
Por amor de Jesús, Romanos 1.5.
Relación entre llamado, dones, Romanos 11.29.
Credenciales apostólicas, Gálatas 1.1,15-17.
Supremo llamamiento, Filipenses 3.14.

Elegido, 1 Timoteo 1.12.
Salvo, llamado, 2 Timoteo 1.9.
Cristo mismo llamado a servir, Hebreos 5.4-6.
Firmeza, llamado, 2 Pedro 1.10.

LLUVIA
Lluvia abundante, Génesis 7.11-12 (véase 2.4-6).
Plaga de granizo, Éxodo 9.22-34.
Tierra sin lluvia, Levítico 26.19-20.
Lluvia negada, Deuteronomio 11.17; 28.24.
Bendiciones para la tierra, Deuteronomio 33.13-16.
Truenos y lluvia, 1 Samuel 12.18.
Aguacero, 1 Reyes 18.41.
Días lluviosos, Esdras 10.9.
Reunión en tiempo lluvioso, Esdras 10.10-15.
Lluvia obstaculiza, Esdras 10.13.
Evaporación y lluvia, Job 36.27-28; 37.11.
Odres de los cielos, Job 38.37.
Nubes de los cielos, Salmo 18.11.
Viento del norte ahuyenta la lluvia, Proverbios 25.23.
Lluvia torrencial, Proverbios 28.3.
Ciclo de las aguas, Eclesiastés 1.7.
Información meteorológica, Eclesiastés 11.3.
Lluvia comparada con la Palabra, Isaías 55.10-11.
Los ídolos no pueden hacer llover, Jeremías 14.22.
Lluvia temprana y tardía, Joel 2.23; Hechos 14.17.
Evaporación y lluvia, Amós 5.8.
Formación de nubes y lluvias, Amós 9.6.
Rocío del cielo, Zacarías 8.12.
Lluvia abundante, Zacarías 10.1.
Falta de lluvia como juicio, Zacarías 14.17.
Lluvia sobre justos e injustos, Mateo 5.45.
Pronóstico de lluvia, Lucas 12.54.
Paciencia de labrador, Santiago 5.7.

LUJO
Dieta del palacio, 1 Reyes 4.22-23.
Todo de oro, 1 Reyes 10.21-22.
Una tienda o un palacio, 1 Crónicas 15.1.
Banquete interminable, Ester 1.5-6.
Vida suntuosa, Amós 6.3-4.
Casas finas, templo en ruinas, Hageo 1.1-4.
Jesús ungido con perfume costoso, Mateo 26.6-13; Marcos 14.3-9.
Ropa y peinados decorosos, 1 Timoteo 2.9-10.

LUJURIA
Lot ofrece sus hijas vírgenes, Génesis 19.4-8.
Mezcla de inmoralidad con adoración, Números 25.1-2.
El ocio conduce a la lujuria, 2 Samuel 11.1-5.
David y Betsabé, 2 Samuel 11.1-27.
Inmoralidad cometida en venganza, 2 Samuel 16.20-23.
Debilidad del Rey Salomón, 1 Reyes 11.1-13.
Evitar la lujuria exige disciplina, Job 31.1.
La lujuria entra por los ojos, Job 31.1.
Castigo para la lujuria, Job 31.11.
Protección contra la lujuria, Salmo 141.4.
Por la lujuria se pierden los valores, Proverbios 6.25-26.
Jugar con fuego, Proverbios 6.27.
Ramera al acecho, Proverbios 7.4-17.
Pensar solo en sexo, Isaías 57.5.
En busca de sexo, Jeremías 2.24.
Sin agua debido a la lujuria, Jeremías 3.3.
Adulterio con piedra y madera, Jeremías 3.9.
Descripción de hombres libertinos, Jeremías 5.8.
Mercadear la belleza femenina, Ezequiel 16.15.
Abominación visual, Ezequiel 20.7.
Violación de familiares, Ezequiel 22.11.
Dos hermanas adúlteras, Ezequiel 23.1-49.
Cuidado lujurioso, Ezequiel 23.2-3.
Lujuria inducida por la pornografía, Ezequiel 23.14-17.
Lujuria llamada amor, Ezequiel 23.17.
Lujuria y perversidad, Ezequiel 23.48.
Padre e hijo con la misma mujer, Amós 2.7.
Adulterio en corazón y pensamiento, Mateo 5.27-28.
Impureza sexual, Romanos 1.24-26.
Esclavos de la lujuria, Romanos 7.5.
Deseos de la carne, Romanos 13.14; Gálatas 5.16,24.
Entrega a la impureza, Efesios 4.19.
Despojarse del viejo hombre, Efesios 4.22.
Hacer morir la impureza, Colosenses 3.5.
Esposa en santidad, 1 Tesalonicenses 4.5.
Huir de las pasiones juveniles, 2 Timoteo 2.22.
Concupiscencia, pecado y muerte, Santiago 1.15.
Deleites, Santiago 4.3.
Abstenerse de la lujuria, 1 Pedro 2.11.
Desprecio a la autoridad, 2 Pedro 2.10.
Llenos de lujuria, 2 Pedro 2.14.
El pecado proviene del mundo, 1 Juan 2.16.
Redimidos por Dios, Apocalipsis 14.4.

M

MAESTRO
Maestro divino, Éxodo 4.15; Deuteronomio 4.36; Salmos 25.12; 32.8;
   Isaías 28.26; 48.17.
Comisionado para enseñar, Levítico 10.11.
Necesidad de maestro, 2 Crónicas 15.3.
Maestros itinerantes, 2 Crónicas 17.7-9.
Autoridad de maestro, Salmo 94.10.
Hablar con excelencia, Proverbios 8.6.
Predicador sabio, Eclesiastés 12.9-10.
Falsos maestros, Jeremías 8.8.
Corrección de maestro, Jeremías 32.33.
Enseña la verdad, Malaquías 2.6.
Asombro ante enseñanzas de Jesús, Marcos 1.22.
De tal maestro, tal alumno, Lucas 6.40.
Promesa de Consolador, Juan 14.16-17,26; 16.5-14.
Necesidad de maestro, Hechos 8.30-31.
Maestros de primeros cristianos, Hechos 11.26.
Abundancia de maestros, Hechos 15.35.
No olvidar lo aprendido, 1 Corintios 11.2.
Llamamiento divino, Efesios 4.11.
El Maestro, Efesios 4.20.
Enseñanza directa de Dios, 1 Tesalonicenses 4.9.
Maestros que no entienden las enseñanzas, 1 Timoteo 1.7.
Necesidad de enseñar a maestros, Hebreos 5.12.
Responsabilidad para enseñar, Santiago 3.1.

MAGIA
Busca voluntad de Dios mediante adivinación, Génesis 30.27.
Magos ignorantes en Egipto, Génesis 41.1-24.
Aparenta creer en adivinación, Génesis 44.5.
Magos profesionales, Éxodo 7.8-12; 8.1-19.
Superticiones en Israel, Isaías 2.6-8.
Falsos profetas y profecías, Jeremías 23.33-40.
Magos incapaces, Daniel 1.20; 2.1-13; 4.4-7.
Vanidad de brujero, Hechos 8.9-11 (LBD).
Acechanzas del diablo, Efesios 6.11 (BJ).
Falsos milagros, 2 Tesalonicenses 2.9-10.
Hechiceros en el lago de fuego, Apocalipsis 21.8; 22.15.

MAL
Atractivo del mal, Génesis 3.6.

Depravación antes del diluvio, Génesis 6.5.

No maldecir lo bendito, Números 22.12.

Maldad ayuda a los planes de Dios, Jueces 14.1-4; Jeremías 25.11-14; Apocalipsis 17.17.

Fuente de demonios, 1 Samuel 16.15; 18.10.

Muerte de héroe malvado, 1 Samuel 17.51.

Mal castigado, 1 Reyes 22.23.

Dios manda a destruir, 2 Reyes 9.6-7.

Resultado final del mal, Job 20.4-11.

La senda antigua, Job 22.15.

Peligro para hacedores de maldad, Salmos 5.10; 7.15-16.

Naturaleza pecaminosa heredada, Salmo 51.5.

Impíos como cera, Salmo 68.2.

Ira del hombre alaba a Dios, Salmo 76.10.

Mal versus mal, Salmo 140.11.

Clasificación del mal, Proverbios 6.16-19.

«Odiar el mal», Proverbios 8.13 (VP).

Cuando el impío prospera, Eclesiastés 8.12.

Reino de ídolos, Isaías 10.10.

Asirios malvados llevados con garfios en las narices, Isaías 37.29.

Los que confían en la maldad, Isaías 47.10-11.

Fuente del mal, Isaías 54.16-17.

Volver a las andadas, Isaías 63.17.

Abrazan el engaño, Jeremías 8.5.

Prosperidad de los malos, Jeremías 12.1-3.

El mal pesa más que el bien, Ezequiel 33.12.

Oseas recibe la orden de casarse con mujer mala, Oseas 1.2-3.

Maldición final del Antiguo Testamento, Malaquías 4.6 (compárese con Apocalipsis 22.21).

Influencia del mal sobre el bien, Mateo 13.24-30.

Jesús evita intento del mal, Lucas 4.28-30.

Satanás entra en Judas, Lucas 22.3.

Apóstol diabólico, Juan 6.70-71.

Aprobar el mal que otros hacen, Hechos 8.1.

Buena ley revela pecado, Romanos 7.13-14.

Los que se entregan a Satanás, 1 Timoteo 1.18-20.

El buen amor, aborrece el mal, Hebreos 1.9.

Dios no tienta a nadie, Santiago 1.13-14.

Obras del diablo, 1 Juan 3.7-8.

Probar los falsos espíritus, 1 Juan 4.1-6.

Derrota inevitable de Satanás, Apocalipsis 12.1-9.

Demonios impotentes contra Miguel, Apocalipsis 12.7-9.

Marca de la bestia, Apocalipsis 13.16-18; 14.9-10.

Pecados llegan hasta el cielo, Apocalipsis 18.4-5.

Reina malvada rechaza admitir pecado, Apocalipsis 18.7-8.
Un ángel ata a Satanás, Apocalipsis 20.1-3.

MAL HUMOR
Venganza iracunda, Deuteronomio 19.6.
Hombre perverso, 1 Samuel 25.25.
Hombre de mal genio, 2 Samuel 20.1.
Muy enojado, Nehemías 5.6.
Ira divina, Salmo 6.1.
Ira pasajera, Salmo 30.5.
Dios lento para la ira, Salmo 86.15; Nahum 1.3.
Impaciente, Proverbios 14.29.
Control del mal humor, Proverbios 16.32.
Ira con violencia, Proverbios 19.19.
Evitar hombre iracundo, Proverbios 22.24.
Ira real, Daniel 3.19.
Temperamento de Dios, Oseas 11.9.
Reprende mal humor, 2 Corintios 12.20.
Ser tardos para airarse, Santiago 1.19-20.

MALDICIÓN
Penalidad por desobediencia, Deuteronomio 28.15-68.
Apuros de una madre, Jueces 17.1-5.
Enfermedad venérea, 2 Samuel 3.29.
Castigo por maldición, 1 Reyes 2.8-9.
Experto en maldiciones, Job 3.8.
Bendición que se convierte en maldición, Malaquías 2.2.
Conclusión del Antiguo Testamento, Malaquías 4.6.

MALICIA
Ninguna malicia, Génesis 2.25.
Tapar desnudez, Génesis 3.7 (véase 2.25).
Desnudez de Noé, Génesis 9.20-27.
Guardar partes íntimas, Deuteronomio 25.11.
Partes íntimas, Isaías 3.17.
Vergüenza descubierta, Jeremías 13.26.
Conducta vergonzosa, Ezequiel 16.27.
Lujuria y perversidad, Ezequiel 23.48.

MALVADO
Personalidades malvadas, Deuteronomio 32.32-33; Salmo 10.7;
    Proverbios 6.14-19; Romanos 1.29-32.
Características de un personaje malvado, Proverbios 6.16-19.
Con palabras oculta un corazón malvado, Proverbios 26.24-26.

MÁRTIR
Sacrificio de sacerdotes, 1 Samuel 22.17-18.
Fratricidio y parricidio, Mateo 10.21.
Muerte de Juan el Bautista, Mateo 14.1-12.
Los que matan el cuerpo, Lucas 12.4-5.
Arresto, defensa y muerte de Esteban, Hechos 6.8-15; 7.1-60.
Espíritu perdonador de mártir, Hechos 7.60.
Jacobo muere a espada, Hechos 12.2.
Preparado para el martirio, Hechos 21.13.
Martirio viviente, Romanos 8.36.
Dispuesto a morir por amor, 1 Corintios 13.3.
Se debe dar la vida por otros, 1 Juan 3.16.
Fidelidad ante la muerte, Apocalipsis 2.13.
Las almas de los mártires, Apocalipsis 6.9.
Ebria con la sangre de los mártires, Apocalipsis 17.6.
Decapitados por fidelidad y testimonio, Apocalipsis 20.4.

MATRIMONIO
Primer matrimonio, Génesis 2.18-24.
Demonios se casan con mujeres, Génesis 6.1-4.
Maridos sobrenaturales, Génesis 6.4.
Engaño en el estado marital, Génesis 12.10-20; 20.1-18; 26.7-11.
Abraham busca esposa para Isaac, Génesis 24.1-58; 25.19-20.
Novia consiente en casarse, Génesis 24.58; 1 Samuel 25.19-43.
Matrimonio después de la muerte de Sara, Génesis 25.1-2.
Malas nueras, Génesis 26.34-35.
Matrimonio entre parientes, Génesis 29.23-30; 2 Crónicas 11.18.
Deshonra de Dina, Génesis 34.1-31.
Responsabilidad después de relaciones ilícitas, Éxodo 22.16.
Incesto y depravaciones sexuales, Levítico 20.14-21.
Reglas especiales para sacerdotes, Levítico 21.1-15.
Marido interviene en asuntos de la esposa, Números 30.10-15.
Marido solamente entre la familia, Números 36.6.
Esposa idólatra, Deuteronomio 13.6.
Divorcio y segundas nupcias, Deuteronomio 24.1-5.
Intervención paterna, Jueces 15.1-2.
Hija dada en recompensa, Josué 15.16.
Escasez de esposas, Jueces 21.14.
Secuestro de esposas, Jueces 21.20-23.
Bendición para nueras viudas, Rut 1.9.
Rut y Booz, Rut 3.10-13.
Propiedad con esposa incluida, Rut 4.5.
Esposa robada, 2 Samuel 3.12-16.
Muchas esposas de David, 2 Samuel 5.13.

Pelea marital, 2 Samuel 6.16-23.
Hijo famoso de mal matrimonio, 2 Samuel 12.24-25.
Fin de relaciones, 2 Samuel 20.3.
Rey impotente, 1 Reyes 1.1-4.
La solicitud de esposa le trajo desgracia, 1 Reyes 2.13-25.
Alianza matrimonial, 1 Reyes 3.1.
Matrimonio con incrédulos, 1 Reyes 11.1-8.
Muchas mujeres como regalo, 2 Crónicas 11.23.
Matrimonio político, 2 Crónicas 18.1; Daniel 11.6.
Matrimonios con impíos, Esdras 9.2.
Lista de esposas extranjeras, Esdras 10.16-44.
Rey y reina, Nehemías 2.6.
Mujeres deben dar honra a sus maridos, Ester 1.9-21.
Pelea marital, Job 2.9-10.
Unidad del matrimonio, Salmo 34.3.
No cantos nupciales, Salmo 78.63.
Lejos de la mujer extraña, Proverbios 2.16-17.
Clave para matrimonio feliz, Proverbios 5.18-20.
Furia del marido engañado, Proverbios 6.27-35.
Bendición o maldición, Proverbios 12.4.
El amor perdona las faltas, Proverbios 17.9.
Benevolencia del Señor, Proverbios 18.22.
Dios da mujer prudente, Proverbios 19.14.
Mujer rencillosa, Proverbios 21.9,19; 25.24.
Dos mejores que uno, Eclesiastés 4.9-12.
Gozo de la vida juntos, Eclesiastés 9.9.
Hermana y esposa, Cantares 4.9; 8.1.
Sabor de los labios, Cantares 4.11.
Intimidad marital, Cantares 4.16.
En la casa de la madre, Cantares 8.2.
El amor verdadero no se apaga, Cantares 8.7.
Joven esposa rechazada, Isaías 54.6.
Felizmente casada, Isaías 62.4.
Israel como novia de Dios, Jeremías 2.1-3.
El gozo y la alegría terminan, Jeremías 7.34.
Prohibido en tiempo de juicio, Jeremías 16.1-4.
No tomar mujer, Jeremías 16.2.
Matrimonio en tiempo de angustia, Jeremías 33.10-11.
Rebeldía contra Dios, Jeremías 44.16-19.
Esposa adúltera, Ezequiel 16.32.
Restricciones para sacerdotes, Ezequiel 44.22.
Matrimonio por conveniencia, Daniel 11.6.
Orden de casarse con mujer fornicaria, Oseas 1.2-3.
Esposa adúltera retorna, Oseas 2.7.

Matrimonio restaurado, Oseas 2.16-20.
Amar a mujer ajena, Oseas 3.1.
No pueden procrear, Oseas 9.11.
Termina matrimonio de la juventud, Joel 1.8.
Acuerdo para andar juntos, Amós 3.3.
Mujeres que dan órdenes a sus maridos, Amós 4.1.
Casamiento con inconverso, Malaquías 2.11.
Votos de juventud, Malaquías 2.15.
Juicio para los adúlteros, Malaquías 3.5.
Causa de divorcio, Mateo 5.31-32.
Jesús y el divorcio, Mateo 19.3-9.
Advertencia de la esposa de Pilato, Mateo 27.19.
No hay matrimonio en el cielo, Marcos 12.18-25; 1 Corintios 7.39-40.
No hay matrimonio en los cielos, Marcos 12.18-27.
Breve matrimonio de profetisa, Lucas 2.36-37.
Una mujer con muchos maridos, Juan 4.17-18.
Relaciones entre marido y mujer, 1 Corintios 7.1-7.
Consejo para los solteros, 1 Corintios 7.1-7.
Continencia para orar, 1 Corintios 7.5.
Matrimonios de creyentes e incrédulos, 1 Corintios 7.10-16.
Aflicción en la carne, 1 Corintios 7.25-28.
Dar hija en matrimonio, 1 Corintios 7.36-38.
Esposa viaja con el marido, 1 Corintios 9.5.
Atavío de las mujeres, 1 Corintios 11.2-16.
Papel de esposas y esposos, Efesios 5.21-33.
Armonía en el matrimonio, Colosenses 3.18,19; 1 Pedro 3.1-2,7.
Sin amor, 2 Timoteo 3.3.
Marido de una sola mujer, Tito 1.6.
Responsabilidades domésticas, Tito 2.3-5.
Matrimonio honroso, Hebreos 13.4.
Almas adúlteras, Santiago 4.4.
Conducta conyugal, 1 Pedro 3.1-7.
Amor sin temor, 1 Juan 4.18.
Influencia de Jezabel en Tiatira, Apocalipsis 2.20.
No matrimonios en Babilonia, Apocalipsis 18.23.
Traje de novia, Apocalipsis 19.7-8; 21.2.

MAYORDOMÍA
Sin manos vacías delante de Dios, Éxodo 23.15.
Administración, Números 7.13-85; 10.2.
Niño dedicado al Señor, 1 Samuel 1.25-28.
Recompensa dedicada al Señor, 2 Samuel 8.9-12.
Actitud de David, 2 Samuel 24.21-24.
Fondos para el templo, 2 Reyes 12.4-5.

Actitud adecuada de administrador, 1 Crónicas 29.13-14; Salmo 24.1.
Dinero, comida, bebida y aceite para trabajadores, Esdras 3.7.
Clase de sacrificio que Dios bendice, Salmo 51.15-17.
Honrar a Dios con bienes y primicias, Proverbios 3.9-10.
Posición inmerecida, Proverbios 15.6-7,27.
Jactancia de falsa generosidad, Proverbios 25.14.
Cumplir promesas, Eclesiastés 5.4-5.
Profecía sobre Tiro, Isaías 23.15-18.
Personas en palacios y templo en ruinas, Hageo 1.1-4.
Sacerdotes que profanan altar, Malaquías 1.6-14.
Oro y plata refinados, Malaquías 3.2-4.
Mayordomía en privado, Mateo 6.2-4.
Pagar impuestos al gobierno, Mateo 22.15-22; Marcos 12.17.
Unción de Jesús, Mateo 26.6-13; Marcos 14.3-9.
Administradores fieles, 1 Corintios 4.2.
Buena administración, 2 Corintios 2.17.
Dar prioridad a la mayordomía, 2 Corintios 8.9-11.
Bondad como fruto del Espíritu, Gálatas 5.22.
Administración de gracia divina, Efesios 3.2.
Buenos administradores, 1 Pedro 4.10.

MEDIADOR
Necesidad de un mediador, Éxodo 20.19; Deuteronomio 5.27.
Entre los muertos y los vivos, Números 16.48.
Carga de liderazgo, Deuteronomio 9.18.
No hay árbitro, Job 9.33-35.
Mediadores ineficaces, Jeremías 15.1.
El pueblo depende del mediador, Jeremías 42.1-4.
Mensaje por medio del profeta, Hageo 1.1.
La fe de los amigos ocasionó la sanidad, Marcos 2.1-5.
Dios conocido solo mediante Cristo, Lucas 10.22; 1 Timoteo 2.5;
    Hebreos 8.6; 9.15,24; 12.24; 1 Juan 2.1.
Dios como mediador, Gálatas 3.20.
Jesús, el único mediador, 1 Timoteo 2.4-5.
Único mediador, 1 Timoteo 2.5-7.
Jesús, el fiador, Hebreos 7.22.

MEDIANA EDAD
Tiempos pasados, Job 29.4.
Petición por muchos años, Salmo 102.24.
A la mitad de la vida, Isaías 38.10.

MÉDICO
Embalsamadores, Génesis 50.2.

Búsqueda de médicos, 2 Crónicas 16.12.
Médicos incompetentes, Job 13.4.
Herida mal curada, Jeremías 8.11.
Necesidad de médico, Jeremías 8.22.
Médico para enfermos, Mateo 9.12; Lucas 5.31.
Médicos ineficientes, Marcos 5.25-26.
Saludos del doctor Lucas, Colosenses 4.14.

MEDITACIÓN
Meditación diaria, Josué 1.8.
Meditar en el corazón, Salmo 4.4.
Tiempo de reflexión, Salmo 16.7.
Meditación del corazón, Salmo 19.14.
Sed del Dios vivo, Salmo 42.1-2.
Llamado sobre el abismo, Salmo 42.7-8.
Meditación en el templo, Salmo 48.9.
Búsqueda de Dios en silencio, Salmo 62.1.
Meditación en vigilia, Salmo 63.6.
Reflexiones con gratitud, Salmos 77.10-12; 143.5.
Visión bíblica, Salmo 119.18.
Experiencia diaria, Salmo 119.97.
Sabiduría de las Escrituras, Salmo 119.98-100.
Dios examina el corazón, Salmo 139.23-24.
Gloria de reyes, Proverbios 25.2.
La obra de Dios, Eclesiastés 7.13.
Delicadeza espiritual, Jeremías 15.16.
Gloria de Dios, Ezequiel 3.22-23.
Callar en la presencia de Dios, Sofonías 1.7; Zacarías 2.13.
Aposento de oración, Mateo 6.5-6.
Meditación del corazón de María, Lucas 2.19.
Soledad en el amanecer, Lucas 4.42.
Retiro de oración, Lucas 5.16.
Templo del Espíritu, 1 Corintios 3.16.
Solos en Atenas, 1 Tesalonicenses 3.1.
Recompensa por cuidadosa reflexión, 2 Timoteo 2.7.
Pensamientos fijos en Jesús, Hebreos 3.1.
Meditación en el mensaje, 1 Juan 2.24.
Bienaventurados los que meditan en el mensaje
    Apocalipsis 1.3.

MENDIGAR
Niños que mendigan, Salmos 37.25; 109.10.
Que no llevasen nada, Marcos 6.8.
La invalidez lleva a la mendicidad, Marcos 10.46-52; Juan 9.1-12.

El mendigo y el rico, Lucas 16.19-31.
La sorpresa del mendigo, Hechos 3.1-8.

MENTE
El Señor conoce nuestros pensamientos, Salmos 94.11; 139.1-4.
Mente incansable, Eclesiastés 2.23.
Control del enojo, Eclesiastés 11.10.
Mente llena de iniquidad, Isaías 32.6.
Pensamientos inicuos, Jeremías 4.14.
Revelación de pensamientos, Lucas 2.34-35; 6.8.
Mentes reprobadas, Romanos 1.28.
Conflicto entre mente y cuerpo, Romanos 7.21-25.
Mente natural y mente controlada por el Espíritu, Romanos 8.6-9.
Vanidad de la mente, Efesios 4.17.
Actitud de la mente dicta la conducta, Filipenses 4.8-9.
Mente carnal, Colosenses 2.18.
Mente y conciencia corrompidas, Tito 1.15.
Pensamientos fijos en Jesús, Hebreos 3.1.
Mentes preparadas para la acción, 1 Pedro 1.13.

MERCADO BURSÁTIL
Riqueza apresurada, Proverbios 28.20.
Malas inversiones, Eclesiastés 5.14.

MERCANCÍA
La prostituta que paga, Ezequiel 16.33-34.
Balanzas justas, Ezequiel 45.9-10.
Enseres arrojados al mar, Jonás 1.5.
Nadie compra sus mercancías, Apocalipsis 18.11.

META
Deseos de obediencia total, Salmo 119.1-5.
Ojos en la meta, Proverbios 4.25-27.
Planes de hombre y propósitos de Dios, Proverbios 19.21.
Metas orientadas, Isaías 32.8; Jeremías 32.38-39.
Grandes metas, Isaías 54.2-3.
Metas egocéntricas, Jeremías 45.4-5.
«Has seguido bien mis enseñanzas», 2 Timoteo 3.10 (VP).

METÁFORA
Fuerza del sol, Jueces 5.31.
Se elevan como el sol, Jueces 5.31.
Lámpara es el Señor, 2 Samuel 22.29.
Dios es el pastor, Salmo 23.1.

Grandeza de Dios y naturaleza, Salmo 36.5-6.
Sol y escudo, Salmo 84.11.
Escudo y abrigo, Salmos 84.11; 91.4.
Perversidad y barro, Isaías 29.15-16.
Maternidad y riqueza, Jeremías 17.11.
Madre como vid derribada, Ezequiel 19.10-14.
Sembrar y cosechar, Oseas 10.12.
Como osa madre, Oseas 13.8.
Maldad en la medida, Zacarías 5.7,8.
Sal de la tierra, Mateo 5.13.
Nadie viste mejor que las flores, Mateo 6.28-30.
Siembra y tierra, Mateo 13.19-23,37-43.
Tesoros viejos y nuevos, Mateo 13.52.
Pan como Cuerpo de Cristo, Mateo 26.26.
Antorcha que arde y alumbra, Juan 5.35.
Pan de vida, Juan 6.35.
Luz del mundo, Juan 8.12.
Jesús la puerta, Juan 10.9.
Vid y pámpanos, Juan 15.5.
De tristeza a júbilo, Juan 16.20.
Alegorías, Juan 16.25.
Candeleros y estrellas, Apocalipsis 1.20.
Incienso y oraciones, Apocalipsis 5.8.

MILAGRO
Milagros de falsos profetas, Deuteronomio 13.1-5.
Purificación antes de los milagros, Josué 3.5.
Milagros innumerables, Salmo 40.5.
Escasez de milagros, Salmo 74.9.
Mortandad por desobediencia, Salmo 106.14-15.
No tentar a Dios, Isaías 7.11-12.
Ojos y oídos abiertos, Isaías 35.5.
Quince años más para Ezequías, Isaías 38.1-6.
Diez grados atrás, Isaías 38.7-8.
Horno de fuego, Daniel 3.22-27.
Sanidad de leproso, Mateo 8.4.
Jesús sana una niña, Mateo 9.23-26.
Divulgación de secreto, Mateo 9.29-31.
Milagros en Capernaum, Mateo 11.23.
Recordar milagros, Mateo 16.7-10; Marcos 8.1-21.
Intento de evitar milagro, Mateo 27.62-66 (véase 28.11-15).
Mayor el Sanador que la sanidad, Lucas 7.21-23.
Fuera de tiempo, Juan 2.4.
Propósito de milagros, Juan 2.11.

Si no ven no creen, Juan 4.48.
Los milagros atraen la fe, Juan 7.1-5.
Milagros mesiánicos, Juan 7.31.
Propósito de milagros, Juan 10.22-39; 20.30-31.
Barjesús, Hechos 13.6-12.
Milagros en el ministerio de Pablo, Hechos 19.11-12.
La grandeza del poder, Romanos 8.11; Efesios 1.18-21.
Milagros satánicos, 2 Tesalonicenses 2.9.
Actuación de los dones del Espíritu, Hebreos 2.4.

MISTERIO
Misterioso pasado, Eclesiastés 7.24.
Visión misteriosa, Apocalipsis 12.1,3.

MITO
Fábulas interminables y charlatanería, 1 Timoteo 1.3-4; 4.7.

MODA
Cuando la plata no estaba de moda, 1 Reyes 10.21.
Discusiones sobre las novedades intelectuales, Hechos 17.21.
Cubrir la cabeza y estilo de peinado, 1 Corintios 11.13-16.

MODESTIA
Criada humilde, Génesis 24.61-65.
Pensamiento modesto, Romanos 12.3.
Miembros modestos, 1 Corintios 12.22-25.
Ropa decorosa, 1 Timoteo 2.9-10.

MOMENTOS DE ORACIÓN
Antes del amanecer, Salmo 119.147.
Fortaleza en la mañana, Isaías 33.2.
Oración al aire libre, Ezequiel 3.22-23.
Aposento de oración, Mateo 6.5-6.
Apartarse a orar, Mateo 14.23; 15.29.
Antes del alba, Marcos 1.35.
En busca de lugar tranquilo, Marcos 6.31; 7.24.
Lo buscan cuando estaba orando, Lucas 4.42; 5.16.
Vigilia en oración, Lucas 6.12.
Oración en Getsemaní, Lucas 22.41.
Oración en la azotea, Hechos 10.9.

MORALIDAD
Abram, Sarai y los egipcios, Génesis 12.10-20.
Prevención divina, Génesis 20.1-18.

Casamiento entre ex esposos, Deuteronomio 24.1-4.
Conducta moral de Booz, Rut 3.1-14.
Moralidad militar, 1 Samuel 21.1-5.
Parábola de reprensión a David, 2 Samuel 12.1-4.
Conducta hacia concubinas, 2 Samuel 20.3.
Moralidad senil, 1 Reyes 1.1-4.
Eunucos se encargan de la reina, Ester 1.10-11; 2.3.
Evitar la lujuria exige disciplina, Job 31.1.
Moralidad vital, Jeremías 3.1-5.
Dramática pubertad, Ezequiel 16.5-9.
Severidad de principios, Mateo 1.19.
Moralidad no da salvación, Mateo 19.16-26.
Quienes necesitan el Gran Médico, Marcos 2.17; 10.17-20.
Como en los días de Noé, Lucas 17.26-30.
Cinco maridos, Juan 4.16-18.
El espantado Félix, Hechos 24.24-25.
Función de la conciencia, Romanos 2.14-15.
Instruido en la ley, Romanos 2.17-18.
Vencer la inmoralidad, Romanos 13.14.
Moral y órganos del cuerpo, 1 Corintios 12.22-25.
Malas conversaciones, 1 Corintios 15.33.
Resultado del nuevo nacimiento, 2 Corintios 5.17.
Fruto del Espíritu, Gálatas 5.22-23.
Ayuda mutua, Gálatas 6.2.
Fruto del corazón, Hebreos 8.10.
Excelencia moral, 2 Pedro 1.5.
Los que se mantienen puros, Apocalipsis 14.4.

MUERTE
De vuelta a la tierra, Génesis 3.19.
Sepultado en buena vejez, Génesis 15.15.
Muere a los 137 años, Génesis 25.17.
Muerte de Isaac, Génesis 35.29.
Jacob cierra ojos del padre, Génesis 46.4.
Muere en la cama, Génesis 49.33.
Llora sobre el cadáver, Génesis 50.1.
Embalsamamiento egipcio, Génesis 50.2-3.
Muerte natural, Números 19.16.
Prefieren la muerte, Números 20.3; 1 Reyes 19.4.
Anuncio de muerte, Deuteronomio 31.14.
Camino de toda la tierra, Josué 23.14.
Muere debido a mala noticia, 1 Samuel 4.12-18.
Conciencia después de la muerte, 1 Samuel 28.12-19.
Valientes caídos, 2 Samuel 1.19.

Muerte por medida, 2 Samuel 8.2.
Reacción ante muerte de hijo, 2 Samuel 12.16-23.
Extraña muerte de Absalón, 2 Samuel 18.9-15.
Gozo se vuelve luto, 2 Samuel 19.2.
Últimas palabras de David, 2 Samuel 23.1-7.
Muerte de rey en batalla, 1 Reyes 22.34-37; 2 Crónicas 18.33-34.
Arregla cuentas, 2 Reyes 20.1.
Días cumplidos, 1 Crónicas 17.11.
Le niegan sepulcro real, 2 Crónicas 28.27.
Ansiedad por morir, Job 3.21-22.
Meditación sobre la muerte, Job 4.7.
Muerte súbita, Job 4.20.
Vejez y sepultura, Job 5.26.
Deseo de morir, Job 6.11.
Del barro al polvo, Job 10.9.
Sombra de muerte, Job 10.22.
Último suspiro, Job 11.20; 13.19.
Brevedad de la vida, Job 14.1.
Muerte del hombre, Job 14.10.
Viaje sin retorno, Job 16.22.
Espera la muerte, Job 17.1.
Nombre olvidado, Job 18.17.
Muere joven, Job 21.23-25.
Tierra de muerte, Job 26.6.
Muertos sin luto, Job 27.15.
Morir en casa, Job 29.18.
Dios muerto en sus pensamientos, Salmo 10.4.
Dormir de muerte, Salmo 13.3.
Valle de sombra, Salmo 23.4.
Guía eterno, Salmo 48.14.
Muerte con bendición, Salmo 49.14.
Se va la luz, Salmo 49.19.
Como bestia que perece, Salmo 49.20.
Terror de muerte, Salmo 55.4.
Arrepentimiento en el lecho de muerte, Salmo 66.13-14.
Los fuertes también mueren, Salmo 76.5.
Muerte temprana, Salmo 78.63-64.
Tinieblas y lugares profundos, Salmo 88.6.
Siempre cerca de la muerte, Salmo 88.15.
Brevedad de la vida, Salmo 89.47-48.
Vida termina como un pensamiento, Salmo 90.9.
Tierra del silencio, Salmo 94.17.
Muere en la mitad de la vida, Salmo 102.23-24.
Memoria eterna del justo, Salmo 112.6.

Ligaduras de muerte, Salmo 116.3.
Muerte de los santos, Salmo 116.15.
Liderazgo termina con muerte, Salmo 146.3-4.
Muere el sabio y muere el necio, Eclesiastés 2.16.
Humanos y animales, Eclesiastés 3.21.
Felicidad de morir, Eclesiastés 4.2.
Nacer y morir desnudo, Eclesiastés 5.15.
Día de la muerte, Eclesiastés 7.1-2.
Morir antes de tiempo, Eclesiastés 7.17.
Nadie tiene potestad sobre la muerte, Eclesiastés 8.8.
Muerte segura, Eclesiastés 9.5.
Muchos días de tinieblas, Eclesiastés 11.8.
Aliento de vida, Isaías 2.22.
Pacto con la muerte, Isaías 28.15.
Enfermedad de muerte, Isaías 38.1.
Muerte en los mejores años, Isaías 38.9-10.
Muerte a edad temprana, Isaías 38.10.
En el infierno no hay esperanza, Isaías 38.18.
Descender al sepulcro, Isaías 38.18.
Muerte en paz, Isaías 57.2.
Ignominia de muerte, Jeremías 8.1-2.
Muertos sin entierro, Jeremías 14.16.
Viudas numerosas, Jeremías 15.8.
Luto olvidado, Jeremías 16.5-7.
Muerte pacífica, Jeremías 34.4-5.
Iniquidad en vida, Ezequiel 13.19.
Muerte de esposa, Ezequiel 24.15-27.
Descenso al sepulcro, Ezequiel 26.20.
Muertos a espada, Ezequiel 32.23.
Promesa de resurrección, Daniel 12.13.
Vida y muerte, Jonás 2.6.
La muerte no se sacia, Habacuc 2.5.
Josué después de muerto, Zacarías 3.1-10; 6.11.
Pueblo en tinieblas, Mateo 4.16.
Los muertos entierran a sus muertos, Mateo 8.21-22.
Relaciones terrenales diferentes a las celestiales, Mateo 22.23-30.
Poder del Creador sobre la muerte, Marcos 5.38-42.
Momento final de Jesús, Marcos 15.37-39.
Muere hijo único, Lucas 7.11-13.
Dios de vivos, Lucas 20.38.
Jesús encomienda el espíritu, Lucas 23.46.
Mortales resucitados, Juan 5.28-29.
Verdadera inmortalidad, Juan 8.51.
Propósito de la muerte, Juan 11.4.

Antes de la resurrección, Juan 11.11-14; Hechos 7.60.
Lázaro duerme, Juan 11.11-15; Hechos 7.60.
Compañerismo antes y después de la resurrección, Juan 12.1-10
    (véase 11.1-44).
Amenazas de muerte para Lázaro, Juan 12.10.
Conveniencia de muerte de Jesús, Juan 16.5-7.
Trabajo concluido, Juan 17.4.
Consciente de morir, Juan 18.1.
Profecías cumplidas, Juan 19.28-30,33.
Vulgar muerte de Judas, Hechos 1.18.
David y Jesús, Hechos 2.29-35.
Muerte de Esteban, Hechos 7.54-56.
Reino de muerte y reino de vida, Romanos 5.17.
Enemigo postrero, 1 Corintios 15.26.
Muerte y victoria, 1 Corintios 15.53; Isaías 25.8.
Muerte vencida, 1 Corintios 15.55.
Morada terrestre y eterna, 2 Corintios 5.1.
Morir es ganancia, Filipenses 1.21-24.
Muerte para vida, 1 Tesalonicenses 5.10.
Muerte anulada, 2 Timoteo 1.10.
Cercanía de muerte, 2 Timoteo 4.6-8.
Muerte confirma testamento, Hebreos 9.16-17.
El rico es como hierba seca, Santiago 1.10-11.
Gozo en la eternidad, Santiago 5.11.
Hierba seca y vida en Cristo, 1 Pedro 1.24-25.
Muertos en vida, 2 Pedro 1.13-14.
En vano buscan la muerte, Apocalipsis 9.4-6.
Feliz experiencia, Apocalipsis 14.13.
Sangre como de muerto, Apocalipsis 16.3.

MUJER
Ayuda idónea, Génesis 2.18.
Madre de todos los vivientes, Génesis 3.20.
Mujeres hermosas, Génesis 6.1-2.
Esposa y hermana del mismo hombre, Génesis 20.1-18; 12.10-20.
Pastora, Génesis 29.9.
Mujeres sin herencia, Génesis 31.15-16.
Cántico de profetisa, Éxodo 15.21.
Esclava con derechos, Éxodo 21.7-11.
Hijas sin hermanos, Números 27.1-11.
Influencia del esposo en votos de mujer, Números 30.10-15.
Muerte de mujeres enemigas, Números 31.7-18.
Hija pide favor especial, Jueces 1.13-15.
Damas sabias, Jueces 5.29.

Doncellas como botín, Jueces 5.30.

Mujer degrada rey, Jueces 9.50-55.

Degradamiento de estima femenina, Jueces 19.1-30.

Secuestro de esposas, Jueces 21.20-21.

Suegra da instrucciones a nueras, Rut 1.8.

Mujer trabajadora, Rut 2.7.

Mujeres que edifican, Rut 4.11.

Nuera vale más que siete hijos, Rut 4.13-15.

Rápido abastecimiento de comida, 1 Samuel 25.18.

Diez concubinas recluidas, 2 Samuel 20.3.

Lenguaje del corazón femenino, 1 Reyes 10.1-2.

Mujer malvada, 1 Reyes 19.1-2.

Mujer hospedadora, 2 Reyes 4.8.

Se nombra a la madre, no al padre, 2 Reyes 23.31,36; 24.8,18.

Profetisa aconseja rey, 2 Crónicas 34.22-28.

Hijas en restauración, Nehemías 3.12.

Reina rebelde, Ester 1.9-21.

Atavíos para doncellas, Ester 2.3,9,12.

Influencia de reina en el rey, Ester 9.12.

Mujeres llevan buenas nuevas, Salmo 68.11.

Mujer insensata, Proverbios 9.13.

Mujer virtuosa, Proverbios 12.4.

Un hombre entre mil, ninguna mujer, Eclesiastés 7.28.

Sexo débil, Isaías 19.16; Jeremías 50.37; 51.30; Nahum 3.13; 1 Pedro 3.7.

Babilonia comparada con mujer, Isaías 47.7.

Hermosa y delicada, Jeremías 6.2.

Reina del cielo, Jeremías 7.18; 44.18-19.

Juicio para rey y reina, Jeremías 13.18.

Mujer protege hombre, Jeremías 31.22.

Destino de joven mujer, Lamentaciones 3.51.

Profetisas, Ezequiel 13.17.

Sabiduría de reina, Daniel 5.10-11.

Mujeres que mandan a sus esposos, Amós 4.1.

María y los pastores, Lucas 2.19-20.

Ministerio de profetisa anciana, Lucas 2.36-38.

Mujeres que sirven a Jesús, Lucas 8.1-3.

Jesús habla con mujer, Juan 4.27.

Eficaz testimonio de mujer, Juan 4.39-42.

Ministerio para mujeres, Hechos 16.13.

Mujer comerciante, Hechos 16.13-15.

Mujeres nobles, Hechos 17.4,12.

Hijas con don de profecía, Hechos 21.9.

Mujer ayudante, Romanos 16.2.

Como madre para Pablo, Romanos 16.13.
Mujeres solteras, 1 Corintios 7.25-26.
Esposa viaja con esposo, 1 Corintios 9.5.
Atavío de mujeres, 1 Corintios 11.2-16.
Mujeres en la congregación, 1 Corintios 14.33-36; 1 Timoteo 2.9-15.
Comparación entre esposa e Iglesia, Efesios 5.25.
Deseos sexuales, 1 Timoteo 5.11.
Responsabilidades de la mujer, Tito 2.3-5.
Epístola dedicada a anciana escogida, 2 Juan 1-5.

MULTITUDES
Gran multitud, Génesis 50.9.
Dios puede individualizar, Deuteronomio 29.21.
Gran asamblea, 1 Reyes 8.65.
Miríadas de personas, Salmo 3.6.
Las multitudes deciden, Joel 3.14.
La multitud obligó a Jesús a subir a la barca, Mateo 13.1-2;
    Marcos 4.1.
Todo el pueblo se reúne, Marcos 1.33.
No cabe la multitud que va a escuchar a Jesús, Marcos 2.1-5.
Eludir una multitud indisciplinada, Marcos 3.9-10.
Entrada triunfal de Jesús a Jerusalén, Marcos 11.1-10.
Probable alboroto durante la Pascua, Marcos 14.1-2.
Incitan a la multitud contra Jesús, Marcos 15.11-15; 11.8-10.
Crucifixión de Jesús, Marcos 15.21-32.
Entran por el tejado, Lucas 5.17-26.
Se atropellan, Lucas 12.1.
Los enemigos de Jesús temen a la opinión pública, Lucas 22.3-6.
Atracción principal, Juan 3.29.
Quieren ver milagros, Juan 6.2, 26-27.
Influencia de muchos, Hechos 4.21.
Ciudad alborotada, Hechos 19.23-41.
Ciudad conmovida, Hechos 21.30.

MÚSICA
Primeros instrumentos musicales, Génesis 4.21.
Despedida musical, Génesis 31.27.
Cántico de Moisés y María, Éxodo 15.1-18,21.
Trompetas de plata, Números 10.2.
Música de trompetas, Números 10.10.
Canto de Israel, Números 21.17-18; Jueces 5.11.
Inspiración musical, Jueces 15.15-16.
Trompetas, 1 Samuel 13.3.
Terapia musical, 1 Samuel 16.14-23.

Espíritu antimusical, 1 Samuel 18.10; 19.9.

Profecía musical, 2 Reyes 3.15-16.

Ministerio musical, 1 Crónicas 6.32.

Música a todo pulmón, 1 Crónicas 13.8.

Maestro de música, 1 Crónicas 15.27.

Profecía con arpa, 1 Crónicas 25.3.

Pago a los músicos, Nehemías 12.47.

Músicos sin paga, Nehemías 13.10-11.

Cambio de arpa en luto, Job 30.31; Mateo 9.23-24.

Cánticos en la noche, Job 35.10.

Animado a cantar, Job 36.24.

Plegaria, Salmo 7.1.

Arpa, salterio y decacordio, Salmos 33.2-3; 43.4.

Voz de júbilo, Salmo 47.1.

Música de arpa, Salmo 49.4.

Corazón trovador, Salmo 57.7.

El encantador y la serpiente, Salmo 58.4-5.

Marcha musical, Salmo 68.24-25; Isaías 23.16.

Canción de borrachos, Salmo 69.12.

Resumen musical de la historia, Salmos 78.1-72; 106.1-48.

Música alegre, Salmo 81.2.

Arpa y salterio, Salmo 81.2.

Fuentes en el Señor, Salmo 87.6-7.

Cántico nuevo, Salmo 96.1.

Alabar con voces e instrumentos, Salmo 98.4-6.

Alba musical, Salmo 108.2.

La Escritura hecha música, Salmo 119.54.

Risa y alabanza, Salmo 126.2.

Instrumentos silenciosos, Salmo 137.2-4.

Música para el corazón afligido, Proverbios 25.20.

Coros y orquestas, Eclesiastés 2.7-8.

Canción de necios, Eclesiastés 7.5.

Canto romántico en el jardín, Cantares 5.2-8.

Variedad de instrumentos musicales, Isaías 5.12.

Música de ramera, Isaías 23.16.

Cántico de alabanza, Isaías 25.5.

Cántico nuevo, Isaías 42.10.

Músicos jóvenes, Lamentaciones 5.14.

Buen cantante a quien no escuchan, Ezequiel 33.32.

Variedad de instrumentos, Daniel 3.5.

Sordo musical, Amós 5.23.

Instrumentos musicales, Amós 6.5.

Cantores que gimen, Amós 8.3,10.

Cántico de lamentación, Miqueas 2.4.

Música del profeta, Habacuc 3.1.
Alabanzas, Habacuc 3.19.
Canto y alegría, Zacarías 2.10.
Música sin público, Mateo 11.17; Lucas 7.31-32.
Huestes celestiales, Lucas 2.13-14 (note sin embargo, que la Biblia
usa «decían» y no «cantaban». Algunos creen que los ángeles no
cantarán hasta que la obra de la redención se haya completado.
También el «cántico» de María se registra en Lucas 1.46 como
«María dijo»).
Los discípulos alaban, Lucas 19.37-40.
Himnos en prisión, Hechos 16.25.
Pago por servicios espirituales, 1 Corintios 9.1-14.
Distinción de instrumentos, 1 Corintios 14.7.
Sonido de trompeta, 1 Corintios 14.8.
Cánticos, salmos e himnos, Colosenses 3.16.
Alabanza congregacional, Hebreos 2.12.
Coro de ángeles, Apocalipsis 5.11-12.
Arpistas en el cielo, Apocalipsis 14.1-3.
Arpas en el cielo, Apocalipsis 15.2-4.
Orquesta silenciada por siempre, Apocalipsis 18.22.

MÚSICA ESTREPITOSA
Canción de necios, Eclesiastés 7.5.
Canciones estrepitosas, Ezequiel 26.13.
Música terrenal silenciada, Apocalipsis 18.22.

N

NAVIDAD
Profecía inicial del nacimiento de Jesús, Génesis 3.15.
Otro nombre de Belén, Génesis 35.19.
Estrella de Belén, Números 24.17.
Vino, salvó, lo olvidaron, Eclesiastés 9.14-15.
Profecía del nacimiento virginal, Isaías 7.14.
Profecía de la venida de un Mesías, Isaías 9.1-7.
Similitud a un árbol de Navidad, Jeremías 10.3-5.
Profecía de Belén, Miqueas 5.2.
Rumores, Mateo 2.3.
Tiempo entre el nacimiento y los magos, Mateo 2.16.
Generosidad, Mateo 7.11.
Ambiente navideño, Lucas 2.9.

NERVIOSISMO
No hay necesidad de alarmarse, Marcos 13.7.

NIÑERÍA
Disciplina correctiva, Proverbios 22.15.
Ignorantes, no entendidos, Jeremías 4.22.
Espiritualidad infantil, 1 Corintios 3.1-2.
Marcas de inmadurez, 1 Corintios 13.11.
Actúan como niños, Efesios 4.14; Hebreos 5.12.

NIÑOS
Descendencia, Génesis 12.7; 22.18.
Adopción, Génesis 15.3; 48.5; Éxodo 2.10; Ester 2.7.
Nacimiento profetizado, Génesis 16.11; 18.10; Jueces 13.3;
    1 Reyes 13.2; 2 Reyes 4.16; Isaías 9.6; Lucas 1.13.
Relaciones de Abraham con su hermanastra, Génesis 20.12,16.
Hijos de la vejez, Génesis 21.1-7.
Isaac destetado, Génesis 21.8.
Competencia fetal, Génesis 25.22.
Diferencias de personalidad, Génesis 25.27.
Favoritos, Génesis 25.28.
Padres amargados, Génesis 26.34-35.
Regalo de Dios, Génesis 48.8-9.
Bendición para los jóvenes, Génesis 48.16.
Aventuras para contar a los niños, Éxodo 10.1-2.
Los niños aprenden preguntando, Éxodo 12.26-27.
El pecado del padre lo pagan los hijos, Éxodo 20.5-6; 34.6-7;
    Números 14.18.
Sacrificio de niños, Levítico 20.1-5.
Muerte de mujeres y niños del enemigo, Números 3.7-18.
Hijos espirituales substitutos, Números 3.11-13.
Educación de niños, Deuteronomio 4.9; 31.13; Proverbios 22.6;
    Isaías 28.9.
Enseñanzas para los niños, Deuteronomio 4.9; 31.13; Salmo 27.10;
    Proverbios 8.32; Marcos 10.14; Hechos 2.39.
Repetir las verdades a los niños, Deuteronomio 6.7.
Pequeños, Deuteronomio 29.11; Josué 1.14.
Hijo favorito, Deuteronomio 33.24-25.
Peligro para el primogénito, Josué 6.26.
Solo hijas, Josué 17.3.
Amor por un niño, Rut 4.16.
Buenas obras hechas por niños, 1 Samuel 2.18; 2 Reyes 5.2-3;
    2 Crónicas 24.1-2; Juan 6.9.
Niños callejeros, Zacarías 8.5.

Niños que juegan en la calle, Zacarías 8.5.
Jesús reconoce la comprensión infantil, Mateo 11.25.
Jesús vio grandeza en los niños, Mateo 18.1-6; Marcos 9.42.
No ven la importancia de los niños, Mateo 19.13-15;
    Marcos 10.13-16; Lucas 18.15-17.
Niños alaban al Señor, Mateo 21.16.
Compasión de Jesús por niña enferma, Marcos 5.21-42.
El valor y ejemplo de un niño, Marcos 9.36-37.
Pequeños seguidores, Marcos 9.42.
Bendición de bebés, Lucas 18.15-17.
El niño tiene derechos de esclavo, Gálatas 4.1.
Guardianes de niños, Gálatas 4.2.
Niños fluctuantes, Efesios 4.14.
Inexpertos como niños, Hebreos 5.12-13.

NO VIOLENCIA
Confianza en que Dios libera, 2 Crónicas 32.1-21.
Condiciones de paz, Lucas 14.31-32.
No violencia en Jesús, Juan 18.36.

NOVIA
Búsqueda de novia, Génesis 24.1-66; Ester 2.17.
Compromiso matrimonial, Deuteronomio 20.7.
Bendición de una buena esposa, Proverbios 18.22.
Novia profética, Isaías 62.5.
Adúltera, Oseas 4.13.
Casarse de nuevo, Romanos 7.2-3; 1 Timoteo 5.14.
Esposa de Cristo, 2 Corintios 11.2; Apocalipsis 19.7; 22.17.

NUEVA ERA
Ser como Dios, Génesis 3.5.
Exaltación humana, Génesis 11.4.
Condenación del ocultismo, Deuteronomio 18.19-22.
El hombre no se hizo a sí mismo, Salmo 100.3.
Hombres como dioses, Isaías 41.23; Ezequiel 28.2-3.
Engaño de sabiduría y ciencia, Isaías 47.10.
Verdad distorsionada, Jeremías 8.8-9.
Creerse Dios, Ezequiel 28.2-3.
Sabiduría como de dioses, Daniel 5.11.
El engaño prospera, Daniel 8.25.
Adorar su propia fortaleza, Habacuc 1.11.
Hacedores de maldad, Mateo 7.21-23.
Causa de error, Mateo 22.29.
Hechicero visto como Dios, Hechos 8.10.

Dios no conocido, Hechos 17.23.
Advertencia contra el error, Hechos 20.28-31.
Incapacidad humana de generar la verdad, Romanos 3.10-20
(véase 3.4).
Fuente ilimitada de verdad, Romanos 11.33-36.
No conformarse a este siglo, Romanos 12.1-2.
Enseñanzas falsas, Romanos 16.17-18.
La Palabra es locura para perdidos, 1 Corintios 1.18-21; 3.19;
Colosenses 2.8-9.
Verdad primordial, 1 Corintios 15.3-4.
Filosofías humanas, 1 Corintios 15.33-34; Colosenses 2.8-15.
Limitaciones mortales, 1 Corintios 15.50.
Adulteración de la verdad, 2 Corintios 4.1-6.
Fuente de poder, 2 Corintios 4.7.
Cuerpo contaminado, 2 Corintios 7.1.
Falsos apóstoles y ángel de luz, 2 Corintios 11.13-14.
Autoevaluación, 2 Corintios 13.5.
Evangelio diferente, Gálatas 1.6-9.
Realidad interior, Gálatas 2.20.
Creyentes mal guiados, Gálatas 5.7.
Oración por visión, Efesios 1.18-23; 3.14-21.
Tinieblas y luz, Efesios 5.8-14.
Armadura de Dios, Efesios 6.10-18.
Nombre sobre todo nombre, Filipenses 2.9-11.
Esperanza de gloria, Colosenses 1.27.
Mira correcta, Colosenses 3.1-5.
Apostasía moderna, 2 Tesalonicenses 2.3.
Clave de la verdad, 1 Timoteo 3.16.
Conducta en días postreros, 1 Timoteo 4.1; 2 Timoteo 3.1-7; 4.1-5.
Falso conocimiento, 1 Timoteo 6.20.
Amadores de sí mismos, 2 Timoteo 3.2.
Comezón de oír, 2 Timoteo 4.3.
Rechazo al error, Tito 1.2-16.
Refutación de la reencarnación, Hebreos 9.27.
No seguir fábulas, 2 Pedro 1.16.
Vanagloria de la vida, 1 Juan 2.15-17.
Anticristo, 1 Juan 2.22; 4.1-3.
Discernimiento de espíritus, 1 Juan 4.1-3.
Marca de la bestia, Apocalipsis 13.18.

NUTRICIÓN
Comida en el desierto, Éxodo 16.2-35.
Comida de Egipto, Números 11.5.
Dieta balanceada, 1 Samuel 25.18.

Pan, frutas y vino, 2 Samuel 16.1,2.
Vino, aceite y pan, Salmo 104.15.
Miel nutritiva, Proverbios 24.13.
Pasas y manzanas, Cantares 2.5.
Leche materna, Isaías 66.11.
Deshechos de trigo, Amós 8.6.
Sal que no sazona, Lucas 14.34-35.
Comida de cerdos, Lucas 15.13-16.

O

OBEDIENCIA
Obediencia de Noé, Génesis 6.8,22.
Obediencia de Abram, Génesis 12.1-4.
Circuncisión a edad avanzada, Génesis 17.10-27.
El resultado de la obediencia, Génesis 18.19.
La obediencia genera bendición, Génesis 22.15-18.
Obediencia en acción, Éxodo 7.6.
El resultado de la obediencia, Éxodo 19.5.
Total obediencia, Éxodo 24.1-7.
Promesa por obediencia, Éxodo 33.17.
Mandato del Señor, Números 9.23.
Bendición generacional, Números 14.24.
Resultado de la obediencia, Deuteronomio 28.1-14; Job 36.11;
    Isaías 48.17-18; Jeremías 7.22-23; Apocalipsis 3.10.
Consecuencias de faltar a la fe, Deuteronomio 32.51-52.
Exhortación a la obediencia, Josué 1.7.
Completa lectura de la ley, Josué 8.35.
Obediencia racional, 1 Samuel 15.7-31.
Recompensa de larga vida, 1 Reyes 3.14.
Materialismo contra obediencia, 1 Reyes 13.7-10.
Mandatos grandes y pequeños, 2 Reyes 5.13.
La obediencia trae seguridad, 2 Reyes 21.8.
Dios con nosotros, 2 Crónicas 15.2.
Sin prisa para obedecer, 2 Crónicas 24.5.
Misericordia y verdad, Salmos 25.10; 103.17-21.
Deseo de obedecer, Salmo 51.10.
Ayuda para obedecer, Salmo 51.12.
Caminar en la verdad, Salmo 86.11.
Obedecer con alegría, Salmo 100.2.
Engulláis obedientes, Salmo 103.20.

¿Quién guardará estas cosas?, Salmo 107.43.
Pago de votos, Salmo 116.14,18-19.
Bienaventurados por obedecer, Salmo 119.1-5.
Guía bíblica de obediencia, Salmo 119.1-16,57-64.
Elegir la obediencia, Salmo 119.30.
Ayuda divina para obedecer, Salmo 119.33-34.
Testimonio sobre avaricia, Salmo 119.36.
Descarriado y luego obediente, Salmo 119.67.
Guías de por vida, Salmo 119.111-112.
Instrucción divina, Salmo 143.10.
Guardar los mandamientos, Proverbios 7.2.
Corazón obediente, Ezequiel 11.19.
Planes humanos y pecado, Isaías 30.1.
No pelear con Dios, Isaías 45.9.
Obediencia bajo amenaza, Jeremías 26.1-16.
Obediencia a padres y abuelos, Jeremías 35.1-16.
Fortaleza de obedientes, Joel 2.11.
Jonás aprende a obedecer, Jonás 3.3.
Obediencia a Dios, Mateo 3.15.
Bienaventuranza por obedecer, Mateo 5.6,10.
Obediencia a dos señores, Mateo 6.24.
Costo de seguir a Jesús, Mateo 9.9.
Parentesco divino, Marcos 3.35.
Obediencia total, Lucas 2.39.
El obediente Jesús, Lucas 2.41-52 (véase Juan 2.4).
La voluntad de Dios, Juan 7.17.
Obediencia de Jesús, Juan 12.50; Romanos 5.19; Hebreos 5.8-9.
Amor y obediencia, Juan 14.15.
Obedecer a Dios antes que a los hombres, Hechos 4.18-20; 5.29.
Obediencia de la fe, Romanos 1.5.
Hacedores en vez de oidores, Romanos 2.13.
Sujeción y conciencia, Romanos 13.5.
Ingenuidad y sabiduría, Romanos 16.19.
Obedecer en ausencia, Filipenses 2.12-13.
Leyes para atletas, 2 Timoteo 2.5.
Ejemplo de Cristo, Hebreos 10.10.
Obediencia por fe, Hebreos 11.7-12.
Asegurarse de obedecer, Hebreos 12.25.
Obediencia a líderes, Hebreos 13.17.
Más que oidores, Santiago 1.22.
Andar como Cristo, 1 Juan 2.4-6.
Obedecer y recibir, 1 Juan 3.22.
Amor y obediencia, 1 Juan 5.1-3.
Amor es obedecer los mandamientos, 2 Juan 6.

OFENSA

OBSCENIDAD
Castigo por obscenidad involuntaria, Deuteronomio 25.11-12.
Pacto para evitar lujuria, Job 31.1.
Ningún involucramiento, Salmo 101.3.
Obscenidad de dos hermanas, Ezequiel 23.1-49.
Señales obscenas, Sofonías 2.15.
Guardar la pureza de labios, Sofonías 3.9.
Evitemos la obscenidad, Efesios 5.4.

OCIOSIDAD
Hormiga diligente, Proverbios 6.6-8.
Dormir en tiempo de siega, Proverbios 10.5.
Demasiado perezoso para reparar su casa, Eclesiastés 10.18.
Desempleados ociosos, Mateo 20.6-7.
Les gusta más el chisme que trabajar, Hechos 17.21.
El que no trabaje que no coma, 2 Tesalonicenses 3.10.

OCUPACIÓN
Santificación por medio del trabajo, Levítico 21.8.
Papel del sacerdocio, Deuteronomio 18.1-2.
Ejército, Isaías 22.7.
Oficio de Jonás, Jonás 1.8.
Hacer tiendas, Hechos 18.1-3.
Zenas, el abogado, Tito 3.13.

ODIO
Evitar el odio, Levítico 19.17; Proverbios 15.17.
Confunden amor con odio, Deuteronomio 1.27.
Odia profeta, 1 Reyes 22.8.
Odio real, Ester 5.10-14.
Odio sin causa, Salmo 69.4.
Odio total, Salmo 139.22.
Antídoto para el odio, Proverbios 10.12.
Amor por enemigos, Mateo 5.43-44.
Malos aborrecen la luz, Juan 3.20.
Causa de odio, Juan 15.18-24.
Tinieblas de odio, 1 Juan 2.9-11.
El que odia es homicida, 1 Juan 3.15.
Amor a Dios y al prójimo, 1 Juan 4.20-21.

OFENSA
Crítica ofensiva, Job 20.2-3.
No se ofenden con nada, Salmo 119.165.
Hermano ofendido, Proverbios 18.19.

OJOS
Cierra ojos de cadáver, Génesis 46.4.
Ojos que han visto, Deuteronomio 29.2-3.
Posibles cataratas, 1 Samuel 4.14-15.
Ojos centelleantes, Job 15.12 (LBD).
«No codiciar ni siquiera a las solteras», Job 31.1 (VP).
«Alumbra mis ojos», Salmo 13.3 (RVA).
Guiño de ojos, Proverbios 6.13.
Incapaz de llorar, Lamentaciones 2.11 (LBD).
Cuerpos llenos de ojos, Ezequiel 10.12.
Abominaciones delante de los ojos, Ezequiel 20.7.
Ojos bienaventurados, Lucas 10.23.
Fija ojos en hechicero, Hechos 13.9-11.
Pablo quizás tenía poca vista, Gálatas 6.11.

OPONENTE
Formidable oponente, Números 21.21-26.
Promesa de victoria, Números 21.34.
Hijo busca impresionar al padre, 1 Samuel 14.1-14.
Venganza en manos de Dios, 1 Samuel 26.1-11.
Intimidación, Esdras 4.4.
Conspiración contra Israel, Nehemías 4.8.
Enfrentamiento del enemigo ojo a ojo, Jeremías 34.3.
Enemigo conquistado, Jeremías 50.35-40.
Represión a Satanás, Zacarías 3.1-2.
Obrero aprobado, 2 Timoteo 2.15.

OPORTUNIDAD
Cuidar la oportunidad, Deuteronomio 8.1-3.
David deja pasar la oportunidad, 1 Samuel 24.1-8.
No más oportunidad, Proverbios 1.24-33; Oseas 5.6.
Puertas abiertas, Isaías 45.1.
Mientras pueda ser hallado, Isaías 55.6,7.
Antes que lleguen las tinieblas, Jeremías 13.16; Juan 12.35,36.
Segunda oportunidad, Jonás 1.1-3; 3.1-3.
Agradecer la oportunidad, Mateo 13.17.
Puerta cerrada al arrepentimiento, Lucas 13.25-28.
Excusas para no asistir al banquete, Lucas 14.16-24.
Oportunidad de oportunidades, Juan 3.16-17.
Aprovechar la oportunidad, Juan 9.4; Hechos 21.40.
La luz no dura mucho, Juan 12.35-36.
Esparcidos por la persecución, Hechos 11.19-21.
Rechazo de oportunidad, Hechos 13.46.
Oportunidad de hablar, Hechos 21.37.

Puerta grande para el evangelio, 1 Corintios 16.8,9.
Puerta abierta que nadie puede cerrar, 2 Corintios 2.12;
 Apocalipsis 3.8.
No dar lugar al diablo, Efesios 4.27.
Mientras haya oportunidad, Hebreos 4.1.

OPTIMISMO
Valor con persistencia, Josué 1.6,9,18.
Optimismo y derrota, Josué 7.3-4.
Esperanza para el ejército de Israel, 1 Samuel 17.32.
Buenas noticias, 2 Samuel 18.27.
Risa y júbilo, Job 8.21.
Luz en la oscuridad, Job 11.17.
¡Ánimo!, Salmo 31.24.
Liberación asegurada, Salmo 34.19.
Final feliz, Salmo 37.37.
Esperanza en tiempos de crisis, Salmo 42.5.
Pesimismo convertido en optimismo, Salmo 73.12-28.
Resplandor en las tinieblas, Salmo 112.4.
Sin temor a malas noticias, Salmo 112.7-8.
Gozo en el Señor, Salmo 118.24.
Alzar ojos a los montes, Salmo 121.1.
Corazón alegre es buen remedio, Proverbios 17.22.
Luz en la oscuridad, Isaías 60.1-2.
Pensamientos de paz, Jeremías 29.10-11.
Falso optimismo, Ezequiel 13.10.
Devastación y esperanza, Joel 2.3.
De hoy en adelante, Hageo 2.15.
Optimismo en la vejez, Romanos 4.18-22.
Siempre optimistas, 2 Corintios 5.6.
Gratitud por optimismo, Filipenses 1.3-6.
Motivados por el gozo, 1 Tesalonicenses 1.6.
Siempre gozosos, 1 Tesalonicenses 5.16.
Consolación eterna, 2 Tesalonicenses 2.16-17.

ORGANIZACIÓN
Hombres escogidos, 2 Samuel 6.1; 23.8-39.
Organización para construir el templo, 1 Reyes 5.12-18.
Capataces y obreros, 2 Crónicas 2.2.
Buena organización, Proverbios 15.22.
Sacerdotes organizados, Ezequiel 40.44-46.
Elección de los apóstoles, Marcos 3.13-19.
Organización de los cinco mil, Lucas 9.14-15.
Organización para atender viudas, Hechos 6.1-4.

Embajadores con credenciales, Hechos 15.22-31.
Servicio en unidad, Romanos 15.5-6; 1 Corintios 1.10.
Organización de la Iglesia, 1 Corintios 12.28-31.
Funciones del hombre y de la mujer, 1 Corintios 14.33-40.
Coordinación, Efesios 2.21.
Diversidad para producir unidad, Efesios 4.11-13.
Orden y firmeza en la fe, Colosenses 2.5.
Reconocimiento de ancianos, Tito 1.1-5.
Delegación de funciones, Filemón 12-14.
Sustentador del universo, Hebreos 1.3.
Sujeción a las autoridades, Hebreos 13.17.

ORGULLO
Peligro de posesiones materiales, Deuteronomio 8.11-20;
    Salmo 52.7; Proverbios 18.11-12; Jeremías 48.7.
La humildad de los grandes, Jueces 9.14-15.
Tiempo inapropiado para jactarse, 1 Samuel 2.1-3.
Actitud divina hacia orgullo y humildad, 2 Samuel 2.28; Salmo 138.6.
Actitud jactansiosa del rey, 1 Reyes 12.10-11.
Sarcasmo de los acusadores orgullosos, Job 12.2-3.
Orgullo del malo, Salmo 10.2-11.
Lengua jactanciosa, Salmo 12.4.
Regocijo en el Señor, Salmos 34.2; 44.8.
La vanidad impide reconocer el pecado, Salmo 36.2.
Orgullo desmedido, Salmo 49.11.
Pompa sin visión, Salmo 49.20.
Alarde en la maldad, Salmo 52.1-2.
Señor aborrece el orgullo, Proverbios 8.13.
El orgullo trae destrucción, Proverbios 16.18.
Orgullo arrogante, Proverbios 21.24.
La paciencia sobre el orgullo, Eclesiastés 7.8.
Castigo al orgulloso, Isaías 2.12.
Sabios en sus propios ojos, Isaías 5.21.
Ejemplo de herramientas humildes, Isaías 10.15.
Origen satánico del orgullo, Isaías 14.13-15.
Corona de soberbia, Isaías 28.1,3,5.
Dios no da su gloria a nadie, Isaías 42.8; 48.11.
Orgullo espiritual, Isaías 65.5.
No hay base en el orgullo, Jeremías 9.23-24.
Orgullo y arrogancia, Jeremías 48.29.
Ego ofendido, Daniel 3.8-20.
Orgullo destruido, Daniel 4.37.
Vana ambición, Daniel 5.20-23.
Riqueza y orgullo, Oseas 12.8.

Orgullo espiritual de pueblo desobediente, Amós 4.5.
«Por sus propias fuerzas», Amós 6.13.
Precio de la soberbia, Sofonías 2.10.
Orgullo y desolación, Sofonías 2.15.
Dar con alharaca, Mateo 6.2.
Deseos de grandeza, Mateo 18.1-10.
Jesús denuncia vanidad, Mateo 23.6-12; Marcos 12.38-39.
Frutos del corazón, Marcos 7.21-23.
Orgullo de padres, Lucas 2.33.
Deseos de grandeza, Lucas 9.46-48.
Orgullo equivocado, Lucas 10.17-20.
Fariseos y publicanos, Lucas 18.9-14.
Hechicero orgulloso, Hechos 8.9-10.
Orgullo de Herodes, Hechos 12.19-23.
Orgullo intelectual en Atenas, Hechos 17.16-34.
La jactancia en los cristianos, Romanos 3.27; 4.2.
Orgullo espiritual, Romanos 4.2-5.
Humildes como socios, Romanos 12.16.
Orgullo apropiado en los cristianos, Romanos 15.17.
Los débiles, viles y menospreciados, 1 Corintios 1.26-31.
Arrogancia y éxito espiritual, 1 Corintios 4.1-21.
Orgullo de la inmoralidad, 1 Corintios 5.1-2.
La jactancia no es buena, 1 Corintios 5.6.
Orgullo intelectual, 1 Corintios 8.1-3; 2 Timoteo 3.7.
Orgullo en apariencia, 2 Corintios 5.12.
Orgullo por la autoridad que viene de Dios, 2 Corintios 9.15; 10.8.
Los que se alaban a sí mismos, 2 Corintios 10.12.
Reconocer la debilidad, 2 Corintios 11.30.
Peligros de la vanidad, Gálatas 5.26.
Estima falsa, Gálatas 6.3.
No hacer nada por vanagloria, Filipenses 2.3.
Jactarse sobre otros, 2 Tesalonicenses 1.4.
La falsa doctrina envanece, 1 Timoteo 6.3-5.
El orgullo del humilde, Santiago 1.9.
Dios resiste a los soberbios, Santiago 4.6.
Gracia para los humildes, 1 Pedro 5.5-6.
Palabras infladas y vanas, 2 Pedro 2.18.
Orgullo tonto, 1 Juan 2.16.
Orgullo con vanagloria, 3 Juan 9.
Materialismo ciego, Apocalipsis 3.17-18.
Dios no admite tener pecado, Apocalipsis 18.7-8.

OSCURIDAD
Oscuridad total, Génesis 1.2-4.

No viaja después de la puesta del sol, Génesis 28.11.
El Señor es nuestra lámpara, 2 Samuel 22.29.
Sin Dios, sin sacerdote, sin ley, 2 Crónicas 15.3.
Momentos del día para el malo, Job 24.14-17.
Camino tenebroso y resbaladizo, Salmo 35.6; Jeremías 23.12.
Andan en tinieblas, Salmo 82.5; Proverbios 2.13-15; 1 Juan 1.6.
«Lugares oscuros y profundos», Salmo 88.6 (VP).
Dios ve a través de las tinieblas, Salmo 139.12.
Profunda oscuridad, Proverbios 4.19.
Iluminación de las tinieblas profundas, Isaías 9.2.
Cambiar tinieblas en luz, Isaías 42.16.
Creador de las tinieblas, Isaías 45.7.
Tierra de oscuridad, Isaías 45.19.
Luz en la oscuridad, Isaías 50.10.
Vana búsqueda de luz, Isaías 59.9.
Pacto de Dios con el día y la noche, Jeremías 33.20-21.
Tinieblas encubren el mal, Ezequiel 8.12.
Ocaso profético, Miqueas 3.6.
Tinieblas eternas, Mateo 8.12; 22.13; 25.30.
Temor a la noche, Lucas 2.8-14.
Luz, tinieblas en conflicto, Juan 1.5; Romanos 13.12-13.
Jesús, Nicodemo, Juan 3.2; 19.39.
Aman las tinieblas, evitan la luz, Juan 3.19-20.
Andan en la noche, Juan 11.9-10.
Condición de Judas, Juan 13.27-30.
Oscuridad espiritual, Hechos 13.8-11.
Al abrigo de la oscuridad, Hechos 17.10.
De las tinieblas a la luz, Hechos 26.18.
Navegación nocturna, Hechos 27.27-29.
Obras de las tinieblas, Romanos 13.12.
Sin nada oculto, 1 Corintios 4.5.
Lumbreras en la oscuridad, Filipenses 2.15 (VP).
«Poder de la oscuridad», Colosenses 1.13 (VP).
No están en tinieblas, 1 Tesalonicenses 5.4.
«Períodos de sombra», Santiago 1.17 (RV-1977).

OVNI
Señales del cielo, Jeremías 10.2.
Ruedas en visión de Ezequiel, Ezequiel 1.15-21.
Perdón y paciencia, Colosenses 3.13.
Buenos soldados, 2 Timoteo 2.3-5.
Soportar por amor, 2 Timoteo 2.10.
Amable con todos, 2 Timoteo 2.24.
Pastores pacientes, Tito 2.2.

Los pacientes heredan las promesas, Hebreos 6.12.
Alcanzar la promesa, Hebreos 6.15.
Sufrimiento con gozo, Hebreos 10.34.
Paciencia para encontrar la voluntad de Dios, Hebreos 10.36.
Gozo en las pruebas, Santiago 1.2-4.
Obra completa, Santiago 1.4.
Sumisión a Dios, Santiago 4.7.
Paciencia del labrador, Santiago 5.7.
Paciencia con los perdidos, 2 Pedro 3.9.

P

PACIFISMO
Aborrecedores de la paz, Salmo 120.6-7.
Sabiduría mejor que la guerra, Eclesiastés 9.18.
No más guerra, Isaías 2.4; Oseas 2.18.

PADECIMIENTO
El rico en el Hades, Lucas 16.23.

PADRE
Padre musical, Génesis 4.21.
Antepasados de la humanidad, Génesis 9.18-19.
Padres ejemplares, Génesis 17.18; 35.1-5; 2 Samuel 12.15-16;
   1 Crónicas 29.19.
Amor de padre a Dios e hijo, Génesis 22.1-14.
Riqueza paterna, Génesis 31.1.
Tristeza y gozo de padre, Génesis 45.25-28.
Hijos sufren pecado de padres, Éxodo 20.5-7; 34.6-7; Números 14.18.
Sin descendiente varón, Números 27.1-11.
Autoridad de padre sobre hija, Números 30.3-5.
Padre ora por dirección, Jueces 13.8.
Actitud hacia sentimientos de hijas, Jueces 15.1-2.
Padre retribuido, Jueces 17.7-13.
Padre de hijo famoso, 1 Samuel 1.1-20.
Padre de hijos inmorales, 1 Samuel 2.22-23.
Dolor de Elí por arca e hijos, 1 Samuel 4.16-18.
Influencia de hijo sobre padre, 1 Samuel 19.1-6.
Padre e hijo juntos en la muerte, 2 Samuel 1.23.
Rivalidad entre padre e hijo, 2 Samuel 15.1-37.
Hijo rebelde de David, 2 Samuel 18.5.

Padre moriría por hijo, 2 Samuel 18.32-33.
Padre famoso de hijo más famoso, 1 Reyes 1.47-48.
Padre anciano aconseja a hijo, 1 Reyes 2.1-9.
Hijo sucede a Salomón, 1 Reyes 11.41-43.
De tal padre tal hijo, 2 Reyes 15.34.
Sacrificio de hijo, 2 Reyes 16.3.
Padre idólatra sacrifica hijos, 2 Crónicas 28.3.
Muerto por sus propios hijos, 2 Crónicas 32.21.
Arrepentimiento de hijo impenitente, 2 Crónicas 33.1-13.
Atención a las Escrituras, Nehemías 8.13.
Destino de padre e hijos, Ester 9.12-14.
Padre preocupado por fiestas de hijos, Job 1.4-5.
Padre compasivo, Salmo 103.13-14.
Disciplina del buen padre, Proverbios 3.11-12; 4.1-10.
Dejar herencia a hijos, Proverbios 13.22.
Padre del rebelde, Proverbios 17.21 (LBD).
Influencia de buen padre, Proverbios 20.7.
Respeto a padre anciano, Proverbios 23.22-25.
De tal padre tal hijo, Jeremías 16.10-13.
Padres incapaces de ayudar hijos, Jeremías 47.3.
Ningún bien ni mal transmitido al hijo, Ezequiel 18.3-20.
Mal ejemplo de padre, Ezequiel 20.18.
Rechazan aprender de experiencia paterna, Daniel 5.18-24.
Prostituta para padre e hijo, Amós 2.7.
Aprobación total de Dios hacia su Hijo, Mateo 3.17.
Preocupación por hijo único, Lucas 9.38.
Compasión por hijo perdido, Lucas 15.11-32.
Tanto bondad como severidad, Romanos 11.22.
Hijos imitan al Padre, Efesios 5.1 (LBD).
Padre anima a hijos, 1 Tesalonicenses 2.11-12 (LBD).
Timoteo, hijo espiritual, 1 Timoteo 1.2,18; 2 Timoteo 1.2; 2.1.
Preparación cristiana, Hebreos 12.10.

PADRES
Primeros padres, Génesis 4.1-2.
De tal padre tal hijo, Génesis 5.1-3.
Edad de padres en el Antiguo Testamento, Génesis 11.10-26.
Hijo en edad avanzada, Génesis 16.16; 17.1-21; 21.1-5
  (véase Romanos 4.18-21).
El jefe del hogar, Génesis 18.19.
Los hijos predilectos, Génesis 25.28.
De generación en generación, Éxodo 10.2.
Enseñanza a los hijos, Éxodo 12.26-27; Deuteronomio 6.20-24.
Honra a los padres, Éxodo 20.12.

Muerte por herir padres, Éxodo 21.15-17.
El día del Señor, Levítico 23.3.
Maldad de padres sobre hijos, Números 14.18.
Influencia negativa de padre, Números 30.3-5.
Enseñar a hijos y nietos, Deuteronomio 4.9.
Influencia constante, Deuteronomio 6.6-9.
Deberes espirituales de los padres, Deuteronomio 11.1-17.
Padre ora por guía, Jueces 13.8.
Deslealtad con el padre, lealtad con el amigo, 1 Samuel 19.1-2.
Preocupación por los padres, 1 Samuel 22.3.
Padre e hijo juntos en la muerte, 2 Samuel 1.23.
Rivalidad entre padre e hijo, 2 Samuel 15.1-37.
Mala influencia, 1 Reyes 22.51-53.
Hijo menos malo que sus padres, 2 Reyes 3.1-3.
Confesión de los pecados de antepasados, Nehemías 9.2.
Modelo de oración y confesión, Nehemías 9.6-37.
Abandonado por los padres, Salmo 27.10.
Bendición generacional, Salmos 44.1-3; 78.1-7.
Confianza espiritual desde el nacimiento, Salmo 71.5-6,17-18.
Hijos, herencia del Señor, Salmo 127.3-5.
Amonestación de padre a hijo, Proverbios 1.8-19.
Al que ama castiga, Proverbios 3.11-12; 4.1-10.
Influencia de padres, Proverbios 6.20-23.
Hijos necios y sabios, Proverbios 10.1.
Disciplina adecuada, Proverbios 13.24; Hebreos 12.5-11.
Padres son honra de hijos, Proverbios 16.16; 17.6.
Hijo necio causa pesadumbre, Proverbios 17.25.
El que roba a los padres, Proverbios 19.26; 28-24.
Instrucción en la infancia, Proverbios 22.6.
Vara de corrección, Proverbios 22.15.
Alegría de padres, Proverbios 23.25.
Menosprecio a los padres, Proverbios 30.17.
Antes de las primeras palabras, Isaías 8.4.
Verdad notoria a los hijos, Isaías 38.18-19.
Abraham y Sara, Isaías 51.2.
Mala influencia de padres, Jeremías 16.10-12.
Obediencia a padres y abuelos, Jeremías 35.1-16.
Debilidad para cuidar hijos, Jeremías 47.3.
Hijos sacrificados a ídolos, Ezequiel 16.20.
Mensaje generacional, Joel 1.3.
José y María huyen a Egipto, Mateo 2.13-21.
Hijos contra padres, Mateo 10.32-36.
Piedra de tropiezo, Marcos 9.42.
Nacimiento de hijo con padres ancianos, Lucas 1.5-25.

Corazón de padres hacia hijos, Lucas 1.17.
No se dan cuenta de la importancia del hijo, Lucas 2.25-35.
Inconsciencia del valor del hijo, Lucas 2.41-52.
Padres atónitos, Lucas 8.56.
Preocupación por hijo único, Lucas 9.38.
Los padres deben velar por los hijos, 2 Corintios 12.14.
Hijos amados imitan al Padre, Efesios 5.1.
Como padre a hijos, 1 Tesalonicenses 2.11-12.
Influencia de las Escrituras desde la infancia, 2 Timoteo 3.14-15.
Hijos creyentes, Tito 1.6.
Rey sin padre ni madre, Hebreos 7.1-3.
Mensaje para todas las edades, 1 Juan 2.12-14.
Hijos que andan en la verdad, 2 Juan 4.
Gozo por conducta de hijos, 3 Juan 4.

PAGA
Compensación del pecado, Números 5.6-7.
Pago de Dios a los que calumnian, Salmo 109.20.
Paga del pecado, Romanos 6.23.

PALABRERÍA
Palabras vacías sin fin, Job 16.3.
Discurso interminable, Hechos 20.7.
Palabrería profana, vana, 2 Timoteo 2.16.
Disciplina para la lengua, Santiago 1.26.

PANDILLA
Banda de hijo de prostituta, Jueces 11.1-3 (LBD).
Pandillas juveniles, Proverbios 1.10-16 (LBD).

PARENTESCO
Tres antepasados de la humanidad, Génesis 9.18-19.
Matrimonio con hermanastra, Génesis 20.12-16.
No quiere parentesco con mujer extraña, Génesis 24.2-3.
Vínculo entre parientes, Génesis 29.1-14.
Cambio en la relación, Génesis 31.2.
Relaciones en el clan, Números 26.1-51.
Hermano nacido de mujer ramera, Jueces 11.1-10.
Ruptura de relaciones entre tribus, Jueces 21.1-6.
Amor por suegra, Rut 1.8-18.
Menosprecio de esposa por esposo, 2 Samuel 6.16-23.
Matrimonio confirma alianza, 1 Reyes 3.1.
Sin descendencia, Job 18.19.
Como la niña de los ojos, Salmo 17.8.

Relación espiritual, Salmo 119.74.
Hermana y esposa, Cantares 4.9.
La regla de oro, Mateo 7.12.
Jesús evalúa a su madre y hermanos, Mateo 12.46-50.
La verdadera familia de Jesús, Marcos 3.31-35.
Ponerse a cuentas antes de orar, Marcos 11.25.
Matrimonio en la tierra y relación en el cielo, Marcos 12.18-27.
Relación con Dios y con el prójimo, Marcos 12.28-34.
Los que se sientan en la mesa del Señor, Lucas 13.22-30.
Cristo antes que la familia, Lucas 14.26.
Mandamiento nuevo, Juan 13.34.
Verdadero significado de la amistad, Juan 15.12-17.
Nuevas relaciones en Cristo, Juan 19.26-27.
Verdadera personalidad cristiana, 2 Corintios 2.15-16.
Herencia en Cristo, Efesios 1.11-12.
Relación a través del Espíritu, Efesios 2.22.
Esposo y esposa, Efesios 5.21-33.
Dios de esclavos y amos, Efesios 6.9.
Preocupación por el desarrollo de seguidores, Colosenses 2.1-5.
Hijo espiritual, 1 Timoteo 1.2,18; 2 Timoteo 1.2; 2.1.
Relación con Cristo, 2 Timoteo 2.11-13; Hebreos 2.11-16.
Amigo de Dios, Santiago 2.21-23.
Confiesan pecados unos a otros, Santiago 5.16.
Hijos de Dios, 1 Juan 3.1-3.
Santificado y guardado en Cristo, Judas 1.

PASEO
Vistas desagradables, Deuteronomio 28.34.
Alrededor de Sion, Salmo 48.12-13.

PASIÓN
Romance entre Rut y Booz, Rut 3.7-18.
Corazón conmovido, Cantares 5.4.
Insaciable, Ezequiel 16.23-30.
Pasión intensa, Oseas 7.6.
No hay matrimonio en el cielo, Marcos 12.18-27.
Toda clase de impureza, Efesios 4.19.
Pasiones juveniles, 2 Timoteo 2.22.

PAZ
Nación en paz, Josué 14.15; 23.1.
Tres años de paz, 1 Reyes 22.1-5.
Deseo de paz y seguridad, 2 Reyes 20.19.
Habilidad divina para traer paz, Salmo 46.9.

El que calma la guerra, Salmo 65.7.
Bajo la sombra del Omnipotente, Salmo 91.1-2.
Dejar la contienda, Proverbios 20.3.
El Pacificador, Isaías 53.5.
Proclamación de paz, Jeremías 6.14.
Quebrar el arco, Jeremías 49.35.
Pueblo pacífico, Ezequiel 38.10-12.
Convierten armas en herramientas, Miqueas 4.3.
Bienaventurados los pacificadores, Mateo 5.9.
Paz mundial imposible sin Cristo, Mateo 24.6-8.
No hay paz, Marcos 13.6-8.
La paz que da Jesús, Lucas 24.36.
Paz del alma, Gálatas 1.3.
Paz de Dios, Filipenses 4.7.
Gracia y paz, 1 Tesalonicenses 1.1; 2 Tesalonicenses 1.2.

PECADO
Imagen de Dios e imagen humana, Génesis 5.1-3.
Embriaguez de Noé, Génesis 9.22-27.
Pecado contra el hombre y pecado contra Dios, 1 Samuel 2.25.
Desobedecen a Dios, 1 Samuel 12.20.
No hay pecados veniales, 1 Samuel 15.23; Santiago 2.10.
Considera trivial andar en pecado, 1 Reyes 16.31.
Hijo menos malo que sus padres, 2 Reyes 3.1-3.
Pecado en menor grado, 2 Reyes 17.1-2.
Propósito de evitar el mal, Job 2.3.
Perdón de pecados, Job 14.16-17.
Como veneno de áspid, Job 20.12-14.
Nada escondido para Dios, Job 34.21-22.
Errores ocultos, Salmo 19.12.
Perdón de gran pecado, Salmo 25.11.
Pecado agota fuerzas, Salmo 31.10.
Pérdida de conciencia, Salmo 36.1-2.
Sanidad del alma, Salmo 41.4.
Naturaleza pecaminosa, Salmos 51.5; 58.3-5.
Corrompidos por el pecado, Salmo 53.1.
Oración con respuesta, Salmo 66.18-19.
Victoria sobre el pecado, Salmo 119.11,128.
Maldad encendida, Isaías 9.18.
Perdón de pecados como nube deshecha, Isaías 44.22-23.
Necesidad de arrepentimiento, Isaías 64.5.
Leopardo no puede mudar manchas, Jeremías 13.23.
Corazón engañoso, Jeremías 17.9.
Paga del pecado, Lamentaciones 1.14; Romanos 6.23.

Abominaciones mayores, Ezequiel 8.12-17.
Grados de pecados a la vista de Dios, Ezequiel 16.48-52.
Pena de muerte, Ezequiel 18.4; Romanos 6.21; Efesios 2.1.
Pecado personal, Ezequiel 18.14.
Justicia e iniquidad, Ezequiel 33.13.
Pecado secreto, Oseas 13.12.
Pecado adicional, Amós 1.3,6,9,11,13; 2.1,4,6.
Manantial de purificación, Zacarías 13.1.
Antiguo Testamento finaliza con maldición, Malaquías 4.6.
Muerte de Jesús por pecado de la humanidad, Marcos 15.33-37,44.
Más y menos culpable, Lucas 7.36-50.
Nada encubierto, Lucas 12.2-3.
Prefieren oscuridad que la luz, Juan 3.19-21.
Salvador y Juez, Juan 5.22-24.
Pecado cometido en ignorancia, Hechos 3.17; 1 Timoteo 1.12-14.
Pecados sirven a propósito divino, Romanos 3.5.
Ni un justo, Romanos 3.10-18.
Dios no inculpa de pecado a justo, Romanos 4.8.
Paga del pecado, Romanos 5.12.
Justificación de pecado, Romanos 6.7.
Propósito de la ley, Romanos 7.7-12,14.
Pecaminosidad, Romanos 7.13.
Restauración de pecado, Gálatas 6.1.
Redención de pecados, Efesios 1.7.
Persistencia en pecar, 1 Timoteo 5.20.
Vida anterior, Tito 3.3.
Pecado por ignorancia, Hebreos 9.7.
Pecados olvidados, Hebreos 10.17.
Despojarse de pecado, Hebreos 12.1.
Dios no tienta, Santiago 1.13-15.
Negligencia, Santiago 2.10.
No hacer lo bueno es pecado, Santiago 4.17.
Amor al mundo, 1 Juan 2.15-17.
Infracción de la ley, 1 Juan 3.4.
Pecado mortal, 1 Juan 5.16.
Definición de pecado, 1 Juan 5.17.
Mundo bajo el maligno, 1 Juan 5.19.
Mal a servicio de propósitos divinos, Apocalipsis 17.17.

PECADOR

Angustia constante, Deuteronomio 28.67; Job 15.20;
    Eclesiastés 2.23; Romanos 2.9.
Gozo superficial, Proverbios 14.13.
Hombre inmundo, Isaías 6.5.

Amigo de pecadores, Lucas 7.39; 19.7; Juan 8.11; Romanos 5.8.
Jesús recibe pecadores, Lucas 15.2.
Gracia de Dios para el peor de los pecadores, 1 Timoteo 1.15-16.

PEDIR
Es invitado a pedir, 1 Reyes 3.5.
Pedir lluvias de primavera, Zacarías 10.1.
Pide, recibe, busca, Mateo 7.8; Lucas 11.9.
Pedir con fe, Mateo 21.22.
Respuestas aseguradas, Juan 14.13-14; 15.7.
Pedir sabiduría, Santiago 1.5.
Pedir con confianza, 1 Juan 5.14.

PELIGRO
Asidos de las manos, Génesis 19.16.
Jacob alentado, Génesis 46.1-4.
Seguridad en lugares peligrosos, Números 24.21.
Vidas en riesgo, Jueces 5.18.
Compañeros en peligro, 1 Samuel 22.23.
Percibiendo peligro, Ester 4.9-16.
Los malos tienden los arcos, Salmo 11.2.
Enfrentar confiado el peligro, Salmo 27.3.
En grave peligro, Salmo 73.2.
No teman, Isaías 8.12-14.
Hulle un millar, Isaías 30.17.
Seguro en medio del peligro, Isaías 43.2.
Temor a lugares públicos, Jeremías 6.25.
Bufidos de caballos de enemigos, Jeremías 8.16.
Peligro insospechado, Jeremías 11.18-19.
Buenas nuevas, malas nuevas, Jeremías 34.1-7.
Responsabilidad del vigía, Ezequiel 33.1-9.
Seguridad garantizada, Ezequiel 34.25.
Vuelven de la guerra, Miqueas 2.8.
Se abren las puertas de los ríos, Nahum 2.6.
Compañero versus compañero, Zacarías 8.10.
Jesús enfrenta el peligro, Lucas 13.31-33; Juan 7.1.
Evitar peligro innecesario, Juan 11.53-54.
Protección angelical, Hechos 27.21-25.
Arriesgaron sus cuellos, Romanos 16.4 (RVA).

PENA CAPITAL
Institución divina, Génesis 9.6; Santiago 1.15.
Por asesinato premeditado, Éxodo 21.14.
Por secuestrar, Éxodo 22.20; Deuteronomio 13.6-10.

Por trabajar el día de reposo, Éxodo 35.2; Números 15.32-36.
Ejecución divina, Levítico 10.1-2.
Por ser falso profeta, Deuteronomio 13.1-10.
Desalienta la comisión de crímenes, Deuteronomio 17.12;
   Eclesiastés 8.11.
Muerte a un delincuente juvenil, Deuteronomio 21.18-21.
Acán es apedreado, Josué 7.25-26.
Jezabel es atropellada por caballos, 2 Reyes 9.30-33.
Por traición, 2 Crónicas 23.12-15.
Amán muere en la horca que había hecho, Ester 7.10.
Impíos exterminados, Salmo 101.8.
Amenaza del rey, Daniel 2.8.
Opción del gobierno romano, Juan 18.28-32.
Ananías, Safira, Hechos 5.1-10.

PENSAMIENTO
Pensamiento perverso, Deuteronomio 15.9; Proverbios 15.26;
   Jeremías 4.14; Mateo 9.4; 15.19.
Pensamientos agradables a Dios, Salmo 19.14.
Introspección divina, Salmo 26.2; Jeremías 17.10.
Pensamientos vanos, Salmo 94.11.
Pensamiento determina acción, Proverbios 4.23.
Perverso de corazón, Proverbios 12.8.
Pensamientos en el corazón, Proverbios 23.7.
Control de pensamientos, Eclesiastés 11.10.
Pensamientos de iniquidad, Jeremías 4.14.
Autoevaluación, Hageo 1.5-6.
Pensamiento y acción, Romanos 2.1-11.
Humildad de pensamiento, Romanos 12.3.
Cómo tener pensamientos puros, Romanos 13.14.
Locura y cordura, 2 Corintios 5.13.
Pensamientos adecuados, Filipenses 4.8.
Dominio sobre pensamientos, Colosenses 3.1-12.

PENSAR
Nehemías estudia un asunto, Nehemías 5.7.

PÉRDIDA
Duerme rico y despierta pobre, Job 27.19.
Tiempo de perder, Eclesiastés 3.6.
Despojo de los bienes, Hebreos 10.34.

PERDÓN
Perdón filial, Génesis 45.14-15.

Perdón de acto maligno, Génesis 50.15-21.
Espíritu perdonador, Éxodo 23.4-5; Proverbios 24.17; 25.21-22.
Parábola prueba necesidad de perdonar, 2 Samuel 14.1-21.
Oración de perdón, Job 42.7-10.
Perdón de pecados por honra de Dios, Salmo 25.11 (LBD).
Perdón y castigo de Dios, Salmo 99.8-9.
Perdón y olvido, Salmo 103.12.
Nadie merece perdón, Salmo 130.3-4.
Gran misericordia y clemencia, Salmo 145.8-9.
Poder del amor, Proverbios 10.12.
Ira controlada, Proverbios 19.11.
Razón de Dios para perdonar, Isaías 43.25.
Perdón como nube que se deshace, Isaías 44.22-23.
Amor de Dios al infiel Israel, Jeremías 3.12-13.
Perdón total de Dios, Jeremías 50.20.
Volverse al Señor, Lamentaciones 5.21-22.
Ira se va para siempre, Oseas 14.4 (LBD).
Dios perdonador, Joel 2.12-13.
Dar una segunda oportunidad, Jonás 1.1-3; 3.1-3.
Gracia perdonadora y misericordia de Dios, Miqueas 7.18.
Mayordomía y perdón, Mateo 5.23-24.
Perdonar y recibir perdón, Mateo 6.14-15.
Principios del perdón, Mateo 18.21-22; Marcos 11.25;
    Lucas 6.37; 17.3-4; 2 Corintios 2.7-10; Santiago 5.15-16.
Perdonado que no perdona, Mateo 18.23-35.
Juzgar y ser juzgados, Lucas 6.37.
Gratitud por gran perdón, Lucas 7.39-50.
Medida total de perdón, Lucas 17.3-4.
Espíritu perdonador de mártir, Hechos 7.60.
Perdón verdadero, Romanos 4.8.
Reconciliación con Dios, Romanos 5.10.
Perdón para miembro de la congregación, 2 Corintios 2.5-11.
Vestidos de perdón, Colosenses 3.12.
Perdón y paciencia, Colosenses 3.13.
Pecados por ignorancia, 1 Timoteo 1.12-14.
Actitud de Pablo hacia desertores, 2 Timoteo 4.16.
Limpiar historial, Hebreos 1.3 (VP).
Misericordia de salvación, Hebreos 10.17.
Amor y perdón, 1 Pedro 4.8.
Nuestro Abogado ante el Padre celestial, 1 Juan 2.1-2.

PEREZA
¿Hasta cuándo has de dormir?, Proverbios 6.9-10.
Negligencia en el trabajo, Proverbios 18.9.

Cabecear de sueño, Proverbios 20.33.
Hombre perezoso, Proverbios 26.14-15.
Pereza extrema, Eclesiastés 10.18.
Pueblo perezoso, Isaías 30.6-7.
Amadores del dormir, Isaías 56.10.
No perezosos, Romanos 12.11.
El que no trabaje que no coma, 2 Tesalonicenses 3.6-7,10.
No trabajan en nada, 2 Tesalonicenses 3.11.
No ser perezosos, Hebreos 6.12.

PERFECCIÓN
Conducta perfecta, Génesis 17.1.
Perfección divina, Deuteronomio 32.4.
Pureza del oro, Job 23.10.
Perfecto a los ojos de Dios, Salmo 4.1.
Camino perfecto, Salmo 18.32.
Perfección limitada, Salmo 119.96.
Ningún hombre perfecto, Eclesiastés 7.20.
Costo de la perfección, Mateo 19.21.
Verdadero israelita, Juan 1.47.
Exhortación a ser perfectos, 2 Corintios 13.11.
Hacia la perfección, Filipenses 3.12.
Perfección y madurez, Filipenses 3.15.
Sumo Sacerdote perfecto, Hebreos 4.15; 7.26.
Jesús perfeccionado, Hebreos 5.9.
Plena paciencia, Santiago 1.4.
Sangre preciosa de Cristo, 1 Pedro 1.18-19; 2.22.
Búsqueda de la perfección, 1 Juan 1.8-10.

PERFUME
Incienso aromático, Éxodo 30.7.
Fragancia para el templo, Éxodo 30.34-38.
Perfume seductor, Rut 3.3.
Vestidos fragantes, Salmo 45.8.
Ungüentos de la amada, Cantares 4.10-14.
Cuando ungieron a Jesús, Mateo 26.6-13.
Especies aromáticas, Marcos 16.1.
Perfumar los pies de Jesús, Lucas 7.37-38.

PERMISO
Autorizado a viajar, Nehemías 2.1-8.
Entrar en la presencia de Dios, Salmo 24.3-4 (véase Efesios 2.18).
Puertas abiertas, Isaías 26.2 (véase Juan 10.9).
Oportunidad para todos, Isaías 55.1-3.

Todos los trabajados y cargados, Mateo 11.28,29.
Acercarse al trono de gracia, Hebreos 4.14-16.
Amplia y generosa entrada, 2 Pedro 1.11.

PERSEVERANCIA
Abstención de vino, uvas, Números 6.2-4.
Sigamos todos los mandamientos de Dios, Deuteronomio 8.1.
Perseverancia en la maldad, Jueces 13.1.
Relación con Dios constante, 2 Crónicas 15.2.
Corazón firme, Salmo 86.11.
Perseverante amor de Dios, Salmo 136.1-26.
Mensaje que se repite constantemente, Jeremías 25.3-4.
Amado con amor eterno, Jeremías 31.3.
El amor del Señor es fiel día tras día, Lamentaciones 3.22-24.
Buen árbol, buen fruto, Mateo 7.18.
Tomemos la cruz diariamente, Lucas 9.23.
Constancia divina, Filipenses 1.6.
Presente, ausente, Filipenses 1.27-28.
Una vida perseverante, 1 Tesalonicenses 4.11-12; Santiago 3.13.
Perseverar en la doctrina y la manera de vivir, 1 Timoteo 4.16.
Constantes en las normas, 2 Timoteo 1.13.
Bondad constante, Santiago 3.13.

PERSONALIDAD
Personalidad de niño por nacer, Génesis 16.11-12.
Gemelos diferentes, Génesis 25.27.
Personalidad ruin, Deuteronomio 32.32-33.
Personalidad de mujer rencillosa, Proverbios 27.15-16.
Corazón se refleja en el rostro, Proverbios 27.19.
Disputa entre personalidades apostólicas, Hechos 15.36-41;
    Gálatas 2.11.
Lucha entre la carne y el espíritu, Romanos 7.15-18,21-25.
Personalidad cristiana, 2 Corintios 2.15-16.
Fruto del Espíritu, Gálatas 5.22.
Regocijo en el Señor, Filipenses 4.4-5.
Gozo del Espíritu Santo, 1 Tesalonicenses 1.6.
Belleza interior, 1 Pedro 3.3-4.
Fe, virtud, conocimiento y dominio propio, 2 Pedro 1.5-9.

PERTURBAR
Turbación continuada a propósito, Esdras 4.1-5; Nehemías 4.8.
«Amigos» perturbadores de Job, Job 2.11-13.
Perturbación a los profetas, Isaías 30.6-11; Amós 2.12.
Perturbación satánica, Zacarías 3.1-2; 1 Pedro 5.8.

Alteración de ciego, Marcos 10.46-48.
Silencian a perturbador, Hechos 13.1-13.
Haraganes inconscientes, Hechos 17.5.
Basta y sobra, Hechos 18.5-8.
Puerta abierta a pesar de la oposición, 1 Corintios 16.5-9.
«Los que os perturban», Gálatas 5.12.
Problemas de un laico, 2 Timoteo 4.14-15.

PESADILLA
Temor a la oscuridad, Génesis 15.12.
Interpretación de sueño, Génesis 41.1-18.
La espada de Gedeón, Jueces 7.13-14.
Visiones e imaginaciones nocturnas, Job 4.13.
Visiones que aterran, Job 7.13-15; Daniel 2.1; 4.5.
Mucha ocupación lleva al sueño, Eclesiastés 5.3.
Pesadillas horribles, Daniel 2.1.

PIEDAD
La verdadera piedad, 2 Timoteo 2.8-9.
Impíos con apariencia de piedad, 2 Timoteo 3.5.

PLAN
Viaje con aprobación del Señor, Jueces 18.6.
Verdaderas intenciones ocultas, 1 Samuel 16.1-5.
Sencillez, Salmo 131.1.
Sabia planificación, Proverbios 13.16.
Planes humanos y propósitos divinos, Proverbios 19.21.
Paciencia necesaria para persuadir, Proverbios 25.15.
El Señor planea por adelantado, Isaías 25.1.
Dios conoce los planes del hombre, Isaías 29.15.
Plan prenatal para Jeremías, Jeremías 1.4-5.
Plan de batalla, Ezequiel 4.1-3.
Diseño y medidas, Ezequiel 43.10-12.
Planificación para construir, Lucas 14.28-30.
Plan de Dios, Romanos 12.12.
Viaje planificado, 2 Corintios 1.15-17.
Ningún plan es seguro, Santiago 4.13-16.
Plan de redención, 1 Pedro 1.18-20.

POBRE
Porción para el pobre, Levítico 19.9-10.
Dios enriquece y empobrece, 1 Samuel 2.7.
Espíritu de benevolencia, Job 29.11-15; 30.25; 31.15-22.
Riqueza del pobre, Salmo 37.16; Proverbios 13.7; 28.6.

Llamado al altruismo, Salmo 82.3-4.
Dar al pobre es dar a Dios, Proverbios 19.17; Mateo 25.42-45.
Castigo por falta de misericordia, Proverbios 21.13.
El rico y el pobre tienen origen similar, Proverbios 22.2.

PODER
Pariente rico, Rut 2.1.
Ostentación de poder, 1 Reyes 12.1-11.
Hechos en la tierra, Job 12.14-15.
Poder espiritual, Isaías 19.1.
Poder en nombre de Dios, Jeremías 10.6.
Nada difícil para Dios, Jeremías 32.27.
No más poder, Ezequiel 26.2.
Palabra de autoridad, Lucas 4.32.
Poder de noble, Lucas 19.12.
Poder del Espíritu Santo, Hechos 1.8.
Poder de la resurrección, Romanos 8.1; Efesios 1.18-20.
Fortaleza en la debilidad, 2 Corintios 12.9.
Aliento divino derrota al hombre de pecado, 2 Tesalonicenses 2.8.
Poder de la Palabra, Hebreos 4.12.
Protegidos por el poder de Dios, 1 Pedro 1.5.

POPULARIDAD
Falta de popularidad del rey, 1 Samuel 10.26-27.
Gran popularidad, 2 Samuel 3.36.
Se gana el favor del pueblo, 2 Samuel 15.1-6.
David teme la popularidad de Absalón, 2 Samuel 15.13-14.
Muchos suplican favor de Job, Job 11.19.
Puerta ancha y angosta, Mateo 7.13-14.
Fariseos temen al pueblo, Mateo 21.45-46.
Sanidad incrementa popularidad de Jesús, Marcos 3.7-10.
Buscan alabanza humana, Juan 12.42-43.
Respeto de Cornelio hacia Pedro, Hechos 10.25-26.
Rey asesino gana popularidad, Hechos 12.1-4.
Desconocidos pero bien conocidos, 2 Corintios 6.9.
Popularidad verdadera, Gálatas 1.10.
Gobernantes y gobernados, Colosenses 3.22.

PRECAVIDO
Se cuida del peligro, Proverbios 22.3.

PREGUNTA
Pregunta con doble sentido, Génesis 3.1.
¿Qué es maná?, Éxodo 16.31.

Cuestionario para espías, Números 13.18-20.
¿Hasta cuándo?, Números 14.11.
Preguntas subversivas, Jueces 16.6-18.
Pregunta de suegra, Rut 3.16-17.
Respuesta a preguntas difíciles, 1 Reyes 10.1-3.
Cuestiona acciones divinas, 2 Reyes 6.33.
El más ignorante de los hombres, Proverbios 30.2-4.
Respuestas a preguntas no hechas, Isaías 65.1.
Sabios avergonzados, Jeremías 8.9.
Jeremías interroga al Señor, Jeremías 12.1.
En busca de respuesta, Jonás 1.7-8.
Pregunta sobre el amor divino, Malaquías 1.2.
Difícil de entender, Lucas 1.18,34.
Pablo acusado de terrorista, Hechos 21.38.

PREJUICIO
Madre escoge esposa para hijo, Génesis 21.21.
Abraham escoge esposa para Isaac, Génesis 24.1-4.
Negativo, positivo, Números 13.17-33.
Nacionalismo cruel, Ester 3.8-9.
Riqueza y prestigio no detienen el resentimiento, Ester 5.10-14.
Prejuicios sin causa, Salmo 69.4.
Aborrecimiento a la sabiduría, Proverbios 1.29.
Entrometido, Proverbios 18.1.
Prejuicio del necio, Proverbios 18.2.
Acepción de personas, Proverbios 28.21.
No encuentra mujer justa, Eclesiastés 7.27-28.
Prejuicio en oyentes, Mateo 13.14-15.
Tradición racista, Mateo 15.21-28.
Líderes religiosos intolerantes, Mateo 21.15.
Prejuicio bien intencionado, Marcos 9.38.
Prejuicios entre samaritanos y judíos, Lucas 9.51-56.
Disensión familiar, Lucas 12.49-53.
Actitud de los fariseos, Juan 8.33-38.
Insulta, Juan 8.48-49.
Ceguera espiritual, Juan 9.39-41.
Para que vean los que no ven, Juan 9.39-41.
Testimonio a la verdad, Juan 18.37.
Prejuicio contra nuevos convertidos, Hechos 9.26.
Libre del legalismo, Hechos 10.24-28.
Sin prejuicios raciales, Hechos 10.34-35; 15.5-9.
Corrompen los ánimos, Hechos 14.2.
A favor de uno, en contra del otro, 1 Corintios 4.6.
Aceptar a otros, 2 Corintios 7.2.

Presuntuosa justificación, Filipenses 3.3-6.
Ignorancia, 1 Timoteo 1.13.
Prejuicios raciales en la Iglesia, Santiago 2.1-8,16.
Tinieblas de odio, 1 Juan 2.9-11.
Mundanos, 1 Juan 4.5.

PREMIO
Obediencia recompensada, Génesis 22.15-18; Levítico 25.18-19;
    Deuteronomio 4.40; 6.3.
Recompensa por honrar a padres, Éxodo 20.12; Efesios 6.1-3.
Buen tiempo y seguridad, Levítico 26.3-45; Deuteronomio 11.13-29.
Honestidad y longevidad, Deuteronomio 25.15.
Premio generacional, Jueces 8.22-23.
Dalila traiciona a Sansón, Jueces 16.1-5.
Premio por fidelidad a suegra, Rut 2.7-12.
Premio de madre, 1 Samuel 2.18-21.
Premio por acto de bondad, 1 Samuel 30.11-18.
Premio anticipado, Nehemías 5.19.
Premio irónico, Ester 5.14; 6.13.
Vanidad como recompensa, Job 15.31.
Premio para buena madre, Proverbios 31.31.
Pan sobre las aguas, Eclesiastés 11.1.
Premio para obras buenas y malas, Isaías 3.10-11.
Recompensa en el Señor, Isaías 49.4.
Destino del bueno y del malo, Isaías 65.13-14.
Según el fruto de las obras, Jeremías 32.19.
Bondad con profeta, Jeremías 38.7-13.
Dones y recompensas, Daniel 5.17.
Recompensa espiritual, Daniel 12.13.
Reciben lo que merecen, Zacarías 1.6.
Negarse a sí mismo, Mateo 16.24-28.
Buenas obras recompensadas, Mateo 25.34-46; Romanos 2.7,10.
Dejan todo por Jesús, Marcos 10.28-31.
Persecución premiada, Lucas 6.22-23.
Corona incorruptible, 1 Corintios 9.24-27.
Seguidores son recompensa para el ministerio,
    1 Tesalonicenses 2.17-19.
Oración por recompensa para amigo, 2 Timoteo 1.16-18.
Recompensa del labrador, 2 Timoteo 2.6.
Premio seguro, 2 Timoteo 2.11-13.
Corona de justicia, 2 Timoteo 4.6-8.
Los que pierden la recompensa, Hebreos 3.16-19.
Dios no olvida buenas obras, Hebreos 6.10.
Grande galardón, Hebreos 10.35.

Corona de vida, Santiago 1.12.
Completo galardón, 2 Juan 8.
Sentado en el trono, Apocalipsis 3.21.
Premio según obras, Apocalipsis 22.12.

PREOCUPACIÓN
Asnas y personas, 1 Samuel 9.3-5; 10.2.
Temor innecesario, 1 Reyes 1.50-53.
Deseos de paz y seguridad, 2 Reyes 20.19.
Lágrimas de preocupación, Nehemías 1.4.
Lucha contra los pensamientos, Salmo 13.2.
Preocupación por debilidades humanas, Salmo 41.1.
Cánticos nocturnos, Salmo 42.8.
Demasiado preocupado para dormir, Salmo 132.4-5.
Congoja y alegría, Proverbios 12.25.
No acordarse del pasado, Isaías 43.18.
Preocupación inútil, Mateo 6.27,28.
Afán del siglo, Mateo 13.22.
Preocupaciones ahogan la Palabra, Marcos 4.19.
Despedida en paz, Lucas 2.29.
Preocupaciones vanas, Lucas 8.22-25.
No cargarse con afanes de la vida, Lucas 21.34.
Preocupante falta de vino en boda, Juan 2.1-5.
Dios siempre a la mano, Hechos 2.25-28.
Esperanza contra esperanza, Romanos 4.18-22.
Tristeza de Pablo, Filipenses 2.28.
Antídoto contra la preocupación, Filipenses 4.6-7.
Abundancia de lo mejor de Dios, Judas 2.

PREPARADO
En alerta constante, Nehemías 4.11-23.
Irás a todo lo que te envíe, Jeremías 1.7.
No te encuentre durmiendo, Marcos 13.35-37.
Preparados para servir, testificar, Efesios 6.15.
Siempre velando, Colosenses 4.2.
Mente lista para actuar, 1 Pedro 1.13.

PRESIÓN
Delegación de funciones, Éxodo 18.17-27.
Con el agua al cuello, Salmo 69.1.
Herodes cede a la presión, Mateo 14.6-11.
Presión divina para cumplir destino, Lucas 12.50.
Trabajar mientras se viva, Juan 9.4.
Presión de Pablo por llegar a Jerusalén, Hechos 20.16.

Exhortación a trabajar, 1 Corintios 9.6.
Cumplir en toda circunstancia, 2 Timoteo 4.5.

PRESUPUESTO
Estimado, Lucas 14.28-30.
Necesidad y falta de fondos, Juan 6.5-7.

PRIORIDAD
Dios como prioridad, Génesis 1.1.
Lumbreras mayor y menor, Génesis 1.16.
Dios sobre los ídolos, Levítico 26.1.
Primero la porción de Dios, Números 18.29.
Seguridad material y voluntad de Dios, Números 32.14-27.
Más dolor por el arca que por hijos muertos, 1 Samuel 4.16-18.
Palacio en trece años y templo en siete, 1 Reyes 6.37-38; 7.1.
Sabiduría y ciencia ante todo, 2 Crónicas 1.7-12.
Lo primero primero, 2 Crónicas 1.7-12; Proverbios 24.27;
     Hageo 1.3-4; Mateo 6.33; Lucas 9.59-62; 10.38-42.
Mejor un día con Dios, Salmo 84.10.
Todo tiene su tiempo, Eclesiastés 3.1-8.
Las prioridades cambian con el progreso, Isaías 28.28.
Prioridad para el evangelista y misionero, Isaías 52.7.
Amonestación en primer lugar, Ezequiel 3.18-19.
Tesoros en el cielo, Mateo 6.19-21.
Perla preciosa, Mateo 13.45-46.
Renunciar a todo por causa del Señor, Mateo 19.28-30.
Postreros y primeros, Mateo 19.30; 20.16; Marcos 10.31.
Sanidad antes de la crucifixión, Mateo 20.29-34.
Moral y materialismo, Marcos 10.17-25.
El gran mandamiento, Marcos 12.28-34.
Misión primordial, Marcos 16.15.
Alabanza de mujer pecadora, Lucas 7.36-38.
Emocionados por milagros, Lucas 10.17-20.
Lo temporal y lo espiritual, Lucas 11.27-28.
Fe más que bienes materiales, Lucas 12.14-15.
Prioridad de prioridades, Lucas 12.29-31.
Sublime para el hombre y abominable para Dios, Lucas 16.14-15.
Las prioridades del joven rico, Lucas 18.18-23.
Oportunidad espiritual, Hechos 1.6-7.
Prioridad de obediencia, Hechos 5.29.
Enseñanza primordial, 1 Corintios 15.3.
Dar prioridad a la mayordomía, 2 Corintios 8.9-11.
Primero la fe, Gálatas 5.6.
Una nueva creación, Gálatas 6.15.

Peligro de dar prioridad al dinero, 1 Timoteo 6.10.
Prioridad, 1 Timoteo 6.21; 2 Timoteo 1.3.
Mensaje primordial de Dios, Hebreos 1.1-2.
Vituperio de Cristo más que tesoros terrenales, Hebreos 11.26.

PROFESIÓN
Leñadores, aguateros, Josué 9.26-27.
El prolongado reinado de David, 2 Samuel 5.4.
Experimentan la bendición de Dios, Salmos 90.17; 138.8.
Satisfacción en el trabajo, Eclesiastés 3.22.
Oportunidades abundantes, Mateo 9.37-38.
Consejo para mujeres solteras, 1 Corintios 7.25-26.
La suprema carrera: una vida de amor, Efesios 5.1-2.

PROGRAMAR
Programación de ofrendas, Deuteronomio 16.16-17.
Sacrificios programados tres veces al año, 1 Reyes 9.25.
Aguas hasta el alma, Salmo 69.1.
Tiempo para todo, Eclesiastés 3.1-8.
Buena programación comprobada, Isaías 25.1.
Inspección nocturna, Marcos 11.11.
Jesús cumple itinerario, Lucas 4.42-44.
Rechaza cambio de programa, Hechos 18.19-21.
Poco tiempo para Satanás, Apocalipsis 12.12.

PRÓJIMO
Responsabilidad hacia el prójimo, Génesis 9.5.
Reunión de mujeres, Génesis 34.1.
Integridad con el prójimo, Éxodo 20.16; Levítico 19.13-18.
Responsabilidad por buey peligroso, Éxodo 21.28-32.
Restitución con lo mejor, Éxodo 22.5.
Odio criminal al prójimo, Deuteronomio 19.11-13
    (véase Proverbios 14.12).
Bondad con el prójimo, Deuteronomio 22.1-4.
Amor al prójimo, 1 Samuel 18.1.
Ayuda del prójimo, Esdras 1.6.
No agraviar al prójimo, Salmo 15.3.
Prójimos malvados, Salmo 28.3.
Maltratado por el prójimo, Salmo 31.11.
Queja de vecinos, Salmo 44.13.
Hacer bien al prójimo, Proverbios 3.27-28.
Disputas en privado, Proverbios 25.9-10.
No fastidiar al prójimo, Proverbios 25.17.
Integridad, Proverbios 26.18-19.

Mejor vecino cerca que hermano lejos, Proverbios 27.10.
Bendición en alta voz, Proverbios 27.14.
Trabajo despierta envidia, Eclesiastés 4.4.
Lujuria en el vecindario, Jeremías 5.8.
Adulación, Jeremías 9.8.
Buenas relaciones, Zacarías 3.10.
Amor al prójimo, Mateo 22.34-40; Lucas 4.22-24; Romanos 13.9;
   Santiago 2.8.
Nadie es profeta en su tierra, Marcos 6.1-6.
Buenas nuevas en el vecindario, Lucas 1.57-58.
Testificación efectiva, Juan 4.39.
Veracidad con el prójimo, Efesios 4.25.
Buena conducta, Colosenses 4.5.
Amor al prójimo, Santiago 2.8.

PROMISCUIDAD
Costumbres abominables, Levítico 18.30.
Ultraje al Señor, Números 15.30-31.
Mujer inmoral, Números 25.6-9.
Promiscuidad en clérigos, 1 Samuel 2.22.
Juicio por promiscuidad, 2 Samuel 12.1-12.
Promiscuidad real, 1 Reyes 11.1-3.
Promiscuidad aparente, Isaías 8.3.
Deseo sexual insaciable, Ezequiel 16.23-30.
Dos hermanas promiscuas, Ezequiel 23.1-49.
Pecado contra el cuerpo, 1 Corintios 6.18.

PROPAGANDA
Letreros antiguos, Deuteronomio 27.2-8.
Letrero, Marcos 15.26.

PROSPERIDAD
Varón próspero, Génesis 39.2.
Provisión y bendición de Dios, Deuteronomio 8.7-20.
Fortunas restauradas, Deuteronomio 30.1-3.
Impíos prósperos, Job 21.7.
No más prosperidad, Job 24.24.
Recompensa por obedecer, Job 36.11.
Mayor prosperidad, Job 42.12.
Necias evaluaciones, Salmo 30.6-7.
Valles se cubren de grano, Salmo 65.13.
Prisioneros encuentran prosperidad, Salmo 68.6.
Manos prósperas, Salmo 90.17.
Robo a pobres, Proverbios 22.16.

Idólatras prósperos, Isaías 2.7-8.
Tierra que fluye leche y miel, Jeremías 11.5.
Prosperidad de los impíos, Jeremías 12.1-3.
Prosperidad nacional, Ezequiel 16.13-14.
Árbol de prosperidad, Ezequiel 17.22-24.
Prosperidad rural, Ezequiel 36.11.
Prosperidad ligada a la conducta, Daniel 4.27; Oseas 13.15.
Frágil prosperidad, Oseas 13.15.
Prosperidad perdida y devuelta, Joel 3.1.
Ofrenda según prosperidad personal, 1 Corintios 16.2.
Prosperidad espiritual, 2 Pedro 1.2.
Salud, riqueza y vitalidad espiritual, 3 Juan 2-4.

PRUDENTE
Hombre entendido es prudente, Proverbios 17.27.

Q

QUEJA
Queja a Dios, Éxodo 5.22-23; Números 11.10-15; Salmo 142.1-2.
Se acuerdan de Egipto en vez de confiar en Dios, Éxodo 16.2-3.
Rechazan consejo de ancianos, 1 Reyes 12.1-11.
Lamento de animales, Job 6.5.
Amargura contra Dios, Job 23.2.
Basta de quejas, Salmo 39.1.
Todavía está vivo, no debería quejarse, Lamentaciones 3.39.
Uvas agrias, Ezequiel 18.2.
Aullido de chacal, lamento de avestruz, Miqueas 1.8.
Marta se queja de María, Lucas 10.38-42.
Basta de murmuraciones, Juan 6.43.
Disputar con Dios, Romanos 9.20-21.
Todo sin lamentarse, Filipenses 2.14-15.
Perdonemos las quejas, Colosenses 3.13.

R

RADIOGRAFÍA
Palabra de Dios penetra hasta los huesos, Hebreos 4.12.

RAMERA
Música de ramera, Isaías 23.16.

RAZONAMIENTO
Razonamiento satánico, Génesis 3.1-5.
Razonamiento sin Dios, Éxodo 32.11-14.
No escuchan razones, 1 Samuel 8.4-21.
Razón perdida, Job 12.24.
Camino próspero de impíos, Jeremías 12.1-3.
Misericordia y justicia, Ezequiel 33.10-20.
Sabiduría de Gamaliel, Hechos 5.30-40.
Razonamiento en enseñanza, Hechos 17.1-3.
La razón contra la revelación, 1 Corintios 1.20-31.
Error poderoso distorsiona la razón, 2 Tesalonicenses 2.11-12.

REALIDAD
Bendiciones y maldiciones bíblicas, Josué 8.34.
Experiencia personal, Salmo 51.10-13.
Como un sueño, Salmo 126.1.
Despertar de sueño, Isaías 29.8.
Ayuno de discípulos, Marcos 2.18-20.
Reino de Dios entre nosotros, Lucas 17.20-21.
Realidad en Cristo, 2 Timoteo 1.1.
Fe sin obras, Santiago 2.14-18.
Fe muerta, 1 Pedro 1.8,9.
Testigos de la realidad de Cristo, 1 Juan 1.1-4.

RECONOCER
José reconoce a sus hermanos, Génesis 42.7.
El rey Saúl reconoce que David es justo, 1 Samuel 24.16-17.
Confesión de haber pecado mucho, Salmo 25.11.

RECURSOS HUMANOS
Más importancia tienen los obreros, Génesis 14.21.
Personal adecuado, Miqueas 5.5.

REGALO
Regalos por desposorios, Génesis 24.53.
Regalos para José en Egipto, Génesis 43.11-15.
Regalos para hermanos, Génesis 45.21-23.
Regalo de fuentes de agua, Jueces 1.13-15.
Aldea de regalo, 1 Samuel 27.5-6.
Regalo del botín, 1 Samuel 30.26.
Regalo real, 1 Reyes 10.10; 2 Crónicas 9.12.

Prosperidad festejada con obsequios, Job 42.10-11 (LBD).
Buscan favores con regalos, Salmo 45.12.
Promesa divina, Salmo 84.11.
Regalo secreto, Proverbios 21.14.
Presente para visitante, Jeremías 40.5.
Regalos de despedida, Miqueas 1.14 (LBD).
Regalos de los magos, Mateo 2.11.
Don del descanso, Mateo 11.28.
Agua dada como regalo, Apocalipsis 21.6.

REGOCIJO
No llorar en día santo, Nehemías 8.9-10.
Regocijo provechoso, Job 22.2-3.
Regocijo del Señor, Salmo 4.7.
Gracia y gloria del Señor, Salmo 84.11.
Regocijo de la vida marina, Salmo 104.26.
Disfrutar de la vida, Eclesiastés 8.15.
Sin paz, Lamentaciones 3.17.
Gozo sumo, Santiago 1.2-4.
Gozo por buena reputación, 3 Juan 3-4.

RELACIONES HUMANAS
Delegación de funciones, Éxodo 18.14-27.
Cortesía con extranjeros, Éxodo 23.9.
Relación con el prójimo, Levítico 6.2-7.
Oportunidad de testificar, Deuteronomio 6.4-7.
Cancelación de deuda cada siete años, Deuteronomio 15.1.
Actitud hacia el pobre, Deuteronomio 15.7-11.
Protección para esclavos fugados, Deuteronomio 23.15-16.
Acento extranjero, Jueces 12.5-6.
Arte de negociar, Rut 4.1-8.
Hacen burla del rey, 1 Samuel 21.11.
Saludo caluroso, 1 Samuel 25.6.
Siervo por interés personal, 1 Samuel 27.12.
Mandato real, 1 Samuel 29.6-7.
Partes iguales, 1 Samuel 30.24.
Interpretación errónea de gesto amigable, 2 Samuel 10.1-4.
Alianza de Salomón con Egipto, 1 Reyes 3.1.
Sabiduría de Salomón, 1 Reyes 4.29-34.
Rey se deja llevar por malos consejos, 1 Reyes 12.1-15.
Guiados por el enemigo, 2 Reyes 6.8-23.
Ejemplo de relaciones humanas, 2 Reyes 7.3-9.
Esclavos de usureros, Nehemías 5.1-5.
Apelación sabia ante rey, Ester 7.3-4.

Pide misericordia quien no la tiene, Ester 7.7.
Abandonado por hermanos, Job 6.14-17.
Cuidar de los necesitados, Proverbios 3.27-28.
Juicio recto para todos, Proverbios 29.14.
Revelación en relaciones humanas, Proverbios 29.18.
Iniquidad humana, Proverbios 30.21-23.
Buenas relaciones humanas en gobierno, Isaías 16.5.
Buenas nuevas para abatidos, Isaías 61.1-3.
Librar al oprimido, Jeremías 21.12.
Cuerdas de amor, Oseas 11.4.
Piedad por mal ajeno, Abdías 12.
Justicia, misericordia y piedad, Zacarías 7.8-10.
Se quejan de generosidad ajena, Mateo 20.1-16.
Profeta sin honra, Marcos 6.4-6.
De tal maestro tal discípulo, Lucas 6.40.
El mayor en el Reino, Lucas 9.46-48.
Viajes misioneros, Lucas 10.5-12.
Jesús y los fariseos, Lucas 11.37-54.
Deseo de reconocimiento, Lucas 11.43.
A más dones, más responsabilidades, Lucas 12.48.
Arreglar cuentas fuera de la corte, Lucas 12.58-59.
Honra para los humildes, Lucas 14.7-11.
Recompensas divinas, Lucas 14.12-14.
Ir a la guerra o negociar la paz, Lucas 14.31-32.
Relación con pecadores, Lucas 15.1-2.
Actitud de padre y resentimiento de hermano, Lucas 15.11-31.
Riqueza y amistad, Lucas 16.9.
Piedra de tropiezo, Lucas 17.1.
Deberes de siervos, Lucas 17.7-10.
Extranjero agradecido, Lucas 17.11-19.
Bondad para prisionero, Hechos 24.23.
Gentileza con todos, Filipenses 4.4-5.
Portador de buenas nuevas, Colosenses 4.7.
Afecto por discípulos, 1 Tesalonicenses 2.7-8.
Cada uno en sus propios asuntos, 1 Tesalonicenses 4.11.
No pagan salarios, Santiago 5.4.

RELIGIOSIDAD
Devoción a los ídolos, Proverbios 27.14.
Falsa devoción, Isaías 58.1-2.
Verdadero significado del ayuno, Isaías 58.3-7.
No hay hombre piadoso, Jeremías 5.1,2.
Los que ofrecen falsa alabanza, Jeremías 12.6.
Total impiedad, Ezequiel 16.56,57.

Satanás tienta a Jesús, Mateo 4.1-11.
Falsa religión, Mateo 6.1.
Jesús rompe la tradición, Mateo 12.1-13.
Pecadores comparados con fariseos, Mateo 21.31-32.
Ciegos guían ciegos, Mateo 23.23-24.
Moral y materialismo, Marcos 10.17-25.
Actitud hipócrita, Lucas 6.1-11.
Circuncisos e incircuncisos, Romanos 4.9-12.
De vuelta a la carne, Gálatas 3.3.
Religión verdadera, Santiago 1.27.

RENCOR
No procurar vengarse, Levítico 19.18; Proverbios 20.22; 24.29.
Exento de regla de oro, Proverbios 24.29.
Pagar mal con mal, Romanos 12.17; 1 Pedro 3.9.
Evitar el rencor, Colosenses 3.13 (LBD).

REPUTACIÓN
Varón justo, Génesis 6.9.
Reputación de Abraham, Génesis 21.22.
Conforme al mandamiento de Dios, Éxodo 17.1.
Dios santifica, Levítico 21.8.
Congregación santa, Números 16.3.
Impecable, 1 Samuel 2.1-5.
Buen nombre, 1 Samuel 18.30.
Hallado sin falta, 1 Samuel 29.3.
Grandes elogios, 1 Samuel 29.6-9.
Reputación de perverso, 2 Samuel 20.1.
Hombre piadoso, Salmo 86.2.
Gloriosa reputación, Salmo 87.3.
Hombre de oración, Salmo 109.4.
Buena fama, Proverbios 22.1; Eclesiastés 7.1.
Mal pensado, Proverbios 24.8.
No buscar propia gloria, Proverbios 25.27.
No autoalabarse, Proverbios 27.2.
Reputación del padre, Proverbios 27.11.
Nombre como ungüento, Cantares 1.3.
En busca de un justo, Jeremías 5.1.
Desde el menor al mayor, Jeremías 42.1-3.
Reina conoce reputación de Daniel, Daniel 5.10-12.
Integridad en el gobierno, Daniel 6.1-3.
Sin reproche, Daniel 6.4-8.
Varón amado de Dios, Daniel 10.11.
Enviado de Dios, Hageo 1.13.

Los que están con Dios, Zacarías 8.23.
José quiere evitarle a María el repudio público, Mateo 1.19.
No quiso dañar reputación de María, Mateo 1.19.
Falsos profetas, Mateo 7.15-20.
Digno, Mateo 10.11.
Grandeza de Juan el Bautista, Mateo 11.11.
Grandeza de la humildad, Mateo 23.12.
No es profeta en su tierra, Lucas 4.22-24.
Pecadora perfuma a Jesús, Lucas 7.37-39.
Reputación de la mujer de Lot, Lucas 17.32.
Mala reputación de Nazaret, Juan 1.46.
Reputación en conflicto, Juan 7.12.
Amorosa reputación, Juan 13.35.
Reputación de cristianos primitivos, Hechos 4.12-13.
Varones de buen testimonio, Hechos 6.3-6.
Desconfianza en los colegas, Hechos 9.26.
Justo, temeroso y de buen testimonio, Hechos 10.22.
Reputación de Pedro, Hechos 10.25-26.
Varón conforme al corazón de Dios, Hechos 13.22.
Falta de solidaridad, Hechos 15.37-38.
Buen testimonio, Hechos 16.2.
Nobleza, Hechos 17.11.
Varón piadoso, Hechos 22.12.
Fariseo hijo de fariseo, Hechos 23.6.
Fe divulgada en todo el mundo, Romanos 1.8.
No pagar mal por mal, Romanos 12.17.
Obediencia notoria, Romanos 16.19.
Buena fama en todas las iglesias, 2 Corintios 8.18-24.
Pésima reputación, 2 Corintios 12.20.
De perseguidor a predicador, Gálatas 1.23-24.
Andar con dignidad, Efesios 4.1.
Reputación ejemplar, Filipenses 2.20-21.
Reputación como cristianos, Colosenses 1.3-6.
Sabia conducta, Colosenses 4.5.
Honradez ante todo, 1 Tesalonicenses 4.11-12.
Mencionados con orgullo, 2 Tesalonicenses 1.4.
Grado honroso, 1 Timoteo 3.13.
Conducta y doctrina, 1 Timoteo 4.16.
Testimonio de buenas obras, 1 Timoteo 5.10.
Obras buenas y malas se manifiestan, 1 Timoteo 5.24-25.
Fe de prostituta obediente, Hebreos 11.31.
Regocijo de buena reputación, 3 Juan 3-6.
Buena reputación, 3 Juan 12.
Reputación positiva y negativa, Apocalipsis 2.1-6.

RESCATE
Secuestro y rescate, Génesis 14.12-16.
Reina aboga por el pueblo, Ester 8.3-11.
Misericordia, Jeremías 38.6-13.
Jonás y el gran pez, Jonás 1.17.

RESPETO
Respeto a los padres, Éxodo 20.12; Levítico 19.3; Proverbios 1.8;
   6.20; Efesios 6.1-2; Colosenses 3.20.
Heridas a padres, Éxodo 21.15.
Mostrar respeto a los ancianos, Levítico 19.32; 1 Timoteo 5.1-2.
Respeto mutuo entre enemigos, Deuteronomio 2.4-5.
Respeto en iglesia y corte, Deuteronomio 17.12.
No respetar al profeta que proclama el error,
   Deuteronomio 18.21-22.
Obediencia, Josué 22.1-5.
Respeto a las palabras de Samuel, 1 Samuel 3.19.
Postración de ídolo ante el arca de Dios, 1 Samuel 5.1-5.
Respeto por cargo, 1 Samuel 24.1-7; 26.7-11.
Pueblo respetable, 2 Samuel 22.44-45.
Respeto a las Escrituras, Nehemías 8.5.
Muchachos irrespetuosos, Job 19.18.
Respeto en las puertas de la ciudad, Job 29.7-10.
Respeto ganado, Job 29.21.
Respeto a los viejos, Job 32.4; 1 Timoteo 5.1-2.
Actitud hacia padres ancianos, Proverbios 23.22.
Respeto a la madre, Proverbios 31.31.
Promesa de muerte tranquila y honorable, Jeremías 34.4-5.
Honor al que lo merece, Malaquías 1.6.
Respetar el nombre de Dios, Malaquías 2.4-5.
Respeto y obediencia, Lucas 6.46.
Jesús acusado de irrespetuoso, Juan 18.19-24.
Respeto de Cornelio por Pedro, Hechos 10.25-26.
Respeto a los superiores, Hechos 23.5; Romanos 13.1.
Reconocimiento de apóstol, 1 Corintios 9.1-6.
Estima y amor a los líderes espirituales, 1 Tesalonicenses 5.13.
Respeto hacia los ancianos, 1 Timoteo 5.1-2.
Dignos de doble honor, 1 Timoteo 5.17.
Respeto por los líderes, Hebreos 13.7.
Actitud para ganar respeto, 1 Pedro 2.12.
Respeto mutuo, 1 Pedro 2.17.
Consideración para todos, 1 Pedro 2.17.
Respeto a los ancianos, 1 Pedro 5.5.
Guardar las Escrituras en el corazón, Apocalipsis 1.3.

REUNIÓN
Reconciliación entre hermanos, Génesis 33.1-20.
Reencuentro entre hermanos, Génesis 45.1-15.
Emoción al reunirse con padre, Génesis 46.29.
Retorno de Absalón ante David, 2 Samuel 14.1-35.
Regreso del hijo pródigo, Lucas 15.11-31.
Larga ausencia, Romanos 15.22.
Temores de Pablo para reunirse con los corintios,
  2 Corintios 12.20-21.
Reunión de todos los creyentes, 1 Tesalonicenses 4.13-18.
Amigos reunidos, 2 Timoteo 1.17.

RIQUEZA
Riqueza marítima, Génesis 1.20.
Riqueza terrenal, Génesis 2.11-12.
Abram rico, Génesis 13.2.
Riqueza, poder, envidia, Génesis 26.12-18.
Promesa y advertencia, Deuteronomio 6.10-12.
No codiciar oro ni plata, Deuteronomio 7.25.
Peligro de las riquezas, Deuteronomio 8.13-14; 31.20; 32.15;
  Salmo 62.10.
Dios da habilidades para prosperar, Deuteronomio 8.18.
Poder para enriquecerse, Deuteronomio 8.18; Eclesiastés 5.19.
Prueba espiritual, Deuteronomio 28.47-48.
Seguridad en la riqueza, Jueces 18.7.
Hombre poderoso y rico, Rut 2.1.
Dios empobrece y enriquece, 1 Samuel 2.7.
Interesados en ganar dinero, 1 Samuel 8.3.
Sencillez divina, 2 Samuel 7.1-7.
Botín dedicado a Dios, 2 Samuel 8.9-12.
Octogenario próspero, 2 Samuel 19.32-35.
Sabiduría antes que riquezas, 1 Reyes 3.1-15.
Prioridades en la construcción del palacio, 1 Reyes 6.38; 7.1.
Riqueza real esplendente, 1 Reyes 10.4-5.
Las riquezas de Salomón, 1 Reyes 10.23.
Primero lo primero, 2 Crónicas 1.7-12.
Toneladas de oro, 2 Crónicas 9.13-16.
Gran riqueza de Salomón, 2 Crónicas 9.22.
Espacio para los tesoros, 2 Crónicas 32.27-28.
Brillo de riquezas por seis meses, Ester 1.4.
Riqueza y envidia, Ester 5.10-14.
Grandes riquezas, Job 1.3.
Riqueza que se esfuma, Job 3.13-15.
Otros se saciarán de sus riquezas, Job 5.5.

Vómito de riquezas, Job 20.15.
Las riquezas del malvado desaparecerán, Job 27.16-17.
Se duerme siendo rico y despierta pobre, Job 27.19.
No poner confianza en riquezas, Job 31.24; Salmo 49.5-12.
Riqueza divina, pensamientos, Salmo 10.3-6.
Prestar dinero sin interés, Salmo 15.5.
Riqueza eterna, Salmo 19.8-11.
Confiar más bien en el Señor, Salmo 20.7.
La tierra es del Señor, Salmo 24.1-2.
Nunca hay que envidiar al que hace mal, Salmo 37.1.
Lo poco del justo es mejor que las riquezas del pecador,
     Salmo 37.16-17.
Prosperidad que dura poco, Salmo 37.35-36.
Riqueza transitoria, Salmo 39.6.
Amontona riquezas en vano, Salmo 39.6.
Riqueza temporal, Salmo 49.16-17.
Riquezas pasajeras, Salmo 49.16-20.
Riquezas de la tierra pertenecen al Señor, Salmo 50.9-15.
Riquezas mal habidas, Salmo 52.7.
Riquezas obtenidas perjudicando a otros, Salmo 52.7.
Envidiar al rico, Salmo 73.3-28.
La mayor de las riquezas, Salmo 119.14.
La obediencia es preferible a las ganancias, Salmo 119.36.
Graneros llenos y ganados abundantes, Salmo 144.13.
Honrar a Dios con bienes, Proverbios 3.9-10.
Extraños aprovechan riquezas, Proverbios 5.8-10.
Sabiduría como riqueza verdadera, Proverbios 8.17-19; 16.16.
Tesoros de maldad, Proverbios 10.2.
Negligencia y diligencia, Proverbios 10.4.
La riqueza del rico y el desmayo del pobre, Proverbios 10.15.
La riqueza mayor, Proverbios 10.22.
Riqueza sin valor en el día del juicio, Proverbios 11.4.
No es bueno confiar en las riquezas, Proverbios 11.28.
Pretender ser ricos, Proverbios 13.7.
Mejor lo poco con fe que lo mucho con turbación, Proverbios 15.16.
Los más grandes valores, Proverbios 16.8.
Más que el oro y la plata, Proverbios 16.16.
Comer pobremente pero en paz, Proverbios 17.1.
Compra de prestigio, Proverbios 18.16.
Se necesita carácter para administrar riqueza, Proverbios 19.10.
Riqueza por manipulación, Proverbios 21.6.
Riqueza del buen nombre, Proverbios 22.1.
El rico y el pobre tienen origen similar, Proverbios 22.2.
Poder del dinero, Proverbios 22.7.

Oprime al pobre, Proverbios 22.16.
Aspectos negativos, Proverbios 23.1-8.
Afán de riquezas, Proverbios 23.4-5; 28.20.
No envidiar a los impíos, Proverbios 24.19-20.
Avaro se apresura en ser rico, Proverbios 28.22.
El mal como resultado de las riquezas, Proverbios 29.16.
Petición de sabiduría verdadera, Proverbios 30.8-9.
Riqueza en sabiduría y ciencia, Eclesiastés 1.16.
Vana acumulación de riquezas, Eclesiastés 2.4-11.
El vacío del éxito y las riquezas, Eclesiastés 2.4-11.
Las riquezas no producen satisfacción, Eclesiastés 4.8.
Dolor que causan las riquezas, Eclesiastés 5.13.
Amor insaciable al dinero, Eclesiastés 5.10.
Las riquezas que da Dios son bendición, Eclesiastés 5.19.
Riqueza además de sabiduría, Eclesiastés 5.19-20.
Dinero como escudo, Eclesiastés 7.12.
Dinero sirve para todo, Eclesiastés 10.19.
Riqueza e idolatría, Isaías 2.7-8.
Peligros de la prosperidad nacional, Isaías 2.7-8.
Ricos arruinados, Isaías 5.17.
No tiene deseo de plata ni de oro, Isaías 13.17.
Rechazo de ídolos personales, Isaías 31.7.
Lo que el dinero no puede comprar, Isaías 55.1-2.
El daño potencial de las riquezas y el poder, Jeremías 5.27-28.
El castigo de dar a extraños las riquezas, Jeremías 17.3.
Riquezas amontonadas injustamente, Jeremías 5.27; 17.11.
Riqueza, grandeza, Jeremías 22.14-15.
Riqueza no asegura prestigio, Jeremías 22.14-15.
El pobre descubre riqueza verdadera, Jeremías 39.10; 40.11-12.
Jactarse y confiar en la riqueza, Jeremías 48.7; 49.4.
La riqueza en las manos del enemigo, Lamentaciones 1.10.
Esplendor perdido, Lamentaciones 4.1.
Su peso valorizado en oro, Lamentaciones 4.2.
Joyas repulsivas, Ezequiel 7.20.
Riqueza arrogante, Ezequiel 16.49.
Pérdida de todo como castigo, Ezequiel 26.12-13.
Caída de ciudad rica, Ezequiel 27.1-36; 28.1-19.
Opulencia por comercio marítimo, Ezequiel 27.25.
La riqueza confundida con rectitud, Oseas 12.8.
Rico y sin pecado, Oseas 12.8.
Riqueza y orgullo, Oseas 12.8.
Pérdida de casa de verano, Amós 3.15.
Se enriquecen explotando al pobre, Amós 5.11.
Riquezas injustamente obtenidas, Miqueas 6.10.

Las riquezas incitan a la violencia, Miqueas 6.12.
Riqueza a expensa de otros, Habacuc 2.9.
Cuando llega el castigo, Sofonías 1.18.
Oro y plata pertenecen a Dios, Hageo 2.8.
Plata, oro, polvo, tierra, Zacarías 9.3.
Tesoros en el cielo, Mateo 6.19-21.
Humildad en el servicio, Mateo 11.7-15.
Ganar el mundo, perder el alma, Mateo 16.26.
Las riquezas estorban la salvación, Mateo 19.16-26.
Jesús acusado de pretender lujo, Mateo 26.6-13.
Hombre rico provee tumba para Jesús, Mateo 27.57-61.
Riqueza engañosa, Marcos 4.19.
Joven rico, Marcos 10.17-27.
La monedita de la viuda pobre, Marcos 12.41-44.
Pobres heredan Reino, Lucas 6.20.
La riqueza una bendición inferior a la pobreza, Lucas 6.20-25.
Ganar al mundo, perderse a sí mismo, Lucas 9.25.
Avaricia, Lucas 12.13-15.
Bolsas que no envejecen, Lucas 12.33.
Se le demanda de acuerdo a lo que recibe, Lucas 12.48.
Hospitalidad del rico, Lucas 14.12-14.
Lázaro y el rico, Lucas 16.19-31.
Peligros espirituales de las riquezas, Lucas 16.19-31.
Sorpresa de mendigo, Hechos 3.1-8.
Participan bendiciones espirituales, Romanos 15.26-27.
Riqueza espiritual, 2 Corintios 6.10.
Creador rico se vuelve pobre para salvar, 2 Corintios 8.9.
Riqueza asegurada, 2 Corintios 9.11.
Riquezas de gracia divina, Efesios 1.7-8.
Jesús como fuente de riqueza, Filipenses 4.19.
Comercian con la piedad, 1 Timoteo 6.5-6.
Se nace y se muere sin nada, 1 Timoteo 6.6-8.
Tentación de las riquezas, 1 Timoteo 6.9.
Peligro de las riquezas, 1 Timoteo 6.9-10.
Ricos en dinero o ricos en buenas obras, 1 Timoteo 6.11-19.
Ricos en buenas obras, 1 Timoteo 6.17-19.
Amor al dinero, Hebreos 13.5.
Posición elevada terminará en humillación, Santiago 1.10.
Las vestiduras no hacen al hombre, Santiago 2.1-5.
El oro y la plata se corroen, Santiago 5.1-3.
Preludio del juicio, Santiago 5.5-6.
Herencia incorruptible, 1 Pedro 1.3-4.
Fe más preciosa que oro, 1 Pedro 1.7.
No redimidos con oro y plata, 1 Pedro 1.18-19.

Compartir bienes, 1 Juan 3.17.
Verdadera riqueza, Apocalipsis 2.9.
Riqueza temporal y espiritual, Apocalipsis 3.15-18.
Llanto por riqueza perdida, Apocalipsis 18.11-19.

RISA
Risa fuera de lugar, Génesis 18.10-15.
Risa divina, Salmo 2.4.
Risa con dolor, Proverbios 14.13.
Risa sin sentido, Eclesiastés 2.2.
Mejor el pesar que la risa, Eclesiastés 7.3.
Risa del necio, Eclesiastés 7.6.
Risa sarcástica, Ezequiel 25.1-4.
La risa se convierte en llanto, Lucas 6.25; Santiago 4.9.

RIVAL
Esposa celosa, 1 Samuel 1.2-7.
El enojado Saúl, 1 Samuel 18.8.
Oportunidad de matar a Saúl, 1 Samuel 26.1-25.
Hermano asustado, 1 Reyes 1.49-53.
En paz con enemigos, Proverbios 16.7.
Trabajo y obra despierta envidia, Eclesiastés 4.4.
Dios no tolera rivalidad, Nahum 1.2.
Disputa entre obreros, Mateo 20.12.
Evaluación militar, Lucas 14.31-32.
Hermano del hijo pródigo, Lucas 15.25-32.

ROBO
Responsabilidad por matar ladrón, Éxodo 22.2-3.
Prohibido por la ley, Levítico 19.13; Isaías 61.8.
Dos o tres testigos, Deuteronomio 19.15.
Ladrones emboscados, Jueces 9.25.
Protección contra enemigos en el camino, Esdras 8.21-23.
Roban en la noche, Job 24.16.
Ladrones profesionales, Proverbios 1.11-16.
Necesidad del caminante, Proverbios 6.11.
Observan tesoros y luego los roban, Isaías 39.1-6.
Cueva de ladrones, Jeremías 7.11.
Pena de muerte, Ezequiel 18.10-13.
Robo y extorsión, Ezequiel 22.29.
Banda de ladrones, Oseas 6.9; 7.1.
Publicanos y soldados, Lucas 3.12-14.
Ladrones en el camino a Jericó, Lucas 10.25-37.
Despojo de bienes, Hebreos 10.34.

ROMANCE
Al fin una compañera, Génesis 2.23.
Novia para Isaac, Génesis 24.1-58; 25.19-20.
Mujeres cautivas, Deuteronomio 21.1-14.
Más hombres que mujeres, Jueces 21.1-23.
Mujer que propone, Rut 3.9.
Amor y engreimiento, 1 Samuel 18.20-29.
Roba esposa ajena, 2 Samuel 3.12-16.
Amor enfermizo, 2 Samuel 13.1-4.
El hombre y la doncella, Proverbios 30.18-19.
Tiempo de abrazar, Eclesiastés 3.5.
Expresión de afecto, Cantares 1.15; 2.14; 4.1-16; 6.4-12; 7.1-8.
Jardín romántico, Cantares 5.1-8.

ROPA
Ropa de lino, Génesis 41.42.
Devolución de la ropa, Éxodo 22.26-27.
Vestidos finos, Levítico 19.19; Deuteronomio 22.11.
Sacudir el vestido, Nehemías 5.13.
Vestidos fragantes, Salmo 45.8.
Colchas recamadas, Proverbios 7.16.
Vestidos bordados, Ezequiel 27.16.
Sábana para Jesús, Marcos 15.46; Juan 20.5.

RUMOR
Temor a los rumores, Números 14.13-16.
Falso rumor, Nehemías 6.10-13.
La sabiduría es un rumor, Job 28.20-22.
No extender rumores, Salmo 15.1-3.
No cree amenaza de muerte, Jeremías 40.13-16; 41.1-2.
Rumor tras otro, Jeremías 51.46.
Pregón del Señor, Abdías 1.
Declaración malinterpretada, Juan 21.22-23.

S

SACRIFICIOS
Sacrificios humanos, Miqueas 6.7.

SAGRADO
Localización sagrada de altar, Deuteronomio 12.5-6.

Corte sagrada, Deuteronomio 17.8.
Tumba de Moisés, Deuteronomio 34.6.
Propósito de templo, 2 Crónicas 2.5-6.
Utensilios sagrados en templo pagano, Daniel 1.1-2.
Oro sagrado, Mateo 23.16-17.
Monte sagrado, Hebreos 12.18-21.

SALUD
Enfermedad y pecado, Levítico 26.14-16.
Vigor a edad avanzada, Deuteronomio 34.7.
Espíritu malo y salud, 1 Samuel 16.16.
Saludos de paz y salud, 1 Samuel 25.6.
Reto de Satanás ante salud de Job, Job 2.3-6.
Larga vida, Job 5.26.
Médicos nulos, Job 13.4.
Mal aliento, Job 19.17.
Prosperidad de impíos, Job 21.7.
Restauración de salud, Job 33.25; Salmo 23.3.
Larga vida en respuesta a oración, Salmo 21.4.
Totalmente enfermo, Salmo 38.1-22.
Cuerpos vigorosos, Salmo 73.4.
Pesimismo, Salmo 116.10-11.
Hijos saludables, Salmo 128.3.
Obras maravillosas, Salmo 139.14.
Buenas noticias dan salud, Proverbios 15.30.
Vista y oído sanos, Proverbios 20.12.
Enfermedad y pobreza, Proverbios 22.22-23.
Morir antes de tiempo, Eclesiastés 7.17.
Nación de ciudadanos saludables, Isaías 33.24.
Quince años adicionales, Isaías 38.1-6.
Vida y salud, Isaías 38.16.
Salud en el olvido, Lamentaciones 3.17.
Jóvenes saludables, Daniel 1.3-6.
Rechazan comida malsana, Daniel 1.8-20.
Años de gastos médicos, Marcos 5.25-26.
Incapacidad física mas no espiritual, Marcos 9.43-48.
Joroba causada por demonio, Lucas 13.10-13.
Pecado como causa de enfermedad, Juan 5.14.
Sanidad de ciego, Juan 9.1-12.
Ministro enfermo, Gálatas 4.13-14.
Miopía, Gálatas 6.11.
Ejercicio corporal y piedad, 1 Timoteo 4.8-9.
Salud y prosperidad del alma, 3 Juan 2.
Salud, riqueza y vitalidad espiritual, 3 Juan 2-4.

SANGRE
Comida con sangre, Génesis 9.4; 1 Samuel 14.31-33.
Rociar con sangre, Éxodo 12.7; 24.8; Levítico 4.6; Números 19.4;
    Hebreos 11.28; 12.24; 1 Pedro 1.2.
Se identifican por sangre, Éxodo 12.13.
Expiación, Éxodo 30.10; Levítico 17.11; Juan 6.56; 19.34;
    Hechos 20.28; Romanos 5.9; Hebreos 9.7,14,21-22; 1 Pedro 1.18-19;
    1 Juan 1.7; Apocalipsis 1.5; 5.9.
Mezcla de sangre humana con sacrificios, Lucas 13.1.
Castigo sangriento, Apocalipsis 16.5-6.

SANIDAD
Curación de lepra, Levítico 14.1-57.
Dependencia de médicos, 2 Crónicas 16.12.
El Gran Sanador, Salmo 103.3.
Sanidad de ciegos, sordos, mudos y cojos, Isaías 35.5-6.
Sin médico ni medicina, Jeremías 8.22.
Alabanza y sanidad, Jeremías 17.14.
Remedios inútiles, Jeremías 46.11.
Enseñanza, predicación y sanidad, Mateo 4.23.
Sanidad de leproso, Mateo 8.4.
Se cumple profecía de Isaías, Mateo 8.16-17; Isaías 53.4.
Relación entre enfermedad y pecado, Mateo 9.1-7.
Doble sanidad, Mateo 9.18-25.
Autoridad sobre enfermedades, Mateo 10.1;
    Hechos 3.11-16.
Sanidad de mudos, mancos, ciegos y cojos, Mateo 15.31.
Demonio de epilepsia, Mateo 17.14-20.
La fe de los amigos ocasionó la sanidad, Marcos 2.1-5.
Sanidad incrementa popularidad de Jesús, Marcos 3.7-10.
Falta de fe en sanidad, Marcos 6.4-6.
Jesús reprende fiebre, Lucas 4.38-39.
Misericordia sanadora, Lucas 5.12-13.
Poder sanador de Jesús, Lucas 6.19.
Convencimiento por sanidad, Lucas 7.21-23.
Enfermedad causada por espíritu, Lucas 13.10-16.
Larga espera por sanidad, Juan 5.1-8.
Propósito de la enfermedad, Juan 11.4.
Malinterpretan sanidad de cojo, Hechos 14.8-18.
Milagros en ministerio de Pablo, Hechos 19.11-12.
Resurrección de joven, Hechos 20.9-10.
Omisión de sanidad entre dones, Romanos 12.4-6
    (véase Romanos 15.17-19).
Ministerio de sanidad, 1 Corintios 12.28-31.

Dinero no satisface, Eclesiastés 5.10.
Recompensa a la obediencia, Isaías 48.17-18.
Necesidades satisfechas, Isaías 58.11; Filipenses 4.19.
Búsqueda errónea de satisfacción, Santiago 4.1-3.
Regocijo por buena reputación ajena, 3 Juan 3-4.

SEGUNDAS NUPCIAS
Segunda esposa de Abraham, Génesis 25.1.
Mujer repudiada, Deuteronomio 24.1-4.
Rut y Booz, Rut 3.1; 4.10.
De vuelta al primer marido, Oseas 2.7.
Reglas para segundas nupcias, Romanos 7.1-3.
Solteros y viudos, 1 Corintios 5.11; 7.8-9.

SEÑORA
Para siempre señora, Isaías 47.7.

SEXUAL
Relación entre Adán y Eva, Génesis 4.1-2,25.
Disfrute marital, Génesis 18.12.
Deshonra, Génesis 34.1-31.
Atractivo masculino, Génesis 39.6-7.
Abstinencia sexual, Éxodo 19.14-15.
Código para relaciones sexuales, Levítico 18.6-23.
Animales no aptos para sacrificio, Levítico 22.24-25.
Abstinencia y votos, Números 30.3-12.
Órganos sexuales magullados, Deuteronomio 23.1.
Conducta casta en pelea, Deuteronomio 25.11-12.
Abstinencia para soldados, 1 Samuel 21.4-5.
Corazón conmovido, Cantares 5.4.
Enfermos sexuales, Isaías 57.5.
Coquetería, Jeremías 2.33.
Moralidad esencial, Jeremías 3.1-5.
Tiempo de amores, Ezequiel 16.8.
Matrimonio terrenal y relación celestial, Marcos 12.18-27.
Abstinencia sexual en el matrimonio, 1 Corintios 7.5.
Modestia en órganos del cuerpo, 1 Corintios 12.22-25.
Deseos de viudas jóvenes, 1 Timoteo 5.11.
Lecho matrimonial, Hebreos 13.4.

SICOLOGÍA
Lenguaje comedido, Génesis 31.24,29.
Enfoque de relaciones públicas, 1 Reyes 1.42.
Apelan al rey, Esdras 4.14.

Mofa sicológica en el juicio a Jesús, Mateo 27.15-26; Marcos
15.11-15 (véase Mateo 21.1-11; Marcos 11.8-10).

SIDA
(Referencias a problemas semejantes.)
Angustia física y social, Salmo 31.9-13; 38.5-11.
Enfermedad terrible, Salmo 38.7-11.
Enfermedad fatal, Salmo 41.8.
Enfermedad producto del pecado, Salmo 107.17.
Enfermedad visible en la piel, Mateo 8.2-4.
Maldiciones contra el pecado, Deuteronomio 28.20,22,27,34,35,37.
Pecados de juventud, Job 20.11-17.
Penalidad por la perversión, Romanos 1.27.
Pestilencia que acecha en la oscuridad, Salmo 91.6-8.
Prevención de enfermedades infecciosas, Números 5.1-4; 25.6-9.
Prostitución masculina, Job 36.14.

SIN HOGAR
Errante por el mundo, Génesis 4.14.
Mujer errante en el desierto, Génesis 21.14.
Israelitas errantes cuarenta años, Números 32.13; Hechos 7.35-36;
    Hebreos 3.1-11.
Falta de abrigo, Job 24.8.
Sin ciudad donde vivir, Salmo 107.4.
De opulentos a desamparados, Lamentaciones 4.5.
Errantes entre las naciones, Oseas 9.17.
Salvador sin hogar, Lucas 9.58.
Fiesta de los tabernáculos, Juan 7.2.
Desamparados por completo, 1 Corintios 4.11.

SIQUIATRÍA
Vivificación por las Escrituras, Salmo 119.93.
Renovación mental, Romanos 12.1-2.

SISTEMA DE COORDENADAS
Límites placenteros, Salmo 16.6 (LBD).
Expansión de referencias espirituales, Salmos 19.14; 139.23-24.

SOBORNO
Rechazo al soborno, Génesis 14.22-24.
Soborno, verdad, Éxodo 23.8.
A Dios no se le puede sobornar, Deuteronomio 10.17.
Sanos principios, Deuteronomio 16.18-20.
Ciego por sobornos, Deuteronomio 16.19.

Pide favor especial, Jueces 1.13-15.
Sobornada para engañar, Jueces 16.5.
Hijos que aceptan soborno, 1 Samuel 8.3.
Soborno internacional, 1 Reyes 15.19.
Invasor sobornado, 2 Reyes 15.19-20.
Soborno antisemita, Ester 3.8-9.
Riquezas, sobornos, Job 36.18-19.
Buscar favor con regalos, Salmo 45.12.
Aborrecer el soborno, Proverbios 15.27.
Da resultado, Proverbios 17.8.
Soborno para pervertir, Proverbios 17.23; Amós 5.12.
Uso de regalos, Proverbios 18.16.
Soborno apaciguador, Proverbios 21.14.
Corrompe el carácter, Eclesiastés 7.7.
Rehúsan soborno, Isaías 33.15-16.
Dios no acepta incentivos, Isaías 45.13.
Integridad de Daniel, Daniel 5.17.
Talentoso para el mal, Miqueas 7.3.
Soborno para ocultar la verdad, Mateo 28.11-15.
Soborno para obtener secreto espiritual, Hechos 8.9-24.
Soborno, Hechos 12.20.
Intento de sobornar, Hechos 24.26.

SOBRIO
Mantenerse sobrio, 2 Timoteo 4.5.

SOLICITUD
Gran solicitud, Colosenses 2.1.

SOLIDARIDAD
Condolencias, 2 Samuel 10.1-2.
Sospechan de condolencias, 2 Samuel 10.1-4.
Solidaridad por los que están en problemas, Job 12.5.
Búsqueda vana de solidaridad, Salmo 69.20.
Solidaridad puesta en práctica, Isaías 58.7.
Ayuda en momentos de necesidad, Lucas 10.33-35;
    Hechos 20.35.
Condolencias con hermanas, Juan 11.19-33.
Lágrimas de Jesús, Juan 11.35.
Solidaridad mutua, Gálatas 6.2; Hebreos 13.3.
Recuerda lágrimas de amigo, 2 Timoteo 1.4.
Solidaridad divina, Hebreos 4.15.
Solidaridad con presos y maltratados, Hebreos 13.3.
Destrucción en una hora, Apocalipsis 18.10.

SOLTERO
Promesas a los eunucos, Isaías 56.3-5.
No todos tienen el don del celibato, Mateo 19.12.
Renuncia al matrimonio, Mateo 19.12.
Consejo para los solteros, 1 Corintios 7.1-7.
Consejos de un soltero, 1 Corintios 7.1-40.
¿Consideró Pablo casarse?, 1 Corintios 9.5.
144.000 probables solteros, Apocalipsis 14.1-5.

SOMETIMIENTO
Esclavo apaleado, Éxodo 21.20-21.
Sometimiento a la autoridad real, 1 Samuel 26.7-11.
Sometimiento total, 1 Reyes 20.1-6.
Deseos de sumisión, Ester 4.12-16.
Punto de vista satánico del sometimiento, Job 2.1-10.
Probado como el oro, Job 23.10.
Sabio no contiende con Dios, Job 40.2.
Sumisión tardía, Job 42.1-9.
Sumisión a los ídolos, Salmo 135.15-18.
Sumisión a la ley, Proverbios 29.18.
Barro sometido al alfarero, Isaías 45.9; 64.8.
Sometimiento de Cristo, Isaías 53.1-7.
Sometidos a la vanidad, Jeremías 2.5.
Sumisión forzada, Jeremías 49.35.
Someterse al Señor, Ezequiel 6.10,14; 7.4,9,27; 12.16,20; 13.9,23; 14.11.
Rechazan someterse a ídolos paganos, Daniel 3.8-30.
Sumisión en Getsemaní, Marcos 14.36.
Jesús lava pies de discípulos, Juan 13.1-17.
Jesús se somete al sacrificio, Juan 18.1-11.
Obediencia a la fe, Romanos 1.5.
Sumisión a las autoridades, Tito 2.9-10.
Padecimiento y muerte de Jesús, Hebreos 2.9.
Reverente sumisión, Hebreos 5.7.
Someterse a Dios, Santiago 4.7.

SONRISA
Boca llena de risa, Job 8.21.
Sonrisa reemplaza queja, Job 9.27.
Sonríe ante designio de impíos, Job 10.3.
Risa sorprendente, Job 29.24.
Volver a reír, Salmo 39.13.

SUEÑO
Sueño profundo, Génesis 15.12; Job 4.13; Daniel 8.18; Jonás 1.5.

Ángeles pernoctan en casa de Lot, Génesis 19.1-4.
Ranas que no dejan dormir, Éxodo 8.3.
Sueño potencialmente peligroso, 1 Samuel 26.12.
Poco tiempo para dormir, Nehemías 4.21-23.
Duermen sin sábanas, Job 24.7.
Se acuesta rico y despierta pobre, Job 27.19.
Compañero de animales nocturnos, Job 30.29.
Meditación en la cama, Salmo 4.4.
Sueño pacífico, Salmo 4.8.
Maldad sobre la cama, Salmo 36.4.
Cree que Dios duerme, Salmo 44.23.
Cánticos en la noche, Salmo 77.6.
Como si Dios durmiera, Salmo 78.65.
Ranas invaden cama, Salmo 105.30.
Alabanza de medianoche, Salmo 119.62,148.
Don del sueño, Salmo 127.2.
Dulces sueños, Proverbios 3.24.
Dormilón, Proverbios 6.9-11.
El sueño empobrece, Proverbios 20.13.
Idólatra madrugador, Proverbios 27.14.
Sueño dulce del trabajador, Eclesiastés 5.12.
No molestar, Cantares 3.5.
Cama corta y manta estrecha, Isaías 28.20.
Dios da conocimiento e inteligencia, Daniel 1.17.
Camas de marfil, Amós 6.4.
Sueño cumplido al despertar, Mateo 1.24; Lucas 9.32.
Sueño durante tempestad, Mateo 8.23-25.
Dormidos en Getsemaní, Mateo 26.36-45.
Discípulos duermen mientras Jesús ora, Marcos 14.32-41.
Duerme durante sermón, Hechos 20.7-12.

SUICIDIO
Prefiere morir, Génesis 27.46.
Suicidio real en campo de batalla, 1 Samuel 31.1-6.
Acusado de asesinato por inducir al suicidio, 2 Samuel 1.1-16.
Suicidio por ahorcamiento, 2 Samuel 17.23.
Suicidio en llamas, 1 Reyes 16.18.
Morir antes de tiempo, Eclesiastés 7.17.
Pacto con la muerte, Isaías 28.15-18.
Suicidio con ayuda, Jonás 1.12 (véase 1 Samuel 31.4).
Suicidio de Judas, Mateo 27.3-5.
Demonios suicidas, Lucas 8.26-34.
Carcelero casi se mata, Hechos 16.25-28.
Suicidio de Saúl, 1 Samuel 31.4-6 (véase 2 Samuel 1.1-16).

SUPERIORIDAD
Lo primero es Dios, Génesis 1.1.
Protegidos por el Ser Superior, Éxodo 14.15-31.
Superioridad de Dios, Números 16.3-7.
Dios superior a los números, Deuteronomio 20.1-4.
El más sabio de los hombres, 1 Reyes 4.29-34.
Los que claman superioridad, Salmo 35.26.
La guerra no es de los fuertes, Eclesiastés 9.11.
Mala jactancia y alabanza correcta, Jeremías 9.23-24.
Dios sobre dioses que perecen, Jeremías 10.11-12.
Saber quién es Dios, Ezequiel 6.10,14; 7.4,9,27; 12.16,20; 13.9,23; 14.11.
Todos unidos en Cristo, Gálatas 3.28.
Cristo superior a los ángeles, Hebreos 1.3-4.

SUPERSTICIÓN
Arca de salvación, 1 Samuel 4.3.
Dioses de los montes, 1 Reyes 20.23.
Incienso para reina del cielo, Jeremías 44.18.
Vendas y velos mágicos, Ezequiel 13.18.
Piensan que discípulos son dioses, Hechos 14.11-15.
Serpiente muerde a Pablo, Hechos 28.3-6.

SUPERVIVENCIA
Divide pueblo para protegerlo, Génesis 32.6-8.
Sin tumbas en Egipto, Éxodo 14.11.
Oportunidad de vivir, 2 Samuel 8.2.
Protección contra enemigos en el camino, Esdras 8.21-23.
Renacimiento de árbol cortado, Job 14.7-9.
El Señor de nuestro lado, Salmo 124.1-5.
Preguntar por sendas antiguas, Jeremías 6.16.
Instinto migratorio, Jeremías 8.7.
Tierra resquejabrada y lagunas sin agua, Jeremías 14.1-6.
Diez por ciento de sobrevivientes, Amós 5.3.
Estrategia militar de supervivencia, Lucas 14.31-32.
Desea comida de cerdos, Lucas 15.16.

T

TALENTO
Pérdida de habilidad como agricultor, Génesis 4.9-12.

Talento musical, Génesis 4.21.
Falto de talento, Éxodo 4.10-12 (véase 6.30).
Mentes y manos talentosas, Éxodo 28.3; 31.3; 38.23; 1 Reyes 7.14;
    1 Crónicas 22.15-16; 2 Crónicas 2.13-14; 26.15.
Talentos especiales, Éxodo 31.1-5; 35.30-35.
Poder para hacer riquezas, Deuteronomio 8.18.
Eliminan herreros, 1 Samuel 13.19.
Proverbios y cánticos de Salomón, 1 Reyes 4.32.
Hombres con talento, 1 Crónicas 22.15.
Búfalo salvaje no apto para arar, Job 39.9-12.
Pluma de escritor talentoso, Salmo 45.1.
Bendición de Dios sobre trabajo manual, Salmo 90.17.
Ni de rápidos ni de fuertes, Eclesiastés 9.11.
Sabios en sus propios ojos, Isaías 5.21.
Agricultor talentoso, Isaías 28.24-29.
Artífices mortales, Isaías 44.11.
Talentosos para el mal, Jeremías 4.22.
Talento humano y soberanía divina, Jeremías 10.8-10.
Jóvenes talentosos en palacio, Daniel 1.3-4.
Parábola de los talentos, Mateo 25.14-30.
Poco y mucho talento, Marcos 4.24-25; Lucas 12.48.
No disciernen divinidad de Jesús, Lucas 4.22-24.
Talento y llamamiento de Dios, Romanos 11.29.
Función de miembros del cuerpo, Romanos 12.4-8;
    1 Corintios 12.14-20.
Dones recibidos de Dios, 1 Corintios 4.7.
Talentos y tareas especiales, Efesios 4.7,11-13.
No descuidar dones, 1 Timoteo 4.14.
Avivar fuego del don de Dios, 2 Timoteo 1.6.
Espíritu Santo reparte dones, Hebreos 2.4.
Aptos en toda obra buena, Hebreos 13.20-21.
Buenos administradores de dones, 1 Pedro 4.10.

TARDANZA
No demorar ofrendas, Éxodo 22.29.
Tardo para la ira, Números 14.18.
Partida retardada, Jueces 19.1-10.
Proyecto del templo en espera, 2 Samuel 7.1-17.
Primero la familia, 1 Reyes 19.20-21.
Desastre aplazado, 1 Reyes 21.29.
Sin prisa para obedecer, 2 Crónicas 24.5.
Tardanza real, Ester 5.8.
No jactarse del mañana, Proverbios 27.1.
Necesidad de rápido castigo, Eclesiastés 8.11.

Ira reprimida de Dios, Isaías 48.9.
Oyen el llamado de Dios, Jeremías 7.13.
Aplazamiento de pena, Jeremías 37.21.
La palabra del Señor no tarda, Ezequiel 12.22-28.
El Señor llega sin aviso, Habacuc 2.3; Mateo 24.48-51.
Tardanza en construir el templo, Hageo 1.3-4.
Intento de tardar el tiempo de Dios, Mateo 8.21-22; Lucas 9.59-62.
Cinco vírgenes insensatas, Mateo 25.2-13.
Excusas para no obedecer, Lucas 14.16-21.
Juicio contra árbol, Lucas 13.7-9.
El rico y Lázaro, Lucas 16.19-31.
Ningún momento como el presente, Hechos 24.25.
Paciencia de Dios, Romanos 9.22.
Hoy es el día de salvación, 2 Corintios 6.2.
Paciencia en días de Noé, 1 Pedro 3.20.
No más tardanza, Apocalipsis 10.6.

TELEVISIÓN
Guía sugerida de la televisión, Proverbios 14.7; Mateo 6.22,23;
    Romanos 12.2; Efesios 5.15-16; Filipenses 4.8;
    1 Tesalonicenses 5.21-22.

TEMOR
Temor de Dios, Job 25.1-2; 26.14.
Temor a Dios, Proverbios 2.1-5.
No pueden matar el alma, Mateo 10.28.

TEMPERANCIA
Abstinencia sexual, 1 Samuel 21.4-5.
Alejarse del licor, Proverbios 20.1.
Mucha comida y bebida empobrece, Proverbios 23.20-21.
Delirium tremens, Proverbios 23.30-33.
Banquetes y vinos purificados, Isaías 25.6.
Aturdidos por el vino, Isaías 28.1-7.
Rechazan beber vino, Jeremías 35.1-14.
Los obligan a beber vino, Amós 2.12.
Sobriedad en todo, 1 Timoteo 3.3,11.
Vino recetado, 1 Timoteo 5.23.

TENTACIÓN
Preguntas astutas, Génesis 3.1.
Persuasión satánica, Génesis 3.1-6; Mateo 4.3-11; 2 Corintios 2.11.
Tentación permanente, Génesis 4.7.
Resiste la tentación, Génesis 39.6-10.

Guardarse de la tentación, Deuteronomio 11.16.
Tentación visual, Josué 7.21.
Apetito sexual desenfrenado, 1 Reyes 11.1,4.
Respuesta para esposa perversa, Job 2.9-10.
Dios es amparo, fortaleza y auxilio, Salmo 46.1.
No caer en la tentación, Proverbios 1.10-17.
Sabiduría divina libra de tentación, Proverbios 2.10-12,16.
Juega con fuego, Proverbios 6.27-29.
Tentación más amarga que la muerte, Eclesiastés 7.26.
Poder de Dios fortalece, Jeremías 1.17-19.
Ilustración divina para Israel rebelde, Jeremías 35.1-16.
Resuelve resistir tentación, Daniel 1.8.
Tentación de Jesús, Mateo 4.1-11
    (observe: Espíritu Santo, v. 1).
Servicio angelical, Mateo 4.11.
Tentación y tentadores, Mateo 18.7.
Uso de las Escrituras contra la tentación, Lucas 4.1-13.
«Solo una vez», Lucas 4.7.
Táctica satánica, Lucas 4.13.
Siempre vienen tentaciones, Lucas 17.1.
Justificados, Romanos 6.7.
No obedecer al pecado, Romanos 6.12.
Instrumentos de iniquidad o de justicia, Romanos 6.13.
Liberación por fidelidad de Dios, 1 Corintios 10.13.
Maquinaciones de Satanás, 2 Corintios 2.11.
No dar lugar al diablo, Efesios 4.27.
Firmes contra asechanzas del diablo, Efesios 6.11.
Resistir en día malo, Efesios 6.13.
Escudo de fe, Efesios 6.16.
Apoyo y vigilancia mutua, 1 Tesalonicenses 3.5.
Renunciar a impiedad y a deseos mundanos, Tito 2.11-12.
Padeció tentaciones, Hebreos 2.18; 4.15.
Ancla del alma, Hebreos 6.18-20.
Promesa de liberación, Hebreos 7.23-28.
Dios no tienta a nadie, Santiago 1.13-14.
Huir de la corrupción, 2 Pedro 1.4.
Dios libra a los justos, 2 Pedro 2.7-9.
Mundo como campo de batalla, 1 Juan 2.15-17.
El que peca es del diablo, 1 Juan 3.7-8.
Alejarse de ídolos, 1 Juan 5.21.
Inmoralidad en el Cuerpo de Cristo, Apocalipsis 2.20.

TERQUEDAD
Pueblo de dura cerviz, Éxodo 32.9; 33.5; Deuteronomio 9.6.

Dejar la terquedad, Deuteronomio 10.16.
Terco soberbio, Deuteronomio 17.12.
Terco como las mulas, Salmo 32.9.
Áspid que no quiere oír, Salmo 58.3-5.
Opinión de necio, Proverbios 18.2.
Rechaza consejo, Proverbios 19.1.
Terco como el hierro, Isaías 48.4.
No sembrar entre espinos, Jeremías 4.3.
Corazones tercos, Jeremías 11.8.
Terquedad en el corazón, Zacarías 7.11-12.
No endurecer el corazón, Hebreos 4.7.

TESTIGO
Testigo falso, Éxodo 23.1.
Testigos malvados en el tribunal, Salmo 35.11.
Testigo falso, Mateo 26.60-61.

TIEMPOS
«Las fechas y los tiempos», 1 Tesalonicenses 5.1 (VP).

TINIEBLAS
De las tinieblas al reino de Dios, Colosenses 1.13.
Odio y tinieblas, 1 Juan 2.9-11; 3.14,15.

TORMENTA
Lluvia abundante, Génesis 7.11-12.
Tormenta de azufre y fuego, Génesis 19.24.
Truenos, fuego y granizo, Éxodo 9.23.
Lluvia de piedras, Josué 10.11.
Temor a los truenos, 1 Samuel 7.10.
Símbolo de ira divina, 2 Samuel 22.7-16.
Gran viento, Job 1.19.
Trueno majestuoso, Job 37.4.
Nubes de los cielos, Salmo 18.11.
Tempestad alrededor de Dios, Salmo 50.3.
Tempestad en el mar, Salmo 107.25-30.
Refugio contra tormenta, Isaías 4.5-6.
Tempestad de granizo, Isaías 28.2.
Día de nube y sombra, Joel 2.2.
Hombre al agua y quietud de tormenta, Jonás 1.10-15.
Tempestad y torbellino, Nahum 1.3.
Vientos y olas obedientes, Mateo 8.23-27; Marcos 6.45-52;
    Salmo 89.9.
Preludio de huracán, Hechos 27.13-14.

TORPEZA
Torpe como las bestias, Salmo 73.22.

TRABAJO
Santificación por medio del trabajo, Levítico 21.8.
Alma que trabaja, Proverbios 16.26.
Levantarse a trabajar, Proverbios 20.13.
Trabajar con diligencia, Eclesiastés 9.10.
Trabajo despierta envidia, Eclesiastés 4.4.
Trabajar con ánimo, Hageo 2.4.

TRABAJO DE EQUIPO
Hacerse cargo de asuntos propios,
    Deuteronomio 20.5-9.
Líder de personas con problemas, 1 Samuel 22.2.
Pueblo con ánimo para trabajar, Nehemías 4.6.
Hierro con hierro se aguza, Proverbios 27.17.
Mejor dos que uno, Eclesiastés 4.9-10.
Tripulación hábil, Ezequiel 27.8-9.
Enviados de dos en dos, Marcos 6.7.
Sanidad con ayuda de equipo, Lucas 5.17-26.
Apartados para trabajo misionero, Hechos 13.1-3.
Colaboradores en equipo, 1 Corintios 3.6-9.
El cuerpo como unidad, 1 Corintios 12.12-30.

TRABAJO FÍSICO
Trabajos forzados, Éxodo 1.13-14.
Injusticia con trabajadores, Éxodo 5.6-18.
Heredad de sacerdotes, Deuteronomio 18.1-2.
Encargarse de asuntos propios,
    Deuteronomio 20.5-9.
Juntos en la obra, Nehemías 5.16.
Bendición del trabajo, Salmo 90.17.
Fruto del trabajo, Proverbios 14.23.
Perezoso para el trabajo, Proverbios 20.4.
Hormiga trabajadora, Proverbios 30.25.
Satisfacciones de trabajar, Eclesiastés 3.13.
Trabajar con diligencia, Eclesiastés 9.10.
Cavan cisternas rotas, Jeremías 2.13.
Observancia del día de reposo, Jeremías 17.21-27.

TRANSPORTE
Provisión de transporte como acto de amor,
    Génesis 45.16-20.

Transporte para cuarenta hijos y treinta nietos,
Jueces 12.14.
Carro de fuego, 2 Reyes 2.11-12.
Corrientes marinas, Salmo 8.8; Isaías 43.16.
Carros de Dios, Salmo 68.17.
Carroza real, Cantares 3.9.
Carretera intercontinental, Isaías 19.23.
Transporte de alimentos, Isaías 23.3.
Montes convertidos en caminos, Isaías 49.11.
Mora entre muchas aguas, Jeremías 51.13.
Asno para servir a Jesús, Mateo 21.1-7; Marcos 11.1-7.

TRIBUNAL
Testigos malvados en el tribunal, Salmo 35.11.
Disputa teológica en el tribunal, Hechos 18.12-17.

TRISTEZA
Abraza cadáver de padre, Génesis 50.1.
Luto concluido, Génesis 50.4.
No afeitarse la cabeza en señal de luto,
Deuteronomio 14.1-2.
Pueblo reunido en luto, 1 Samuel 25.1.
Lloran hasta quedar sin fuerzas, 1 Samuel 30.4.
Cántico de lamento, 2 Samuel 1.17-27.
Reacción ante muerte de hijo, 2 Samuel 12.16-23.
Dolor por muerte de hijo, 2 Samuel 18.19-33.
Gozo después de tristeza, Nehemías 8.9-12.
Cilicio y tierra en la cabeza, Nehemías 9.1.
Noche triste en el olvido, Job 3.6.
La tristeza se va como el agua, Job 11.16.
Alma entristecida, Job 14.22.
Viudas que no lloran, Job 27.15.
Completa tristeza, Salmo 6.6.
Tristeza diaria, Salmo 13.2.
Lloro nocturno y alegría diurna, Salmo 30.5.
Angustia profunda, Salmo 31.9-10.
Contritos de espíritu, Salmo 34.18.
Consuelo divino, Salmo 34.19.
Tristeza causa falta de apetito, Salmo 42.3.
Lágrimas en vasija divina, Salmo 56.8.
Cansado de llorar, Salmo 69.3.
Pan de lágrimas, Salmo 80.5.
Lágrimas se convierten en bendiciones, Salmo 84.6.
Corazón herido, Salmo 102.4.

Tristeza de muerte y gozo del Señor, Salmo 116.15.
Risa con dolor en el corazón, Proverbios 14.13.
Canciones para corazón afligido, Proverbios 25.20.
Libres de la tristeza, Isaías 14.3.
Alegría en el corazón, Isaías 24.7.
Lágrimas enjugadas, Isaías 25.8.
Juicio trae justicia, Isaías 26.9.
Tierra enlutada, Isaías 33.9.
Gozo perpetuo, Isaías 35.10.
No más tristeza, Isaías 65.19.
Tristeza causada por desobediencia, Jeremías 3.21.
Corazón desfallecido, Jeremías 8.18.
Sin bálsamo en Galaad, Jeremías 8.22.
Montón de ruinas, Jeremías 9.11.
Sin luto en tiempo de juicio, Jeremías 16.5-7.
Sin regocijo ni alegría, Jeremías 48.33.
Ciudad triste, Lamentaciones 1.1-2.
Llora sin consuelo, Lamentaciones 1.16.
Ojos sin lágrimas, Lamentaciones 2.11.
Ríos de lágrimas, Lamentaciones 3.48.
Danza cambia en luto, Lamentaciones 5.15.
Cántico de tristeza, Ezequiel 19.1-14.
Gran cantidad de cadáveres, Amós 8.3.
Lágrimas de cocodrilo, Malaquías 2.13.
Consuelo para los tristes, Mateo 5.4.
Tristeza de discípulos, Mateo 17.22-23.
Alma triste hasta la muerte, Mateo 26.38.
Risa después de lágrimas, Lucas 6.21.
Muerte de Lázaro, Juan 11.1-44.
Tristeza se convierte en gozo, Juan 16.20.
Funeral de Esteban, Hechos 8.2.
Consuelo para los tristes, 2 Corintios 1.3-4.
No ir con tristeza, 2 Corintios 2.1-4.
Contristados para arrepentimiento, 2 Corintios 7.9.
Tristeza sobre tristeza, Filipenses 2.27-28.
Tristeza ante la muerte, 1 Tesalonicenses 4.13-18.
Lágrimas que producen gozo, 2 Timoteo 1.3-4.
Lágrimas de arrepentimiento, Santiago 4.9.
Tristeza temporal, 1 Pedro 1.6-7.
Tristeza en la Segunda Venida, Apocalipsis 1.7.
Dios enjuga lágrimas, Apocalipsis 7.17; 21.4
    (véase Isaías 25.8).
Tristeza por falta de arrepentimiento,
    Apocalipsis 16.10-11.

U

UNIDAD
Unidad de pueblo, Génesis 11.3-4.
Unidad familiar, Génesis 13.8.
Clase equivocada de unidad, Números 11.4-10.
Congregación unida, 1 Samuel 12.14.
Unidad de corazón, 1 Samuel 14.7.
Unidad en espíritu, 1 Samuel 18.1-4.
Amor fraternal, 1 Samuel 20.17.
Esfuerzo por reunir nación, 2 Crónicas 11.1.
Todos como uno solo, Nehemías 8.1.
En paz con sus enemigos, Proverbios 16.7.
Límites marinos, Jeremías 5.22.
Dos palos se convierten en uno,
    Ezequiel 37.17-23.
Dos de acuerdo, Amós 3.3.
De común consentimiento, Sofonías 3.9.
Paz unos con otros, Marcos 9.50.
Amarse unos a otros, Juan 13.34-35.
Perfectos en unidad, Juan 17.23.
Unánimes en oración, Hechos 1.14.
Con amor fraternal, Romanos 12.10.
Llamado divino a la unidad, 1 Corintios 1.10-17;
    2 Corintios 13.11; Efesios 4.3; 1 Pedro 3.8.
Todos los santos, 2 Corintios 13.13.
Unidad en Cristo, Gálatas 3.28; Efesios 2.14.
Morada espiritual, Efesios 2.22.
Unidad del Espíritu, Efesios 4.3.
Diversidad que produce unidad, Efesios 4.11-13.
Miembros unos de otros, Efesios 4.25.
En un mismo espíritu, Filipenses 1.27.
Conflicto común, Filipenses 1.30.
Instrucciones sobre la unidad, Filipenses 4.1-9.
Unidos en amor, Colosenses 2.2.
Buen orden y firmeza, Colosenses 2.5.
Soportarse unos a otros, Colosenses 3.13.
Paz en la congregación, 1 Tesalonicenses 5.13.
Fe común, Tito 1.4.

URBANIDAD
Las enseñanzas de Cristo, Lucas 14.8-10.

USURA
Riquezas deshonestas, Proverbios 28.8.

V

VALENTÍA
El miedo se somete a la firmeza, Éxodo 14.13-14.
Josué el valiente, Números 14.6-9.
Ser valientes, Josué 1.9.
Perdió valentía, Josué 5.1.
Edad avanzada, valentía, Josué 14.10-12.
Enfrentando gran oposición, Jueces 7.7-23; 1 Samuel 17.32,50.
Personas arriesgan vidas, Jueces 5.18.
Marchando con el alma firme, Jueces 5.21.
Gedeón el intrépido, Jueces 7.7-23.
Juventud valiente, 1 Samuel 14.6-45.
El niño contra el gigante, 1 Samuel 17.1-51.
Profeta pierde valentía, 1 Reyes 19.1-4.
Peligro para asistir a David, 1 Crónicas 9.15-19.
Fortaleza, valentía, 2 Crónicas 32.6-7.
No rendirse, 2 Crónicas 15.7.
Audacia de Nehemías, Nehemías 6.10-13.
Mujer valiente, Ester 4.13-16.
Se ríe del temor, Job 39.22.
Enfrentando diez mil, Salmo 3.6.
Firmes a pesar de las circunstancias, Salmo 44.18.
Corazones firmes, sin temor, Salmo 112.8.
Testifica a aquellos en autoridad, Salmo 119.46.
Fortalecido en el alma, Salmo 138.3.
Alcoholismo envalentona, Proverbios 20.1.
Valentía en tiempos de dificultad, Proverbios 24.10.
Valentía imputada, Proverbios 28.1; Efesios 3.12; Hebreos 4.16.
León poderoso, Proverbios 30.30.
No temer lo que otros temen, Isaías 8.12-14.
Dios, suficiente, Isaías 41.10.
Rostro como un pedernal, Isaías 50.7.
Vístete de poder, Isaías 52.1.
Nuevo vigor, no se desalienta, Isaías 57.10.
Valiente o un necio, Jeremías 1.17.
Valentía para enfrentar circunstancias adversas, Ezequiel 2.6-7.
Fuerte como diamante, Ezequiel 3.9.

Constante valentía, Daniel 6.10.
El osado Daniel, Daniel 6.10.
Primero fé, antes que lealtad al rey, Daniel 6.5-11.
Testifican en corte del rey, Daniel 3.8-18.
Valentía, expone pecado del rey, Daniel 5.18-28.
Fracaso, valentía, Amós 2.14-16.
Soldado mas valiente pierde coraje, Sofonías 1.14.
Intenta caminar sobre el agua, Mateo 14.22.
Oración aumenta valentía, Lucas 18.1.
Recompensa por estar firmes, Lucas 21.19.
Temor a la autoridad, Juan 19.38.
Cristo demuestra coraje al predicar, Hechos 3.12-26.
Intiman a Pedro y a Juan para que no hablen, Hechos 4.16-20.
Ministerio bajo persecución, Hechos 5.37-42.
Sufrimiento, muerte, Hechos 21.13.
Pablo arrestado busca oportunidad para hablar al pueblo,
    Hechos 21.37—22.21.
Triunfo sobre el mal, Romanos 12.21.
Firmes y constantes, 1 Corintios 15.58.
En ausencia osado por ellos, 2 Corintios 10.1.
No desmayar, Efesios 3.13.
Nunca rendirse, Efesios 6.18.
Oración para no avergonzarse, Filipenses 1.20.
Frente a los adversarios, Filipenses 1.27-28.
Firme no importa la circunstancia, Filipenses 1.27-40.
Valientemente enfrentando oposición, 1 Tesalonicenses 2.1-2.
No se avergüenza por las cadenas de Pablo, 2 Timoteo 1.16-18.
Poder, amor reemplazan timidez, 2 Timoteo 1.7.
Sin temor ante el trono de gracia, Hebreos 4.16.
Sangre de Cristo libera para entrar a su presencia, Hebreos 10.19.
Levantad manos caídas, Hebreos 12.12.
Fiel hasta la muerte, Apocalipsis 2.13.
Mantener la fe, Apocalipsis 2.25.

VALORES
Vida y muerte, 2 Samuel 19.6.
Valores distorsionados, Salmo 52.7; Isaías 5.20.
Templo en ruinas y casas lujosas, Hageo 1.2-4.

VANAGLORIA
Beso de vanagloria, Job 31.24-28.

VANIDAD
Éxito causa orgullo y ruina, 2 Crónicas 26.16.

Víctima de la vanidad, 2 Crónicas 32.24-26.
Exhibición de riquezas durante seis meses, Ester 1.1-5.
Ofensa al ego, Ester 3.5; 5.9.
Hipocresía, Job 11.4-6.
Sabiduría perecedera, Job 12.2.
Vanidad impide ver pecados personales, Salmo 36.2.
Atención divina, Salmo 138.6.
Jactancioso en bancarrota, Proverbios 12.9; 13.7.
Exhibición de vanidad, Proverbios 21.24.
Ceñido de lomos, Proverbios 30.31.
Mujeres vanidosas se quedan calvas, Isaías 3.16-17.
Sabios en sus propios ojos, Isaías 5.21.
Orgullo caído de conquistador, Jeremías 50.11-12.
Deificación del ego, Ezequiel 16.23-24.
Comerciante hábil se vuelve vanidoso, Ezequiel 28.4-5.
Claman ser dueños de río, Ezequiel 29.3-5.
Vanidoso rico se cree justo, Oseas 12.8.
Muerte de sabios, Abdías 8.
Soberbia y arrogancia, Sofonías 3.11.
Aman las primeras filas, Lucas 11.43.
Escogen lugares de honor, Lucas 14.7-11.
Mago vanidoso, Hechos 8.9.
Alto costo de la vanidad, Hechos 12.19-23.
Gloriarse solo en el Señor, 1 Corintios 1.31.
Distinción personal, 1 Corintios 4.7.
Envanecidos de su inmoralidad, 1 Corintios 5.1-2.
Peligro del orgullo intelectual, 1 Corintios 8.1-3.
Se hace débil ante débiles, 1 Corintios 9.22-23.
Se comparan consigo mismos, 2 Corintios 10.12.
Los de reputación nada comunican, Gálatas 2.6.
Vana autoalabanza, Gálatas 6.3.
Estimar como superiores a los demás, Filipenses 2.3.
Envanecido por enseñar falsa doctrina, 1 Timoteo 6.3-5.
Ser ricos en buenas obras, 1 Timoteo 6.11-19.
Palabras infladas y vanas, 2 Pedro 2.18.
Falso clamor de santidad, 1 Juan 1.8-10.
Vanidad causa separación, 3 Juan 9-10.
Blasfemador con autoridad, Apocalipsis 13.5.

VEGETARIANO
Humanidad vegetariana, Génesis 1.29-30.
Carne como comida, Génesis 9.3.
No comer carne con sangre, Génesis 9.4.
Descontentos con comida sin carne, Números 11.4-6.

Codicia por carne, Números 11.31-34.
Mejor comida de legumbres, Proverbios 15.17.
Dieta vegetariana, Daniel 1.8-16.
Comen legumbres, Romanos 14.2.

VENGANZA
Primer asesinato, Génesis 4.1-16.
Actitud de siervo ante amo injusto, Génesis 16.1-10.
Amor en vez de venganza y rencor, Levítico 19.18.
Venganza prohibida, Levítico 19.18.
Ojo por ojo y diente por diente, Levítico 24.19-20.
Hostigamiento y ataque, Números 25.17.
Venganza por mala influencia, Números 31.1-2.
Tal para cual, Josué 10.1.
Venganza sangrienta, Jueces 1.6-7.
Amenazas, Jueces 8.4-9.
Quieren honores militares, Jueces 12.1-3.
Ira de Sansón, Jueces 15.4-5.
Acto masivo de venganza, Jueces 20.1-48.
Amar al que nos causa mal, 2 Corintios 2.5-11.
No tomar venganza, 1 Samuel 24.1-13.
Impedimento de venganza, 1 Samuel 25.32-34.
Asesinato en venganza, 2 Samuel 3.22-34.
Actitud de David ante asesinato de hijo de Saúl, 2 Samuel 4.1-12.
Asesinato para vengar deshonra de hermana, 2 Samuel 13.23-29.
Hombre sanguinario, 2 Samuel 16.5-8.
Recompensa al mal, 1 Reyes 2.5-6.
Venganza y compasión, 2 Reyes 6.21-22.
Venganza manifiesta, 2 Reyes 11.1.
La venganza es de Dios, 2 Tesalonicenses 1.6-7.
Venganza contra amonitas, Nehemías 13.1-3.
Cambio de acontecimientos, Ester 5.9—7.10.
Disciplina contra la venganza, Job 31.29-30.
Venganza adecuada, Salmo 6.10.
El mal trae su propia venganza, Salmo 9.15.
Venganza autoinfringida, Salmo 37.14-15.
Caen en sus propios hoyos, Salmo 57.6.
Cuadro completo de venganza, Salmos 58.10; 68.22-23.
Venganza contra el chisme, Salmo 64.8.
Dejar que Dios juzgue, Salmo 135.14; Ezequiel 25.12-17;
   2 Tesalonicenses 1.6-7; 5.15.
Dios salva, Proverbios 20.22.
No hagas a otros, Proverbios 24.29.
Evitar la venganza, Proverbios 24.29.

Mal engendra mal, Isaías 33.1.
Tiempo de venganza divina, Jeremías 51.6,56.
Venganza inevitable, Jeremías 51.49.
Dejar las obras del enemigo en manos de Dios,
Lamentaciones 3.55-66.
Venganzas y represiones, Ezequiel 25.15-17.
Espíritu de rencor castigado, Amós 1.11-12.
Soberbia castigada, Sofonías 2.9-10.
Amor a los enemigos, Mateo 5.38-42.
Pagar mal con bien, Mateo 5.38-41; Hechos 23.12-14.
Regla de oro, Lucas 6.27-38.
Quieren fuego del cielo, Lucas 9.54-55.
Espíritu perdonador, Hechos 7.60.
No pagar mal por mal, Romanos 12.17.
No guardar rencor, 1 Corintios 13.5.
Perdón al ofensor, 2 Corintios 2.5-11.
Castigo para el perturbador, Gálatas 5.10.
Bondad en lugar de venganza, 1 Tesalonicenses 5.15.
Pago para atribulados, 2 Tesalonicenses 1.6.
Venganza en manos de Dios, 2 Tesalonicenses 1.6-7.
Dejar venganza en Dios, 2 Timoteo 4.14.
Encomendar causa a Dios, 1 Pedro 2.12-17,23.
Seguir pasos de Cristo, 1 Pedro 2.21-25.
No devolver maldición con maldición, 1 Pedro 3.9.
Reciben galardón de injusticia, 2 Pedro 2.13.
Quienes sacrificaron a Jesús lo verán de nuevo, Apocalipsis 1.7.
Mártires piden venganza, Apocalipsis 6.9-11.
Juicio de Dios sobre el mal, Apocalipsis 16.5-7.
Doble castigo, Apocalipsis 18.6.

VERGÜENZA
Avergonzado de mencionar el nombre del Señor, Amós 6.10.
Luz que se oculta, Mateo 5.15.
Culpabilidad de Judas, Mateo 27.3.
Le avergüenza identificarse, Lucas 22.53-62.
Jesús avergüenza a sus adversarios, Lucas 13.10-17.
Pablo oró para no quedar mal, Filipenses 1.20 (VP).

VESTIDOS
Túnicas de piel, Génesis 3.21.
Vestiduras que engañan, Génesis 27.2-29.
Vestiduras duraderas, Deuteronomio 8.4; 29.5.
Las mujeres no deben usar ropa de varón, Deuteronomio 22.5.
Mezcla de materiales, Deuteronomio 22.11.

Ropaje costoso, 2 Samuel 1.24; 1 Pedro 3.3-4.
Vestidos azules, blancos, Ester 8.15.
Vestidura real, Salmo 45.14-15.
Ropa de gala, vestido de cilicio, Isaías 3.24.
Vestidura de justicia y fidelidad, Isaías 11.5.
Vestidos seductores, Ezequiel 13.17-18.
La ropa hace al hombre, Daniel 5.29.
Vestidos de la naturaleza, Mateo 6.28-29.
Remiendo adecuado, Mateo 9.16.
Vestidos de reyes y vestidos de profeta en el desierto, Mateo 11.7-9.
Hombre rico, hombre pobre, Lucas 16.19-31.
Maestros de ropas largas, Lucas 20.46-47; 21.1-4.
Ropas reales, Hechos 12.21.
Ropa fina comparada a cualidades personales, 1 Pedro 3.3-4.
De ropaje limpio, Apocalipsis 22.14.

VIAJAR
Lavado de pies después de viaje, Génesis 18.4; 19.2.
No viaja en la noche, Génesis 28.11.
Viaje de tres días, Éxodo 3.18.
Visita familiar, Éxodo 4.18.

VIDA ETERNA
Vive para siempre, Salmos 21.4; 121.8.
Concepto del Antiguo Testamento, Daniel 12.2.
Imposible ganarla, Mateo 19.16-21; Juan 14.6.
Todo esto y el cielo también, Lucas 18.29-30.
Clave para la vida eterna, Juan 3.16; 5.24-25; 12.25.
Pan del cielo, Juan 6.50-58.
Propósito eterno de las Escrituras, Juan 20.30-31.

VINO
Daniel se abstiene del vino del rey, Daniel 1.5,8.
Tomar vino, 1 Timoteo 5.22.

VIRGEN
Padre ofrece hijas vírgenes, Génesis 19.4-8.
Virgen deshonrada, Génesis 34.1-4.
Respetan vírgenes en tiempo de guerra, Números 31.17-18.
Botín y vírgenes, Deuteronomio 21.10-14.
Prueba médica de virginidad, Deuteronomio 22.13-19.
Sacrificio de hija, Jueces 11.30-40.
Encarnación profetizada, Isaías 7.14; Mateo 1.22-23.
Felicidad matrimonial, Isaías 62.5.

Virgen embarazada, Mateo 1.25.
Las diez vírgenes, Mateo 25.1-13.
Relación entre Jesús y su madre, Marcos 3.31-35.
Sin mandato específico, 1 Corintios 7.25-26.
Permanecer virgen, 1 Corintios 7.36-38.
Como virgen pura, 2 Corintios 11.2-3.

VOLUNTARIO
Afligidos, endeudados y amargados, 1 Samuel 22.2.
Ofrecido voluntariamente, 2 Crónicas 17.16.
Pueblo se ofrece voluntariamente, Salmo 110.3.
Ministerio voluntario, Hechos 28.30.
De buena o de mala voluntad, 1 Corintios 9.17.

VOTO
Elección de líder, Números 27.16.
Escoger líder correcto, Deuteronomio 17.14-15.
Votación entre árboles, Jueces 9.7-15.
Decisión entre Jesús y Barrabás, Mateo 27.15-26.
Suertes para decidir voluntad de Dios, Hechos 1.23-26.
Unidos en mente y parecer, 1 Corintios 1.10.

X

XENOFOBIA
Sara y Agar, Génesis 21.8-10,21.
Preocupación de Abraham por esposa de Isaac, Génesis 24.1-4.
Cortesía con extranjeros, Éxodo 23.9.
Provisión para extranjeros, Levítico 23.22.
Informe de espías, Números 13.17-33.
Préstamos a extranjeros, Deuteronomio 23.19-20.
Honra para extranjera, Rut 2.10.
Malinterpretan gesto de buena voluntad, 2 Samuel 10.1-4.
No casarse con extranjeros, Nehemías 10.30.
Matrimonios mixtos hacen confundir lenguaje,
    Nehemías 13.23-27.
Odian a los judíos, Ester 3.8-15.
Hacer bien a extranjeros, Jeremías 22.3.
Entregados en manos extranjeras, Ezequiel 11.9.
Protección contra vecinos malvados, Ezequiel 28.24.
Gratitud de extranjero, Lucas 17.11-19.

Z

ZODÍACO
Distinción de especies, Génesis 1.25; 1 Corintios 15.39.
Nombre para bestias, aves y ganado, Génesis 2.20.
Disertación de Salomón, 1 Reyes 4.33-34.
Monos y pavos reales, 1 Reyes 10.22.
Términos de astronomía, Job 9.9.
Parejas de animales, Isaías 34.14-16.

ZORRA
Más comodidad para las zorras que para el Creador, Lucas 9.58.